Erkan Arikan · Murat Ham
JUNG, ERFOLGREICH, TÜRKISCH

ERKAN ARIKAN · MURAT HAM

JUNG, ERFOLGREICH, TÜRKISCH

Ein etwas anderes Porträt
der Migranten in Deutschland

Ehrenwirth

Ehrenwirth
in der Verlagsgruppe Lübbe

Originalausgabe

Copyright © 2009 by
Verlagsgruppe Lübbe GmbH & Co. KG,
Bergisch Gladbach

Lektorat: Steffen Geier
Umschlaggestaltung: Bettina Reubelt
Einband-/Umschlagmotiv: Symphonie/getty-images
Satz: Kremerdruck GmbH, Lindlar
Gesetzt aus der DTL Documenta
Druck und Einband: Friedrich Pustet, Regensburg

Printed in Germany

ISBN 978-3-431-03788-3

5   4   3   2   1

Sie finden uns im Internet unter: www.luebbe.de
Bitte beachten Sie auch: www.lesejury.de

INHALT

VORWORT

Sie sind Kulturschaffende, Journalisten, Politiker, Geisteswissenschaftler, Zahnärzte, Steuerberater, und sie sind in Deutschland »angekommen«. Was diese jungen Menschen verbindet, sind nicht in erster Linie ihre türkischen Wurzeln, sondern ihr Streben nach Bildung und Teilhabe am öffentlichen Leben ihrer deutschen Heimat.

Viele Migranten türkischer Herkunft sind erfolgreich in Schule, Studium und Beruf und nehmen führende Positionen in Politik, Wirtschaft und Gesellschaft ein. Die gesellschaftlichen Aufsteiger werden von der Öffentlichkeit aber eher selten wahrgenommen. Zu sehr wird das Bild türkischstämmiger Migranten von den Integrationsdefiziten der zweiten und dritten Generation geprägt. Dabei müssen wir feststellen, dass die Schere zwischen den türkischstämmigen Migranten, die überdurchschnittlich gut integriert sind, und denjenigen, denen die Voraussetzungen dafür fehlen, immer größer wird.

Heute leben in Deutschland rund 2,5 Millionen Menschen türkischer Herkunft, viele von ihnen mit deutschem Pass. Begonnen hat die Zuwanderung aus der Türkei vor fast 50 Jahren mit der Anwerbung von türkischen Arbeiterinnen und Arbeitern. Als die »Gastarbeiter«, wie man sie damals nannte, zu uns kamen, haben sich Staat und Wirtschaft in

erster Linie um ihre Arbeitsbedingungen und Grundbedürf-
nisse wie Wohnen gekümmert. Ihre gesellschaftliche Integration war weniger ein Thema, über das man sich Gedanken
gemacht hat. Denn zunächst ging man – auch die türkischen
Einwanderer selbst – davon aus, dass sie irgendwann wieder
in ihre Heimatländer zurückkehren würden.

»Wir haben einfach vergessen, zurückzukehren«, sagt
der Vater des bekannten türkischstämmigen Regisseurs Fatih Akin in dessen gleichnamigem Dokumentarfilm und
beschreibt damit die Migrationserfahrung einer ganzen
Generation. Auf der anderen Seite hat auch die deutsche
Gesellschaft lange nicht realisiert, dass diese Menschen hier
bleiben und ein Teil unseres Gemeinwesens werden würden.
Der Weg dorthin, die Integration der Zuwanderer, gehörte
lange nicht zu den Fragen, die uns beschäftigt haben. Auf
diese Weise haben wir es uns selbst und auch den Zuwanderern nicht immer leicht gemacht. Einer der größten Fehler
etwa war, dass Migrantenkinder in den 1970er- und 8oer-
Jahren allein wegen Sprachschwierigkeiten zum Teil an Son-
derschulen verwiesen wurden.

Seitdem hat sich vieles geändert. Vielfalt ist mittlerweile selbstverständlich geworden. Das zeigt bereits die Sprache, die immer ein Spiegel gesellschaftlicher Entwicklungen ist. Hieß es vor nicht allzu langer Zeit noch »Türken in
Deutschland«, so sprechen wir heute von deutschen Türken,
türkischstämmigen Deutschen oder einfach nur Deutschen.
Feridun Zaimoglu sagte dazu einmal treffend: »Ich bin auch
Deutscher, nur später dazugekommen.«

Deutschland ist ein Integrationsland. Dass sich dieses
Verständnis durchgesetzt hat, zeigen die vielfältigen Bemühungen um Integration des Staates wie auch der Gesellschaft.
Die Bundesregierung hat Integration 2005 zu einem besonderen Schwerpunkt ihrer Politik in dieser Legislaturperiode
gemacht. Diesen Anspruch an den Staat, aber auch an die
Gesellschaft, an Zuwanderer wie Alteingesessene, verwirklicht sie mit vielfältigen Maßnahmen und einem von Dialog

geprägten Politikverständnis. Die Integrationsgipfel und die Deutsche Islam Konferenz (DIK) werben für das Gespräch, um Schwierigkeiten aufzuarbeiten und sich gemeinsam für ein gutes Miteinander anzustrengen.

Die Geschichten, die die Autoren Erkan Arikan und Murat Ham in ihrem Buch *Jung, erfolgreich, türkisch* erzählen, zeigen, wie gut wir schon vorangekommen sind. Zugleich machen sie Mut, uns weiter für Zusammengehörigkeit in Vielfalt zu engagieren und auch zu streiten. Streit und Zusammenhalt sind Kennzeichen einer offenen Gesellschaft, die Vielfalt als Bereicherung begreifen kann, weil sie Unterschiede gelassen erträgt und dort, wo es notwendig ist, im Dialog bewältigt.

Türken und türkischstämmige Bürger sind eingeladen, aber auch aufgefordert, diesen Prozess mitzugestalten. Sie sind in unserem Land willkommen. Wir wollen, dass sie mit uns zusammen leben und nicht neben uns her. Vielleicht können die Geschichten in diesem Buch Anregung sein, sich für unsere Gesellschaft, unsere freiheitliche Ordnung und den Zusammenhalt aller Menschen in unserem Land einzusetzen.

Schäuble

Dr. Wolfgang Schäuble MdB
Bundesminister des Innern

ALLE GEHEN IHREN WEG: ANGEKOMMEN UND MITTENDRIN

In ein paar Jahren ist es so weit. 2015 wird die Einwanderungsgesellschaft Deutschland ein wichtiges Jubiläum feiern: Dann ist es genau 60 Jahre her, dass 1955 das erste Anwerbeabkommen zwischen Italien und Deutschland unterzeichnet wurde. Der Hauptgrund für die damalige Vereinbarung war, den bereits existierenden Zustrom ausländischer Arbeitnehmer in geregelte Bahnen zu leiten: Auf der einen Seite wollten deutsche Unternehmen eine grundsätzliche Entscheidung für die Anwerbung von Ausländern, während Gewerkschafter auf der anderen Seite um das Lohnniveau fürchteten.

1960 unterzeichnete Deutschland weitere Anwerbevereinbarungen, diesmal mit Spanien und Griechenland. Der Mauerbau 1961 ließ die Zahl der Übersiedler stark zurückgehen – doch weitere Arbeitskräfte wurden dringend gesucht. Das Anwerbeabkommen zwischen Deutschland und der Türkei kam schließlich im Oktober 1961 zustande. Migranten aus der Türkei mit rund zwei Millionen Menschen stellen heute die größte Gruppe der Einwanderer dar.

Die Bundesregierung schloss bis 1968 noch weitere Anwerbevereinbarungen – und zwar mit Marokko, Portugal, Tunesien und dem damaligen Jugoslawien. 1964 wurde der 1 000 000. »Gastarbeiter« begrüßt. Sie haben den deutschen Arbeitsmarkt in einer starken Wachstumsphase vor größeren personellen Engpässen bewahrt. Als es aber 1966/67 zur ersten Rezession im Nachkriegsdeutschland kam, verloren viele ihre Stelle. Die Zahl der sozialversicherten Ausländer sank auf knapp unter eine Million. Im November 1973 schließlich kam es wegen der Wirtschaftskrise zum Anwerbestopp.

Die Bundesanstalt für Arbeit eröffnete in den Sechzigerjahren Dienststellen in den kooperierenden Ländern – dort wurde gezielt nach den Bedarfsmeldungen von deutschen Unternehmern angeworben. Die ursprüngliche Idee war, Arbeitnehmer kurzfristig und nach Bedarf zu beschäftigen – nach einem Rotationsprinzip sollte zudem ein Austausch mit anderen Arbeitnehmern ermöglicht werden. Dieser Plan wurde aber nicht verwirklicht. Die Unternehmen hatten ebenso wenig Interesse daran wie die Arbeitnehmer. Heute steht aber zweifelsfrei fest: Ohne die Menschen aus diesen Ländern wäre Deutschland nicht das, was es zurzeit ist – weder wirtschaftlich noch gesellschaftlich, noch politisch und natürlich auch kulturell.

Angestellte der Bundesanstalt für Arbeit bildeten eine Brücke für die Neuankömmlinge, damit sie in geeignete Unternehmen gelangten. Sie waren anfänglich insbesondere in der Schwerindustrie und auf dem Bau, dann auch im Automobilbereich tätig. So arbeiteten in den Sechzigerjahren viele italienische, türkische und griechische Arbeiter im schwäbischen Stuttgart bei Daimler – und unterstützten so das deutsche Wirtschaftswunder.

Sie kamen, um im gelobten Nachkriegsdeutschland Geld zu verdienen, mit dem sie sich in ihren Herkunftsländern, irgendwann Jahre später, eine Existenz aufbauen wollten. Ihre Familien blieben deshalb häufig vorerst im Ursprungsland, während wiederum die Männer in barackenartigen Sammelunterkünften lebten. Ihr Aufenthalt war ohnehin nicht auf Dauer angelegt: Die Arbeitsverträge galten sehr oft erst einmal nur für ein Jahr und einen bestimmten Arbeitgeber. Die Arbeiter durften in dieser Zeit nur die Arbeitsstellen annehmen, für die kein deutscher Interessent gefunden werden konnte.

Ende der Sechzigerjahre und in den Siebzigern beschäftigten die Unternehmen mehr und mehr diejenigen, die sie schon angelernt hatten und die zumindest über geringfügige Sprachkenntnisse verfügten. Die meisten Deutschen sahen in diesen neuen Mitbürgern aber weiterhin Fremde. Ende der Siebzigerjahre fingen Politiker, Wissenschaftler und die Medien an, sich ernsthaft mit dem Phänomen der Migration im Nachkriegsdeutschland zu beschäftigen und nach Lösungen für Probleme zu suchen, vor denen die Neuankömmlinge und ihre Kinder, aber auch die ganze Gesellschaft standen.

Nachdem die deutsche Wirtschaft wegen der Ölkrise nachließ, verhängte die Bundesregierung 1973 den sogenannten Anwerbestopp, um den weiteren Zuzug von Arbeitskräften aus dem Ausland zu verhindern. Viele Migranten holten vermehrt ihre Familien ins Land, auch wenn immer noch davon ausgegangen wurde, dass sie nur auf Zeit integriert werden sollten und das Rückfahrticket jederzeit gelöst werden konnte. Das erste deutsche Ausländergesetz von 1965 hatte das möglich gemacht, indem eine Aufenthalts- beziehungsweise Zuzugsgenehmigung eingeführt wurde. Nach 1973 war es die einzige legale Form der Zuwanderung aus Ländern, die nicht zur Europäischen Wirtschaftsgemeinschaft gehörten. Insgesamt entstand eine Situation, die insbesondere die Schulen vor große Probleme stellte. Außerdem musste durch muttersprachlichen Unterricht mehr schlecht als recht ermöglicht werden, dass die Kinder stets auch wieder in ihrem Ursprungsland leben könnten. Migration wurde zum Problem, über das viele diskutierten: vorwiegend emotional, oftmals mit Vorurteilen, mitschwingender Fremdenfeindlichkeit – und dem feststehenden Glauben, dass Deutschland kein Einwanderungsland sei. Dabei war es vielen egal, wie viele Menschen mit fremdem Pass und anderem kulturellen Hintergrund bereits in Deutschland arbeiteten und lebten.

Bereits 1979 forderte der erste bundesdeutsche Ausländerbeauftragte Heinz Kühn (SPD) im sogenannten »Kühn-Memorandum«, die faktische Situation anzuerkennen: Deutschland sei längst Einwanderungsland, und als solches sei es in der Pflicht, eine konsequente Integrationspolitik zu betreiben. Deshalb sollte insbesondere die zweite, schon in Deutschland geborene Generation zu Mitbürgern werden. Das heißt vor allem: Die politische Teilhabe sollte zumindest auf kommunaler Ebene mit dem aktiven Wahlrecht möglich sein.

Mit der 1982 beginnenden Ära Helmut Kohls als Bundeskanzler trat der Integrationsgedanke wieder in den Hintergrund, obwohl weiterhin viele Familien aus dem Ausland kamen und zusätzlich immer mehr Asylsuchende in der Bundesrepublik eintrafen. Die Kohl-Regierung machte es sich zur Aufgabe, diesen Zuzug zu verringern und zudem Anreize zur Rückkehr in die Herkunftsländer zu schaffen. Pauschal wurden in der Öffentlichkeit immer häufiger »die Ausländer« als Konkurrenten zu deutschen Arbeitnehmern versinnbildlicht.

Gastarbeit war im Nachkriegsdeutschland ein Phänomen, das sich nicht nur auf die Bundesrepublik beschränkte. Auch in der ehemaligen Deutschen Demokratischen Republik (DDR) gab es Arbeitsmigranten, jedoch waren sie seltener als im Westen. Hinzu kamen Flüchtlinge aus Griechenland, Spanien und Chile, die in der DDR Asyl fanden. Die DDR benötigte besonders in den Fünfzigerjahren dringend Arbeitskräfte, weil bis zum Mauerbau 1961 offiziell mehrere Millionen DDR-Bürger das Land in Richtung Westen verließen. Die meisten Migranten in der DDR kamen aus Vietnam, die zweitstärkste Gruppe stammte aus Mosambik. Eine Integration in die Gesellschaft war seitens der Politik nicht erwünscht. Dabei gab es nur wenige Kontakte zu einheimischen DDR-Bürgern, die zudem streng beobachtet wurden.

14

Die erste Generation türkischer Migranten befindet sich inzwischen im Ruhestand. Die große Mehrheit aller türkischen Migrantenkinder, also ab der zweiten Generation, ist bereits in Deutschland geboren. Diese Bevölkerungsgruppe hat eine sehr junge Altersstruktur: mehrheitlich noch unter 25 Jahre. Insbesondere die dritte und vierte Generation kennt die »Heimat ihrer Eltern« in erster Linie aus Erzählungen der älteren Familienmitglieder, aus den Medien sowie von Urlaubsreisen. Mittlerweile lässt sich klar feststellen, dass deren Lebensmittelpunkt in Deutschland liegt. Sie sind ein Teil der deutschen Gesellschaft.

Nach Jahrzehnten der Einwanderung steht fest: Ein großer Anteil am deutschen Wirtschaftserfolg geht auf das Konto der Migranten. Knapp 260 000 Mitarbeiter beschäftigen türkischstämmige Betriebe bundesweit, rund 35 Prozent der Arbeitnehmer sind Deutsche. Dazu zählen neben den geschaffenen Arbeitsplätzen auch die Ausbildungsplätze. Sie beleben mit ihren innovativen Ideen und ihrem Selbstverständnis den Wettbewerb mit einheimischen Betrieben. Migranten in Deutschland haben nicht nur in der Vergangenheit erheblich zum Erfolg der deutschen Wirtschaft beigetragen, sie helfen auch heute, diesen Wohlstand als Steuer- und Beitragszahler, Verbraucher, Investor und Unternehmer zu sichern. Mit ihrer Kultur und Gastronomie bereichern sie zudem das Zusammenleben in Deutschland.

Migranten wollen für ihre Leistungen Anerkennung, die ihnen häufig bis dato verwehrt bleibt. Doch Migration und Integration sind keine Einbahnstraßen. Heute müssen auch deutliche Signale von der Gesellschaft an die Zuwanderer für eine Bereitschaft zur Integration kommen. Sonst besteht die Gefahr, dass die Zuwanderer sich immer weiter in ethnischen Nischen abschotten. Integration ist immer mehrdimensional; sie erstreckt sich in viele Bereiche unseres Lebens. Andererseits müssen sich Migranten natürlich auch an die deutsche Gesellschaft anpassen. Keine europäische Gesellschaft kann auf multikulturelle Lebensformen verzichten – und das gilt natürlich auch für Deutschland. Viel zu lange lebten Deutsche und Migranten leichtsinnig gleichgültig nebeneinander.

Das Thema Integration ist und bleibt hoch im Kurs. Aber was kann man tun? Wie kann man das Thema positiv in den Griff kriegen? Das sind Fragen, die so schnell nicht an Aktualität und Brisanz verlieren werden. Wissenschaftler plädieren für

– ein besseres Angebot von Sprachkursen für Migranten,

– Modellprojekte gegen die Jugendarbeitslosigkeit vor allem mit türkischem Background,

– noch mehr Ausbildungsplätze insbesondere bei türkischen Unternehmern,

– eine gesteigerte Akzeptanz von Deutsch-Türken in der Parteienlandschaft,

– eine konstruktive Debatte über deutschsprachigen Islamunterricht.

Das sind Vorschläge, die in erster Linie an die Politik gerichtet sind. Migration und Integration finden aber natürlich auch woanders statt. Beispielsweise werden von vielen Medien die Folgen von Migrationsprozessen gerne mit Angst machenden Szenarien beschrieben. Soziale Veränderungen seien keine Frage der Gestaltung, sondern werden als katastrophal dargestellt. Dieser journalistisch konstruierte, aber häufig nicht reflektierte Übergang in eine Katastrophenkommunikation hat zusätzlich negative Einstellungen insbesondere gegenüber türkischen Migranten befördert. Berichte über eine geglückte Verständigung und Zusammenarbeit zwischen Migranten und Deutschen auf verschiedenen Ebenen haben hingegen eine integrative Wirkung. Dazu will auch dieses Buch beitragen, das nicht nur Porträts gelungener Integration beinhaltet, sondern auch selbst ein Produkt gelungenen

Zusammenlebens ist. Dem Thema Medien ist deshalb auch ein eigenes Kapitel gewidmet.

Vor allem durch mediale Konstruktionen vermutet ein Teil der deutschen Gesellschaft bei den türkischen Migranten religiösen Fundamentalismus, eine altmodische Gesellschaftsordnung mit der Unterdrückung der Frauen. Dabei wird das »Fremde« in Gestalt ausländischer Migranten oft als bedrohlich empfunden. Auffallend ist: einerseits das mangelhafte Wissen und Verstehen der Kultur der türkischen Migranten, andererseits aber auch das ebenso mangelhafte Wissen und Verstehen der Kultur in Deutschland vonseiten der türkischen Migranten. Beides trägt mit Sicherheit zu dem Phänomen der Feindlichkeit gegenüber den Migranten bei. Beispiele hierfür gibt es reichlich: Die Brandstiftung in einem überwiegend von türkischen Migranten bewohnten Mehrfamilienhaus im rheinland-pfälzischen Ludwigshafen zeigte anfänglich das Misstrauen zwischen türkischen Migranten und Deutschen nur zu gut. Später mehrten sich zwar die Zweifel an einem rechtsradikalen Hintergrund. Aber das Beispiel zeigt eine Zwietracht auf beiden Seiten. Diese äußert sich in offen zur Schau getragener Feindschaft bis hin zu Gewalttätigkeiten gegenüber türkischen Migranten, die dann Gegengewalt hervorruft. Es ist also nie nur eine Seite, die Probleme verursacht, es gehören immer zwei dazu. Funktionierende Kommunikation zwischen beiden Seiten ist also einer der wichtigsten Ansatzpunkte für gelingende Integration, sie ist die Grundlage für das Zusammenleben. Auch dazu will dieses Buch beitragen, es soll ein Kennenlernen ermöglichen, neugierig machen, ermutigen – von beiden Seiten.

In welche Richtung bewegt sich Deutschland nun heute? Wie lässt sich positiv mit Parallelgesellschaften umgehen? Dieser Begriff taucht in unregelmäßigen Abständen immer wieder in den Medien auf – häufig im Kontext mit verstörenden Ereignissen wie Ehrenmorden oder anderen Gewaltverbrechen, in die Migranten verwickelt sind. Mit diesen – ohne

Frage schlimmen – Ereignissen wird allzu schnell ein allgemeines Scheitern der Integration von Migranten verbunden. Doch eine Diskussion darüber, was unter »Parallelgesellschaften« eigentlich zu verstehen ist, findet in der Öffentlichkeit kaum noch statt. Häufig werden Schlagwörter wie dieses unreflektiert übernommen, obwohl über deren Bedeutung keine Klarheit herrscht. Das übliche Bild von Parallelgesellschaften ist eher negativ besetzt und zeigt eine räumliche, soziale und kulturelle Abschottung vornehmlich der türkischen Bevölkerung in Deutschland. Aber: Wir erleben gleichzeitig in den letzten Jahrzehnten auch positive Wechselwirkungen zwischen der eingebrachten Kultur der Einwanderer und der deutschen Mehrheitsgesellschaft.

Und warum spielen in Deutschland geborene Deutsch-Türken häufig für die türkische Nationalmannschaft? Ihnen werden dort subjektiv mehr Chancen eingeräumt als in Deutschland. Worin unterscheidet sich die Realität der deutsch-türkischen Identität von der Wahrnehmung der Deutschen? Das Interesse auf beiden Seiten war jahrzehntelang durch Gleichgültigkeit gekennzeichnet. Jeder lebte sein Leben in seiner Welt. Und in der Zeit der Veränderung gab es häufig keine Zeit zum Kennenlernen der deutschen Einheimischen. Die Migranten packten ihr Leben in Kisten und Koffer, gaben Altes auf, verließen ihre Heimat. Sie hofften auf eine bessere Zukunft in einem Land, das sie nicht kannten und von dem sie vieles erwarteten. Aber warum verlassen Menschen ihre Heimat? Gründe sind häufig vielfältig: Arbeit, Sicherheit – kurz: ein besseres Leben. Manche hungern. Oder finden keine Arbeit in der schlechten Wirtschaftslage ihrer Herkunftsländer. Oder sie werden politisch verfolgt und müssen um ihr Leben fürchten und bitten um politisches Asyl. Andere wiederum hat man lange als »Gastarbeiter« bezeichnet, in der Wissenschaft heißen sie »Arbeitsmigranten«.

Migration – ein Begriff, der eine Wanderung beschreibt, einen Weg, der zugleich Verwandlung ist: Der Auswanderer wird zum Einwanderer, alles ist nur eine Frage der Perspektive. Und doch gehören sie alle zu jener Gruppe Menschen, die in Deutschland lange schlicht als »Ausländer« galten, heute als Mitbürger mit Migrationshintergrund.

Doch der komplizierte, politisch korrekte Ausdruck ist nicht nur ein Zeichen für den Wunsch nach einem respektvollen Umgang mit dem Fremden, sondern spiegelt den ganzen Facettenreichtum eines ungelösten Problems unserer Gesellschaft wider. Sie kamen als »Gäste« für wenige Jahre und blieben Jahrzehnte, holten ihre Familien ins Land, bekamen Kinder. Und doch hieß es in den Neunzigern immer noch: »Deutschland ist kein Einwanderungsland.« Dass die Realität ganz anders aussah, wurde aus politischen Gründen verschwiegen, bis die Probleme vor Kurzem erstmals ganz offen ausgesprochen wurden. Es redeten diejenigen, die die Probleme nicht mehr bewältigen konnten: Pädagogen und Sozialarbeiter. Die raue Wirklichkeit holte die Migrantenhochburgen ein, wie beispielsweise Berlin-Neukölln oder Duisburg-Marxloh. Ein Scherbenhaufen der gescheiterten Integrationspolitik, doch die Arbeit geht weiter.

Das gilt sicher auch für die Arbeit in den Medien, die allzu oft das Integrationsproblem zu verkürzt darstellen. Bis dato sind deutsch-türkische Journalisten in den bekannten Medien immer noch zu wenig im Geschehen tätig. Dabei könnten sie das redaktionelle Arbeiten bereichern und ein neues Publikum binden. Wer die ethnische Absonderung der wachsenden Minderheiten verhindern will, der muss ihnen den Zugang zur deutschen Öffentlichkeit verschaffen. Vor allem die öffentlich-rechtlichen Rundfunkanstalten sollten deutsch-türkische Gebührenzahler stärker als Zielgruppe anerkennen und ihr Programm für diese attraktiver gestalten. Es wäre für die Akzeptanz von deutschen Medien bei der deutsch-türkischen Bevölkerung vorteilhaft, wenn die Zahl der Journalisten und Moderatoren mit Migrationshintergrund steigen würde.

Die neuen Entwicklungen der Fernsehübertragungstechnik haben in den vergangenen Jahren das Medienverhalten von Deutsch-Türken grundlegend verändert. Seitdem Fernsehprogramme aus der Türkei durch Satellit und Kabel zugänglich geworden sind, haben sich die meisten türkischen Migranten diesen Medienangeboten zugewandt. Auf der anderen Seite haben sie sich von den deutschen Angeboten verabschiedet. Indem sie nur noch staatliche und kommerzielle Fernsehangebote aus der Türkei sehen, begeben sie sich in eine kommunikative Isolation. Für die gewünschte Integration von türkischen Migranten ist eine solche Entwicklung schädlich. Mit der Eingliederung deutsch-türkischer Journalisten – frei nach dem Motto: »von und für Migranten« – kann man dieser Entwicklung entgegentreten.

Migration ist eben ein Dauerzustand, ein permanenter Fluss von Menschen zwischen den Kontinenten. Noch nie war diese Wanderung so einfach wie in unserer heutigen mobilen und globalisierten Welt. Auch in Deutschland hat es schon immer Wanderungen gegeben. Zum Beispiel innerhalb der Einzelstaaten, vom Land in die Stadt oder in die Neue Welt, in die Vereinigten Staaten von Amerika. Als die einen gingen und die Wirtschaft infolge der Industrialisierung unerwartet anstieg, mussten neue Arbeiter nach Deutschland kommen.

Wie in allen Ländern, in denen Neuankömmlinge Fuß fassen müssen, ist der Erwerb der Sprache sicher eine Basis für den Erfolg. Beispielsweise sprechen sich viele Bildungsforscher gegen die zu frühe Selektion der Schüler in Deutschland aus. Vor allem türkische Migrantenkinder werden nicht nur benachteiligt, weil ihre Eltern weniger Geld haben, weniger formale Bildung. Das Schulsystem konzentriert sie vielmehr zusätzlich in Schulen mit ebenfalls benachteiligten Jugendlichen. So sind ihre Lernleistungen wesentlich schlechter, als sie von ihrer Intelligenz her sein müssten. Zum Beispiel könnte man mit der Abschaffung der Hauptschule eine Etikettierung der Schüler als »schwer vermittelbar« vermeiden. Außerdem könnten die schwächeren Schüler von den stärkeren lernen, wenn sie nicht zu früh voneinander getrennt werden.

Ein Musterbeispiel in puncto erfolgreiches Bildungssystem ist Finnland. Hier wird Individualisierung großgeschrieben. Die Idee: Jedes Kind lernt anders und macht eben auch andere Fehler. Je größer das Problem, umso individueller muss die Antwort der Schule sein. Viele Kinder bekommen gewissermaßen ihren individuellen Lehrplan. In Finnland müssen nämlich Lehrer ihren Unterricht ändern, wenn sie Schüler nicht erreichen. Jeder Lehrer ist sozusagen auch ein Forscher, der das Lernen der Kinder begreifen und die Arbeit in der Schule analysieren soll.

Der Schriftsteller Max Frisch hat bereits Ende der Sechzigerjahre mit seiner bekannten, heute noch gültigen Äußerung den Nagel auf den Kopf getroffen: »Wir riefen Arbeitskräfte – und es kamen Menschen.« Und die Migranten sind eben eine Chance für eine positive Entwicklung in Deutschland. Deshalb spiegelt dieses Buch auch wider, dass es neben den Schatten- auch die Sonnenseiten der Integration gibt. Die zweite, dritte und vierte Generation der Deutsch-Türken ist jünger, heterogener und häufig gebildeter als die erste Generation der türkischen Migranten.

Die Porträts in diesem Buch repräsentieren die verschiedenen gesellschaftlichen Bereiche von Wissenschaft bis Kunst, von Wirtschaft und Technik bis Literatur und Musik. Das Buch soll als Chance für Praktiker, Politiker, Bürger, Medienmanager und Betroffene begriffen werden, besser zusammengeführt zu werden, das heißt: Wir wollen weder Schönfärberei noch Schwarzmalerei, sondern einen positiven, Mut machenden Beitrag zu einem der wichtigsten aktuellen gesellschaftlichen Themen leisten. Der interkulturelle Dialog muss weiter etabliert und stabilisiert werden. Derartige Vorhaben brauchen natürlich weit mehr als ein Buch, sie bedürfen einer breiteren Zusammenarbeit zwischen

Wirtschaft, Politik und Wissenschaft. Denn ohne das politisch gewollte Ziel, die Situation der Migranten in Deutschland nachhaltig zu verbessern, laufen jegliche Bemühungen ins Leere.

Trotz aller bestehenden Probleme lässt sich sagen, dass die türkischen Migranten weiter ihren Weg gehen, dass die allermeisten schon lange in Deutschland angekommen sind, auch wenn die Öffentlichkeit sie größtenteils nicht wahrnimmt – sie sind keine Randerscheinung mehr, sie leben mittendrin.

INTEGRATION - LERNEN, MIT DER VIELFALT UMZUGEHEN

Wie viel Zuwanderung verträgt Deutschland? Wie werden Migranten integriert? Und welche Werte sind dabei für alle verbindlich? Es gibt viele Fragen rund um das Thema Integration und scheinbar noch mehr Antworten. Wo soll man da anfangen? Vielleicht am besten mit ein paar Zahlen, mit denen das Statistische Bundesamt kürzlich Aufsehen erregte: Gemäß dem jüngsten Mikrozensus hat fast ein Fünftel aller in Deutschland lebenden Menschen einen sogenannten Migrationshintergrund. 15,3 der 82,4 Millionen Einwohner gelten als Ausländer, Spätaussiedler oder Deutsche, deren Eltern aus dem Ausland stammen. Noch deutlicher sind die Zahlen bei den Jüngsten: Fast ein Drittel aller in Deutschland lebenden Kinder unter fünf Jahren hat einen Einwanderungshintergrund. Wir sprechen also nicht über ein nebensächliches Thema, es betrifft vielmehr unsere Gesellschaft als Ganzes.

Heute leben 96 Prozent der Ausländer und Deutschen mit Einwandererbiografie in den westlichen Bundesländern; die meisten in Großstädten wie Stuttgart, Frankfurt am Main, Köln und Berlin. 62 Prozent aller nach Deutschland eingewanderten Einwohner stammen aus Europa, 14,2 Prozent kommen aus der Türkei.

Das Thema Migration ist eng mit anderen zukunftsrelevanten Fragen verbunden, man darf es nie isoliert von diesen betrachten. Es geht um den Bevölkerungsschwund, um

Integrationsschwierigkeiten, den vermeintlichen Kampf der Kulturen, um Fremdenangst und Ausländerfeindlichkeit sowie (als Unterthema) auch um den islamistischen Terror. Der migrationspolitische Diskurs in Deutschland ist stark an Defiziten orientiert und hat häufig einen negativen Beiklang. Für die öffentliche Wahrnehmung gilt nicht selten die viel zu simple Formel: zu viele Migranten = zu viele Probleme. Die deutsche Politik diskutiert über Arbeitslosigkeit, schlechte Bildung und überforderte Schulen, über Parallelgesellschaften, Ghettos und Kriminalität, über Kopftücher, Islamismus und mangelnde Integration. Sie betrachtet Migration viel zu lange schon mit großer Sorge und Migranten als große Bürde.

Dass mit Migration und Integration auch ökonomische Chancen verbunden sind und dass das enorme Potenzial der Menschen mit Migrationshintergrund in Deutschland größtenteils brachliegt, wird leider noch viel zu häufig verkannt. Einerseits arbeiten Millionen Migranten in deutschen Betrieben: Sie stehen am Band, schaffen auf dem Bau, sitzen im Büro. Sie sind Arbeiter, Handwerker und hochqualifizierte Fachkräfte, immer mehr von ihnen auf dem Weg nach oben. Das heißt: Viele Kinder der sogenannten Gastarbeiter haben trotz aller Schwierigkeiten längst den Aufstieg geschafft.

Andererseits existieren natürlich auch Probleme. Eine Studie des Berlin-Instituts für Bevölkerung und Entwicklung zeigt dies auf. Hauptursache für das negative Abschneiden der Gruppe von über zwei Millionen Menschen mit türkischen Wurzeln ist eine geringe oder teils gar nicht vorhandene Ausbildung. Wie das Institut erklärte, haben 30 Prozent von ihnen keinen Schulabschluss, nur 14 Prozent haben Abitur – nicht einmal halb so viele wie in der deutschen Bevölkerung, weniger auch als bei den anderen Einwanderergruppen. An den Hauptschulen sind sie weit überrepräsentiert, an den Gymnasien weit unterdurchschnittlich vertreten. Das Schlimme daran ist, dass in dieser besonders wichtigen Lebensphase nicht nur die Weichen für das individuelle Schicksal, sondern auch für unsere Gesellschaft von morgen gestellt werden.

Trotzdem darf man eines nicht übersehen: Die meisten Migranten haben Arbeit, viele verdienen ordentlich. Die Mehrheit der Migranten lebt ein normales deutsches Leben. Nur leider meistens unbemerkt – was das verbreitete Bild der Realität verzerrt.

Auch wenn Verallgemeinerungen nie ganz zutreffen, teilen doch die allermeisten türkischstämmigen Migranten eine ähnliche Geschichte: Sie kamen wegen der Arbeit nach Deutschland. Und Arbeit ist nicht nur das Tor in die Betriebe, sie ebnet auch den Weg in die Gesellschaft, Arbeit macht die Ausländer zu deutschen Steuerzahlern und zu deutschen Rentensparern. Arbeit zu haben bedeutet Normalität – und Integration.

Unzähligen Ausländern wird in Deutschland allerdings die Arbeit verboten. Viele Tausend bleiben ohne Lehrstelle. Und über jene, die arbeiten und integriert sind, redet die Republik nur selten. Erfolgreiche Migranten bleiben meistens unsichtbar. Insgesamt ist jeder zwölfte Arbeitnehmer in Deutschland ein Migrant. Und wenn man all jene hinzuzählt, die die deutsche Staatsangehörigkeit besitzen, deren Eltern oder Großeltern aber jenseits der Grenzen ihre Wurzeln haben, ist die Zahl der Menschen mit Migrationshintergrund in deutschen Unternehmen sogar noch deutlich größer.

Der Arbeitsprozess ebnet Unterschiede ein und zwingt zum Kennenlernen. Gleichzeitig sorgt Arbeit für Einkommen – und das wiederum ist eine wichtige Voraussetzung für eine auch in der Gesellschaft gelingende Integration. Die beginnt im Kindergarten, wo erste Weichen gestellt werden. Dabei werden vor allem sprachliche Kompetenzen gefördert – oder verschüttet, wodurch sie unwiederbringlich verloren gehen. Eine intensive Sprachförderung ist der Schlüssel vor allem für Migrantenkinder, aber auch für deutsche Kinder, um in der Schule einen angemessenen Erfolg zu erzielen. Doch Kindergarten und Schule allein können nicht alles erreichen, was mit einer erfolgreichen Integration verbunden ist: Wenn junge Menschen – vereinfacht ausgedrückt – ein Drittel ihrer Bildung in der Schule, ein Drittel in der Familie und ein Drittel in der unmittelbaren örtlichen Umgebung erfahren, dann darf sich der Blick nicht nur auf die Schule richten.

Berufliche Perspektiven wiederum gibt es nur durch Bildung und Ausbildung. Aber da sieht es für Jugendliche aus Einwandererfamilien weiterhin oft nicht rosig aus. Der Anteil von Migrantenkindern an allen Lehrlingen ist zum Beispiel seit 1995 von 8 auf heute 4,4 Prozent zurückgegangen. Dabei betonen viele Migrationsforscher, dass der wichtigste Integrationsmotor in Deutschland die Ausbildung sei. Deshalb werden es gerade diejenigen in puncto Integration schwer haben, die früh den Anschluss an die Arbeitswelt verlieren beziehungsweise ihn bereits verloren haben. Ein gutes Bildungsangebot, das Menschen mit Migrationshintergrund nicht ausgrenzt, sondern sie fordert und fördert, bleibt die entscheidende Voraussetzung für die Integration in den Arbeitsmarkt.

Wenn es nach der Türkisch-Deutschen Industrie- und Handelskammer geht, gibt es trotz aller Probleme guten Grund, beim Thema Integration optimistisch zu sein. Danach zählen wir knapp 70 000 türkische Selbstständige in Deutschland, die Zahl hat sich in den vergangenen zwanzig Jahren fast verdreifacht. Dabei handelt es sich nicht nur um Dönerbuden oder putzende Ich-AGs. Im Klartext: Sie haben rund 400 000 Arbeitsplätze geschaffen und dabei einen Umsatz von knapp 34 Milliarden Euro erwirtschaftet – und viele von den 21 400 Studenten mit türkischem Pass werden möglicherweise die Arbeitgeber von morgen. Nahezu die Hälfte hat sich mittlerweile aus den traditionellen Nischen herausbewegt: Neben Putzen, Döner- und Gemüseverkaufen sind Handwerk, Baubranche und verarbeitendes Gewerbe gängige Betätigungsfelder geworden.

Und was ist mit Vorbildern, wie sie auch junge Migrantenkinder benötigen? Auch hier gibt es Bewegung: Unter den Deutsch-Türken gibt es Professoren, Manager, Künstler oder auch erfolgreiche Sportler. Prominente Identifikationsfiguren spielen eine herausragende Rolle, Migranten zu motivieren, sich in die deutsche Gesellschaft zu integrieren. Im Herbst 2008 sprach ganz Deutschland über Cem Özdemir, der als erster Politiker aus einer türkischen Familie den Vorsitz der Grünen, also einer der fünf großen Parteien des Landes, übernahm. Die Zeit ist womöglich reif für einen deutschen Minister mit italienischer Herkunft im Kabinett der Bundesregierung oder einen Berliner Bürgermeister mit türkischen Wurzeln oder auch einen farbigen Fernsehmoderator einer politischen Talkshow. Beispielsweise würde es bei den bevorstehenden EU-Beitrittsgesprächen mit der Türkei Sinn machen, das kulturelle und soziale Wissen der Deutsch-Türken mehr als in der Vergangenheit zu nutzen. Denn genau diese Bevölkerungsgruppe könnte einen wichtigen Beitrag leisten, komplizierte gesellschaftliche und kulturelle Zusammenhänge zu erkennen und Konzepte für das aktuelle Geschehen im globalen Zeitalter zu entwickeln.

Es wäre ein Missverständnis, wenn Integration als Assimilation in eine Gesellschaft verstanden würde, die homogen und unverändert bleiben möchte. Vielmehr braucht es beim Thema Integration auf beiden Seiten Kompetenzen: Andauernde Lernbereitschaft und interkulturelle Bildung sind deshalb eine Konsequenz für das ganze Land. In der Migrationsforschung wird daher darauf hingewiesen, dass alle lernen müssen, mit der Vielfalt umzugehen, die die globalen Prozesse nach Deutschland bringen. Der Wissenschaft ist seit langer Zeit auch bekannt, dass diese Vielfalt dringend benötigt wird. In dieser Heterogenität liegt das Potenzial der Wissensgesellschaft.

Aber was heißt denn nun Integration im Einwanderungsland Deutschland? Sie ist die Bereitschaft beider Seiten, etwas Neues zu schaffen: für die einen eine neue Heimat, für die anderen eine neue Perspektive.

Medien können zwar in der schwierigen Frage der Integration keine Lösung herbeizaubern. Aber sie können auch gesellschaftliche Werte oder verfassungsrechtliche Grundrechte wie Meinungsfreiheit, Glaubensfreiheit, Gleichberechtigung mehr transportieren. Sie können ebenso die unterschiedlichen Akteure ins Spiel bringen, die zusammenwirken sollen. Medien sind wichtig bei der Schaffung von Bildern, die Meinungen produzieren. Gleichzeitig dürfen Medien nicht nur reagieren, sondern müssen ihre relevante Funktion akzeptieren und sich dieser Aufgabe stellen. Die Verantwortlichen in den Medien müssen überlegen: Was und wie ändert sich die Gesellschaft? Das ist nicht nur eine demografische Frage, sondern auch eine der Werte. Denn das Medienpublikum ist immer mehr geprägt von Lesern, Hörern und Zuschauern verschiedener Kulturen und Herkünfte. Das ist keine Entwicklung, die am Rande der Gesellschaft abläuft, sondern mittendrin. Medien müssen mehr als in der Vergangenheit Integration als nachhaltigen Prozess verstehen. Und vielleicht kann dieses Buch einen Beitrag dazu leisten.

Fest steht: Alle sind nach der Integration von Migranten weiter als vorher; sie haben aber auch ihren angestammten Platz und die bisherige Struktur verändert. Zum Beispiel brauchen Deutsch-Türken, die hier ihre Heimat haben, eine eigene Sprache, die ihren Ausdruck in Literatur, Film, Theater, im Tanz oder auch in der Musik wiederfindet. Integration ist ein Vorgang, an dem viele Menschen beteiligt sind. In der Gemeinde, im Betrieb, im Sportclub oder an der Theke. Integration und friedliches Zusammenleben sind eine tagtägliche Aufgabe der ganzen Gesellschaft. Sie zeigt sich immer wieder aufs Neue im Alltag. Das kann auch eine ganz normale Zugfahrt zwischen Hannover und Köln sein.

EINE ZUGFAHRT
Arzu

Keine fünf Minuten Fuß-
weg ist der Hannoversche
Hauptbahnhof von der In-
nenstadt entfernt. Arzu hat
es eilig – sie läuft am Servicepoint vorbei, wo sich eine Men-
schentraube gebildet hat. Der Umbau seit der Expo hinter-
lässt merkliche Spuren. Das Bild gleicht immer mehr den
großen Kaufmeilen, wie sie mittlerweile überall im Land
anzutreffen sind: viele Cafés, neue Läden der immergleichen
Ketten, Eltern mit großen Tüten und schreienden Kindern.
Arzu schafft es noch, auf den Zug aufzuspringen. Die 33-Jäh-
rige ist freischaffende Künstlerin – nach dem Abitur startete
sie zunächst ein Medizinstudium, entschied sich dann aber
für die Musik. »Heute komme ich gut über die Runden mit
meiner Kunst«, erzählt die Frohnatur mit den rot gefärbten
Haaren. »Ich bin noch ein wenig aus der Puste von der Ren-
nerei«, sagt sie mit leiser Stimme und lehnt sich in unserem
ruhigen Abteil in ihren Sitz zurück.

»Schau, ich habe rote Haare. Bin ich jetzt integriert? Was
heißt eigentlich Integration in Deutschland?« Als Kind von
Einwanderern hier zu leben sei schwer, mitunter unerträg-
lich schwer. »Man muss sich doch nur anpassen!«, lautet der
vielleicht sogar gut gemeinte Rat. Anpassen, integrieren und
fertig aus? Nein, so einfach ist die Sache nicht. Menschen
sind keine Fußgängerzonen in der Innenstadt. Integration

ist ein Balanceakt zwischen Selbstaufgabe und Anpassungs-unfähigkeit. »Es ist ein rastloses Pendeln zwischen der Aufnahme neuer und der Aufgabe alter Werte. Schnell geht dabei das Gleichgewicht verloren – und schon stürzt man ab.« Ist das Goldkettchen mit dem unübersehbaren Halbmond-und-Stern-Anhänger um den Hals noch tolerabel? Integration ist auch ein Dilemma: Ist man »zu deutsch«, mögen einen die eigenen Landsleute nicht mehr, ist man »zu türkisch«, gibt es Konflikte mit den Deutschen. Dazu kommt, dass sich »der Ausländer« ständig als guter Mensch erweisen muss. Er trägt die Beweislast, nicht zu den »Bösen« zu gehören. Am Ende dieser kraftraubenden und nervenaufreibenden Bemühungen ist man integriert – und seelisch erschöpft.

Bis vor wenigen Jahren war die studierte Musikerin einfach nur Deutsche. Seit Neuestem habe sie »Migrationshintergrund«. Früher konnte sie bei Rot über die Ampel gehen, und keiner habe sich etwas dabei gedacht. Wenn sie heute bei Rot losmarschiere, kann es passieren, dass jemand scherzt und rügt: »Na, hör mal, wir sind hier nicht in Ankara!« Die Migration ihres Vaters sei ein paar Jahre vor ihrer Geburt und damit nicht plötzlich über sie gekommen. »Ich hatte den Hintergrund schon vorher«, sagt sie und lacht trocken. Aber wie es sich für einen Hintergrund gehöre, blieb er eben dort und war nicht ständig präsent. Das Wort selbst gab es damals noch lange nicht, und gegen das Wort als solches sei auch nichts zu sagen. »Jedenfalls ist das Wort schöner als Gastarbeiterkind oder auch Kümmeltürkin oder Knoblauchfresserin. Das bekam ich während meiner Schulzeit in den Achtzigerjahren hin und wieder zu hören.« An der Uni jedenfalls sei dann auch mit Kümmel Schluss gewesen. »Bei der Arbeit heute steht fest: Alles Gewürz ist passé.«

Das »Gastarbeiterische« konnte sie abstreifen, indem sie die Leiter der Leistungsgesellschaft hochkletterte. Kletter, kletter, wie es sich für Deutsche gehört, und plötzlich: Achtung, eine Durchsage für Zwischenebene Nummer zwei, aufgrund aktueller Vorkommnisse haben wir den Weg geändert, willkommen auf der Ebene Migrationshintergrund. Arzu wird nachdenklich und spricht nach einer kleinen Pause weiter: »Eigentlich haben wir alle einen Migrationshintergrund. Denn wir alle leben vor dem jahrhundertealten Hintergrund ständiger Migration.« Als Einheimischer sehe man sich bloß nicht so. »Und wie sieht es bei Engländern oder Franzosen aus?«, frage ich neugierig. Arzu antwortet prompt: »Ich bezweifle, dass man bei einem aus England stammenden Ingenieur oder einem französischen Biologen von einem Migrationshintergrund spricht.« Im täglichen Sprachgebrauch werde der Hintergrund der Migration doch viel häufiger ein ungünstiger, ein ungebildeter, südlicher, archaischer, beinah schon barbarischer – kurz und gut, ein islamischer Hintergrund. Der Fremdling müsse arbeiten, um sich Brot und Aufenthalt erst einmal zu verdienen. Und als fremd werde er angesehen, auch wenn eine Lebenszeit voll harter Arbeit hinter ihm liegt. Im allgemeinen Morast der Debatte um Integration und Parallelgesellschaft versinke der einzelne Mensch. Er sei nur als potenzieller Härtefall sichtbar, sein individuelles Ringen um Liebe, Gesundheit, Aufrichtigkeit und Frohsinn werde zu Schall und Rauch.

»Weißt du, woran es am meisten mangelt?«, fragt sie mit ernster Stimme. »Das sind nicht irgendwelche Informationen, sondern Selbstverständlichkeit. Gegenseitige Vertrautheit. Nicht Migrations-, sondern Lebenshintergrund.« All dies herzustellen sei auch eine Aufgabe derer, die heute schreiben oder Musik machen. Ob Kunst, Erzählung oder Roman, ob wahr oder erfunden, autobiografisch oder abgelauscht: »Geschichten erzählen. Über die Kölner Gassen und die romantischen Teehäuser in Istanbul, über langjährige Freundschaften zwischen pubertären Mädels, über Begegnungen zwischen Muslimen und Christen. Meine Musik will genau das, sie verbindet Menschen, das ist ein schönes Gefühl.«

Die Fahrt nach Köln mit der Bahn dauert zweieinhalb Stunden. Sie führt durch Städte, in denen einst Gastarbeiter unter Tage malochten. Heute ruckelt der Zug vorbei an leeren Achtgeschossern und an nackten Litfaßsäulen. Zwei Rentner kommen ins Abteil. Die Fahrt geht vorbei an einem Hochhaus, auf dessen Feuermauer in Riesenlettern die eilig übermalte Naziparole »Mord an Hess« immer noch zu erkennen ist. »Die Rechten müssen sich für ihr Werk vom Dach abgeseilt haben«, erklärt der eine Rentner und schaut Arzu mit großen Augen an. »Die Nazis bewegen sich kackfrech in dieser Stadt, und da verdient meine Schwester ihre Brötchen«, erwidert sie.

Arzus Schwester Ebru arbeitet als Sozialarbeiterin in einem Jugendclub in Hamm, wo der Zug gleich halten wird. »Ebru hat rechte Jugendbanden erlebt, die im Park einen Afrikaner totgeschlagen haben und dann in die Bahn gestiegen sind, als sei nichts gewesen.« Rechtsextreme Jugendliche seien Dynamit – sie könnten jederzeit explodieren. Arbeitslosigkeit, das Abdriften in die gut organisierte rechte Szene, Saufgelage vor der Tankstelle. Schließlich der Abstieg in die Kriminalität. Das erzählte Ebru in langen Monologen, als Arzu vor zwei Wochen ihre jüngere Schwester besuchte. Kurz bevor die Rentner in Hamm aussteigen, bleibt einer noch mal kurz stehen. »Deutschland ist nun mal kein Einwanderungsland – die Moslems gehören nicht zu unserer abendländischen Kultur«, schimpft der betagte Mann und verlässt das Abteil. »Immer dieses Anspruchsdenken der Ausländer«, murmelt er noch kopfschüttelnd.

Arzu braucht ein wenig Zeit, bis sie wieder einen klaren Gedanken fassen kann. »Die Wirklichkeit zur Kenntnis zu nehmen ist nicht einmal das schwerste für solche Leute. Schlimmer ist, dass sie keine Gelegenheit auslassen, den Zuwanderern in Deutschland klarzumachen: Ihr seid unerwünscht.« Es sei höchste Zeit, dass Deutschland sich an Bindestrich-Deutsche gewöhne: Deutsch-Türken, Deutsch-Griechen, Deutsch-Italiener …

Arzus Schwester Ebru und ihre deutsche Kollegin standen bezüglich der Integrationsdebatte erst vor Kurzem wieder einmal Rede und Antwort. Lokaljournalisten wollten wissen, ob die Deutschpflicht bei ihrer Jugendgruppe im Club nicht eine falsche Lösung sei, um die Sprachdefizite abzubauen. »Nein«, antworteten sie. Und der 14-jährige Tayfun erzählte den Reportern: »Wir werden ja nicht gezwungen. Wir wollen selbst gerne Deutsch sprechen. Es gibt auch keine Strafen, wenn wir doch einmal in unsere Muttersprachen überwechseln.« Bedrückte Mienen bei den Journalisten. Auch die zahlreich anwesenden Vertreter der türkischen Verbände mochten es dabei nicht belassen und versuchten geradezu verzweifelt, den anwesenden Jugendlichen ein Gefühl der Unterdrückung zu entlocken. Keine Chance.

Mit solchen Antworten hatte niemand gerechnet. An der ruhigen Stimme Tayfuns und seiner selbstbewussten Präsenz prallte die Aufgeregtheit der Kritiker ab, die die Methode als Exempel für Diskriminierung und Ausgrenzung hinstellen wollten. Eine Lokalreporterin ließ nicht locker und fragte noch einmal nach: »Wie fühlt ihr euch denn hier so als Opfer?« Tayfun gab spöttisch zurück: »Ich verstehe die Frage nicht. Was meinen Sie eigentlich?« Ebru und ihre Kollegin konnten sich vor Lachen kaum noch halten. Die inszenierte Aufregung brach in sich zusammen. Man hatte etwas Erstaunliches erlebt: ein junger Mann mitten aus der viel beschworenen Parallelgesellschaft, der die Skepsis der angereisten Berufsempörten, er möge sich endlich ordnungsgemäß als Opfer darstellen, freundlich und bestimmt zurückweist.

»Für meine Schwester war es ein bemerkenswerter Moment im Einwanderungsland Deutschland«, findet Arzu. »Ebru beklagte sich immer über die schlechten Deutschkenntnisse der Jugendlichen. Sie ist so wie ich. Dann ist sie halt mit ihrer Kollegin ihren eigenen Weg gegangen.«

Analphabetismus ist bei den Eltern bis heute keine Seltenheit, musste Arzus Schwester feststellen. Ihr war klar, dass etwas geschehen musste. »Der Jugendclub war vor ein paar Jahren mitten im freien Fall«, erzählt Arzu. »Es ist eine böswillige Verdrehung«, so Arzu, »wenn die Deutschpflicht als Zwangsgermanisierung dargestellt wird.« Es gehe schlicht darum, eine verbindliche Verkehrssprache zu etablieren, um den Jugendlichen eine erfolgreiche Zukunft in Deutschland zu ermöglichen. Die Mehrzahl der Schüler hat zu Hause und unter Freunden kaum Gelegenheit, Deutsch zu reden.»Ebru war außer sich vor Freude, als sie die Eltern der Kinder vom Sinn des Experiments überzeugen konnte. Plötzlich zeigte sich auch bei den Migranten wie von selbst eine neue Wertschätzung von Bildung, die alle möglichen Leute schon lange fordern«, meint Arzu. Es wurden keine Klagen gegen diese Selbstverpflichtung laut.»Die Deutschkenntnisse haben sich im letzten Jahr verbessert, und auch die Aggressionen gingen zurück, seitdem sich alle in einer Sprache zu verständigen versuchen.«

Arzus Handy klingelt. Die Stimme ihrer Schwester ist so laut, dass ich jedes Wort gut verstehe.»Du, bei uns hagelt es Protestanrufe von türkischen Verbänden und Politikern, die sich über unseren Jugendclub beschweren. Es ist nicht mehr schön«, berichtet Ebru von ihrem Leid.»Geht es hier um bessere Chancen für die Jugendlichen – oder um einen Kulturkampf?«

Arzu:»Mensch, du Arme, du machst momentan eine richtige Achterbahnfahrt durch.«

»Oh ja, aber Gott sei Dank ist es nicht so einfach, uns von unserem Weg abzubringen. Dass es diesmal am Ende nicht so kam, haben wir jungen Leuten wie Tayfun zu verdanken, die gegen viele Widerstände Deutsch lernen und für sich selbst zu sprechen beginnen …«

»Ebru, hallo, hallo – hallo?« – das Gespräch ist unterbrochen.

Arzu:»Na ja, halb so wild, ich werde mein Schwesterherz nächste Woche sowieso wieder sehen …« Dann wird sie das Neueste über das tägliche Engagement ihrer Schwester für die Jugendlichen erfahren.

»Gut, dann werde ich jetzt ein wenig lesen«, sagt Arzu und holt ihr neues Buch aus ihrer Ledertasche. Es ist Necla Keleks *Die fremde Braut*. »Wieso guckst du so komisch«, fragt sie mich.

»Ich weiß nicht, was ich von dem Buch halten soll.«

»Ja, hast ja recht.« Das Buch ist eine Mischung aus Erlebnisberichten und bitteren Anklagen gegen den Islam. Irgendwie sei es auch ein wenig boulevardesk; »muslimische Mädels« berichten ganz »authentisch«, wie sie gequält und geschunden wurden. Schließlich finden all diese Mädchen ihr Refugium im Schoß der westlichen Zivilisation. Die Botschaft ist eindeutig: Der rückschrittliche Islam ist verantwortlich für Zwangsverheiratung und andere Grausamkeiten; als Gegenmittel hilft nur »Integration« in die deutsche, sprich westliche Gesellschaft. »Keine Ahnung. Ich muss das Buch noch zu Ende lesen. Aber ich habe das Gefühl, heutzutage wird der Islam schlechter gemacht, als er ist.« Arzu packt das Buch wieder in die Tasche, ohne eine Seite gelesen zu haben. »Ich weiß, wovon ich spreche. Ich habe als Kind auch ein Kopftuch getragen. Ganz ohne Zwang. Habe es aber als Jugendliche wieder abgelegt. Ich war nicht wirklich religiös und wollte mich demonstrativ abgrenzen.«

Arzu kommt ins Stocken, trinkt aus ihrer Wasserflasche. »Als ich als Kind aus dem Fenster unserer Wohnung in Berlin-Neukölln schaute, sah ich ein paar Bäume und ein paar Bänke, auf denen Menschen saßen, die schon am Vormittag viel Zeit hatten.« Neukölln ist auch heute einer der ärmsten Bezirke Berlins, der Ausländeranteil liegt bei über 30 Prozent. Arzu ist eine schmale Frau. Ihre roten Haare fallen in die Stirn, verdecken fast die Augen. Sie lacht viel, wenn sie spricht, laut und abgehackt, manchmal an Stellen, die nicht lustig sind. Es ist, als versuche sie, Trauriges oder Unangenehmes fortzulachen. Und damit wurde sie in Neukölln immer wieder konfrontiert, ein Blick aus dem Fenster konnte genügen.

Arzu singt über das Leben; über den Alltag, über den Erfolg oder Misserfolg der Menschen. »Ich beobachte Wut bei den jungen Türken, Resignation bei den alten«, meint

Arzu. Sie ist eine Kämpferin. Sie musste sich gegen ihre Familie durchsetzen, gegen Regeln aus anderen Zeiten, aus einem anderen Land. Nur selten spricht Arzu über sich, und wenn doch, dann rückt sie nahe an ihr Gegenüber heran. Sie redet schnell, fast gehetzt – als habe sie Angst davor, dass sich ihr Gesprächspartner schnell wieder abwenden könnte. So redet jemand, der sonst zuhört.

Arzu hat noch Kontakt zu ihrem alten Kiez. Wenn sie dort ist, erkenne sie in manchen ihren Vater, ihre Brüder oder Schwestern wieder. Vielleicht erkenne sie sich manchmal auch selbst wieder, wie sie früher einmal war. »Die Menschen dort sind wie eine Mahnung. Nie werde ich meine Vergangenheit vergessen, schon gar nicht meine Herkunft.« Arzu hat türkische Wurzeln wie die meisten ihrer Freunde in Berlin. Jetzt beobachtet sie den Niedergang des Bezirks und bemüht sich, ihren Landsleuten mit ihrer Musik zu helfen. Sie ist eine Grenzgängerin geworden, eine Vermittlerin zwischen alter und neuer Heimat.

»Ja, ich komme aus dieser sogenannten Parallelgesellschaft.« Sie pendelt zwischen den Welten: Abends führt sie »ein deutsches Leben« mit ihrem deutschen Freund in ihrer Wohnung, wo sich »meine Schuhpaare wie Trophäen in den Regalen reihen«. Aber: Viele ihrer Lieder sind türkisch, gefüllt mit türkischer Poesie. Ihr Lebensgefährte weiß noch zu wenig über ihre Eltern oder ihre Geschwister. Nur manchmal erzählt Arzu von ihnen. »Das wird sich ändern«, verspricht sie. »Mein Freund ist Pilot. Wenn wir uns manchmal nach wochenlanger Trennung wiedersehen, dann ist es wie ein Fest.« Neulich fragte ihr Freund sie scherzhaft, ob er sie zwangsverheiraten dürfe. »Haha, sehr witzig«, habe sie geantwortet. »Okay, meine Eltern stammen zwar aus einem anatolischen Dorf, aber ich kenne in meinem Umkreis keine Zwangsehen. Kein Witz, ich bin der Meinung, das wird von den Medien ein bisschen zu sehr hochgekocht.«

Manchmal erzieht Arzu ihre Landsleute auch, sagt ihnen, dass sie ihre Kinder in den Kindergarten oder die Schule schicken sollen, dass sie unbedingt Deutsch lernen müssten. Sie kann es ihnen sagen, sie glauben, sie sei eine von ihnen. Arzu wurde in Deutschland geboren. Ihr Vater war aus einem kleinen anatolischen Dorf bei Sivas 1964 nach Berlin gekommen. Sie sollte eigentlich ein Junge werden, zwei Kinder waren vor ihr gestorben. Der Vater arbeitete bei Siemens am Band, die Mutter putzte dort. »Meine Eltern ermahnten uns Kinder, nicht aufzufallen, uns ruhig zu verhalten. Wenn wir in der Wohnung herumliefen, sollten wir Socken überziehen. Wir bewegten uns wie auf feindlichem Terrain.« Arzus Leben war auf eine baldige Rückkehr in die Türkei ausgerichtet. Zehn Jahre wollten die Eltern bleiben und sorgten sich darum, einen guten Eindruck zu hinterlassen. Die Eltern sagten den Kindern, sie sollten sich von anderen Türken fernhalten, also sprachen die Kinder bald Deutsch miteinander. Nach jeder weiteren Geburt entschieden sich die Eltern für ein paar weitere Jahre in Deutschland – so lange, bis sie den Grund für eine Rückkehr irgendwie vergaßen.

Bis heute spricht die Mutter kaum Deutsch. Arzu war noch nie im alten Heimatort der Eltern. Wenn die Familie früher in die Ferien in Richtung Sivas fuhr, überredete sie ihre Freundin, ihren Vater davon zu überzeugen, dass sie in Berlin bleiben müsse. Sivas – das klang zu fremd, zu weit weg. Arzu hatte Angst, dort verheiratet oder entführt zu werden. Ihre roten Haare deuten nicht auf ihre Herkunft. Das ist ein Thema, zu dem Arzu nicht viel einfällt. Es wirkt, als könne sie es sich selbst nicht erklären. Sie hätte längst hinfahren können. Vielleicht fürchtet sie, etwas zu entdecken, das auch zu ihr gehört. Sie spricht mit ihrer Schwester heute fast nur Deutsch. Aber wenn Konzertbesucher aus Sivas stammen, nimmt Arzu so gut wie kein Eintrittsgeld. »Ich bin eine anatolische Berlinerin«, unterstreicht sie.

Arzu war vor vier Wochen in der Straße, wo sie als Kind mit ihrer Familie lebte. Die Gegend war damals ihr Wohn-, Spiel- und Lebensplatz zugleich. Andere Kinder durften sie nicht besuchen. Ihre große Schwester kletterte nachts heimlich durchs Fenster hinaus, um sich mit ihren Freunden zu treffen. Beim gemeinsamen Abendessen wurde nur das Nötigste besprochen. »Reich mir bitte das Brot! Kannst du Tee einschenken?« Deshalb sagen heute viele Freunde, sie spreche so ein lustiges Kindertürkisch. Und Arzu erinnert sich daran, dass ihr Vater alle deutschen Arbeitskollegen »Peter« nannte. In seinem Adressbuch standen sie untereinander. Dahinter hatte er, um sie zu unterscheiden, die Spindnummer notiert.

Arzu schlief mit ihren Schwestern zusammen in einem Zimmer. Wenn das Licht ausging, konnte sie nicht mehr lesen. Arzu hatte sich in die deutsche Sprache verliebt, las Fontane, Büchner, Heine. Manchmal setzte sich die Mutter zu ihrer Tochter und schaute ihr beim Lesen zu. Arzu träumte sich fort, in ferne Länder als Reiseleiterin oder Schauspielerin. »Ich wollte definitiv ein anderes Leben haben.« Die Welt in Neukölln veränderte sich. »Das Viertel kippte«, sagt sie. Anfang der Achtzigerjahre zogen die älteren deutschen Damen fort und türkische Familien ein. Die Zeit der Import-Export-Läden und Dönerbuden brach an. Und Arzu las mit 15 zum ersten Mal an einer Hauswand »Türken raus«. Als sie Abitur machen wollte, fragte ihr Vater: »Was ist das? Was bist du dann?« Auf Elternversammlungen war er nie erschienen. Wenn die Lehrerin zu ihnen nach Hause kam und sagte, Arzu sei ein bisschen renitent, übersetzte sie, sie sei ganz vorbildlich, eine tolle Schülerin.

Als Arzu ihren ersten Freund hatte, war das für den Vater eine Art Angriff. Immer hatte er sich als Gast gefühlt. »Seine Kinder lässt man nicht gern beim Gastgeber zurück«, erklärt Arzu die Reaktion des Vaters. »Verlass mein Haus«, war die Antwort. Also ging Arzu. Zwei Jahre sprach ihr Vater nicht mit ihr, legte auf, wenn sie anrief, wollte die Tür zuschlagen, wenn sie davor stand. Es war eine harte Zeit für Arzu. Sie lacht viel, wenn sie diese Geschichten erzählt. Es ist ein gekünsteltes Lachen. Sie holt zwei Fotos aus ihrer Tasche. Alte Fotos der Eltern: der Vater mit Schnurrbart, die Mutter, noch jung, mit schwarzen glänzenden Haaren. »Das war vor Jahrzehnten; die Bilder habe ich immer dabei. Sie müssen mein Leben nicht verstehen.«

Nach dem Abitur ging Arzu zur Uni, wo sie eine andere Spezies traf: reich, verwöhnt, gelangweilt. Sie waren Gäste auf den Empfängen, bei denen sie kellnerte. Sie spielten Tennis, fuhren mit dem eigenen Wagen vor, führten ein scheinbar sorgenfreies Leben. Zu ihnen würde sie nie ganz gehören können, sie konnte nur versuchen, nicht aufzufallen. Auf ihren Partys beobachtete Arzu stumm, bemühte sich, allmählich eins zu werden mit ihrer Umgebung. »Als ob ich aus meinem Körper heraustrat und in eine andere Welt flog.« Auf einer dieser Feiern lernte sie auch ihren Freund kennen.

Ende der Neunzigerjahre zogen viele junge Deutsche wie Arzu auch aus Berlin-Neukölln weg und mit ihnen die Türken, die es sich leisten konnten. Aus Arbeiterquartieren wurden Arbeitslosenbezirke. Der Trend hält bis heute an, auch die teure Verschönerung des Stadtbilds vermochte ihn nicht zu stoppen. Arzu: »Es ist schon spannend zu sehen, was passiert, wenn Einwanderer, speziell aus einer dörflichen Kultur, auf die Normen und Werte einer westlichen Großstadt treffen. Wenn Tradition und Moderne zwischen den Generationen aufeinanderprallen und die Religion der Einwanderer sich in der Fremde eine neue Heimat suchen muss.« Viele kleine türkische Grüppchen vor Dönerläden, Internet-Cafés, Wettbüros. Oder vor Hochzeitsmode-Geschäften, von denen es alle paar Meter eines gibt. Es sind jene jungen Männer, die die Medien die »Verlierer der Leistungsgesellschaft« nennt. Manche sind beinahe Analphabeten. Durch den Wegfall der Arbeitsplätze für Nichtqualifizierte fehlt ihnen jegliche berufliche Perspektive. Frust und Testosteron vereinigen sich bei ihnen zu einem leicht erregbaren Gewaltpotenzial. »Damit will die Mehrheit der Türken nichts zu tun haben«, meint Arzu. »Das Phänomen des Machismo unter Migranten ist ja auch sattsam bekannt.«

Das kann Arzu aber über ihren Vater nicht sagen. Sie erinnert sich: Wenn er Frühschicht hatte, stand er um halb fünf auf, trank einen Tee und setzte sich dann in seinen alten Golf, der vor dem Wohnhaus stand. Ein paar Kilometer waren es bis zu den Werkstoren von Siemens, das war frühmorgens unter einer halben Stunde zu schaffen. Um sechs stand er am Band im Werk. Acht Stunden lang arbeitete er, dann fuhr er zurück, half der Tochter bei den Hausaufgaben, manchmal legte er sich eine halbe Stunde hin. Abends der Tee mit Freunden und Verwandten. So ging das fast jeden Tag, Arzus gesamte Kindheit hindurch. Früher sei für den Vater die Heimat dort, wo er geboren wurde, in seinem kleinen Dorf. Heute sei Heimat da, wo er lebt. »›Wir sind Menschen‹, antwortet er mir, wenn ich ihn nach der Herkunft frage.« Ihr Vater war in ihrem Zehnparteienhaus mit vier deutschen Familien selbstverständlich da, wenn eine der alten deutschen Damen Hilfe benötigte.

Doch seinen türkischen Pass hat ihr Vater noch immer. Den will er auch behalten, bis ans Lebensende. Arzu sorgt sich ein wenig um den alten Herrn. Er hatte vor Kurzem einen Schlaganfall. Es sah nicht gut aus. Am Krankenbett erzählte Arzu ihm von ihrem Freund, ihren Gefühlen. »Du machst das schon gut«, sagte ihr Vater knapp. Da schwieg Arzu. Nie zuvor hatte der Vater seiner Tochter so etwas gesagt.

Ihre Mutter habe Hände, denen man harte Arbeit ansieht, zupackende Hände. Sie putzte über zehn Jahre die »dreckigen Böden bei Siemens«. »Das ist harte und schwere Arbeit«, erzählt Arzu. Diese Hände tauchte die Mutter über Jahre ins Wasser, wischte und säuberte alles blitzblank. »So ist das Leben«, sagt Arzu und lacht wieder schrill. Ihre beiden Brüder sind erwachsen, sie sprechen perfekt Deutsch, der eine ist Ingenieur, der andere Elektriker.

»Mit meiner Arbeit bringe ich die Menschen zusammen, die sogenannten Fremden und die Deutschen«, beeilt sie sich zu sagen. »Die Hörer meiner Musik denken nicht mehr, dass ich ja irgendwie anders bin.« Längst hätten manche deutsche

Unternehmen begriffen, wie wertvoll Migranten für sie sein können, nicht nur als Arbeitskräfte in der Produktion, sondern auch im Umgang mit Kunden und Geschäftspartnern. Ihre Schwester betone heute selbstbewusst: »Wegen meiner Herkunft werde ich geschätzt und gebraucht.« Sie denke in zwei Sprachen, trage zwei Kulturen in ihrer Brust. Sie blicke über den Tellerrand hinaus, »das macht Migranten logischerweise für viele Arbeitgeber interessant«. Arzu ärgert die Gleichgültigkeit mancher Deutscher gegenüber den Migranten und ihre Unwissenheit darüber, dass sie oft »soziale Kompetenz, Neugier und einen starken Hang zur Selbstständigkeit mitbringen«.

Unsere Zugfahrt endet gleich. Wir kommen in fünf Minuten in Köln an. Der Zug hat heute nur eine Verspätung von ein paar Minuten. »Ich freue mich so«, sagt Arzu. »Worauf?«, will ich wissen. »Ich sehe meinen Freund nach zweieinhalb Wochen wieder. Das ist viel Zeit für Verliebte. Er kommt mit dem Flieger aus Istanbul.« Arzu muss sich beeilen. Denn sie ist über der Zeit, wenn sie ihren Freund pünktlich in die Arme nehmen will. Der Zug hält. Wir steigen aus. »Lass uns nächste Woche telefonieren und Kaffee trinken. Ob Berlin, Köln oder Hannover ist egal.« Arzu rennt wieder. An Internet- und Dessousläden vorbei. Sexy rosafarbene Slips und Büstenhalter schwingen vor den Schaufenstern im Wind. Junge Frauen befühlen die Unterwäsche, kaufen schließlich und tragen sie in großen Tüten davon. Arzus rote Haare lassen sich nur noch schwer aus der Ferne sehen. Sie läuft, als ob es um ihr Leben geht. Jetzt erinnere ich mich an Arzus Worte, als sie über ihre Eltern sprach: »Wer Liebe schenkt, bekommt sie zurück.« Das gilt wohl auch für ihren Freund.

DER KOSMOPOLIT
Ali Aslan

Vorbei an der Polizeikon-
trolle. Rein in das markante
hufeisenförmige Gebäude.
Das Haus mit seinen runden
Endtürmen öffnet sich zur Spree. Hier ist der Arbeitsplatz
von Ali Aslan – nicht irgendein Arbeitsplatz, sondern das
Bundesinnenministerium. Die Geschichte dieses jungen
Mannes zeigt, welche Potenziale sich Deutschland bieten.

Sicher, sein Weg hätte völlig anders verlaufen können.
Geboren wurde er 1972 im westtürkischen Afyon; neun Mona-
te nach der Geburt steht der erste Umzug auf dem Plan. Ziel:
Deutschland. Dortmund. Ist Aslan ein typisches »Gastarbei-
terkind«? Nein. Der Vater, der aus der südtürkischen Provinz
Hatay stammt und als ältestes Kind von elf Geschwistern in
bescheidenen Verhältnissen aufwächst, studiert in Istanbul
Medizin und ergreift nach ersten Berufserfahrungen in der
Türkei die Chance, als Facharzt für Gynäkologie in einem
Dortmunder Krankenhaus zu arbeiten.

Für Ali Aslans Vater ist es keine wirtschaftliche Notsitu-
ation wie bei vielen Migranten, sondern er will zwei bis drei
Jahre Auslandserfahrungen sammeln und sieht Deutschland,
wie die meisten Zuwanderer, nur als eine vorübergehende
Heimat an. Doch aus den geplanten zwei bis drei Jahren werden drei Dutzend, und bis heute leben die Eltern in Deutschland. Ihr Traum und der ihrer gesamten Generation, egal ob

sie Ärzte oder Fabrikarbeiter waren, egal ob großstädtisch oder provinziell, egal ob intellektuell oder nicht, bestand aus einem einzigen Wunsch: Sie wollten ein besseres Leben, in oder durch Deutschland.

Dieser Schritt war allerdings auch mit persönlichen Opfern verbunden. »Meine Mutter hat ihren Beruf als Rechtsanwältin beim Umzug nach Deutschland aufgeben müssen«, erzählt Aslan mit einigem Bedauern.

Mit sieben Jahren steht für den jungen Ali und seiner ein Jahr älteren Schwester bereits der zweite Ortswechsel an, da der Vater eine Stelle als Oberarzt in einem Krankenhaus in der Nähe von Hamburg annimmt. Zur gleichen Zeit entdeckt Ali Aslan seine große Leidenschaft für den Fußball, der seine gesamte Jugend maßgeblich mitprägen soll. Mindestens dreimal in der Woche steht er auf dem Trainingsplatz, dazu kommen die Spiele an den Wochenenden. Aslan macht sich in der Hamburger Fußballszene schnell einen Namen als talentierter Spieler – und wird schließlich als 17-Jähriger vom damaligen Bundesligisten FC St. Pauli für dessen A-Jugend-Regionalliga-Mannschaft rekrutiert.

Doch als Ali Aslan das Abitur in der Tasche hat, steht fest: Zum Fußballprofi wird es nicht ganz reichen. Worüber seine Familie nicht gerade unglücklich ist. Seine Eltern legen ohnehin größeren Wert auf eine gute akademische Qualifikation und legen ihm ein Studium in den USA nahe. Dass er über zehn Jahre dort bleiben wird, ahnt zu diesem Zeitpunkt keiner.

Bildung wird in der Familie Aslan großgeschrieben. Seine Schwester studiert nach ihrem Abitur Wirtschaftswissenschaften in Schleswig-Holstein, in Paris und New York, spricht – wie auch ihr Bruder – vier Sprachen und arbeitet heute als Wirtschaftsberaterin für ein großes Unternehmen in Istanbul. »Ich weiß sehr wohl, dass wir beide uns sehr glücklich schätzen können, Eltern zu haben, für die Bildung einen sehr hohen Stellenwert hat«, unterstreicht er.

Ali Aslan studiert an den amerikanischen Elite-Universitäten Georgetown University in Washington D.C. und der New Yorker Columbia University. Beide hochselektiven Institutionen gehören zu den weltweit angesehensten Hochschulen und Kaderschmieden, zu deren vielen namhaften Absolventen unter anderem die US-Präsidenten Bill Clinton (Georgetown) und Barack Obama (Columbia) zählen.

Aslan studiert Internationale Beziehungen an der »School of Foreign Service« der Georgetown University, die zu den weltweit führenden Bildungseinrichtungen für politische Führungskräfte gehört. An der Columbia University erwirbt er im Anschluss zwei Master der »School of International and Public Affairs« und der »Graduate School of Journalism«, der renommiertesten Journalistenschule der USA. Die 1912 von Joseph Pulitzer gegründete Schule ist die älteste akademische Ausbildungsstätte für angehende Journalisten.

Gerüstet mit einem Bachelor, zwei Master und einem Volontariat im Washington-Büro des Nachrichtensenders CNN zieht Aslan 1996 nach New York, wo er für die American Broadcasting Company (ABC), eines der drei großen US-Fernsehnetzwerke, als Reporter im UNO-Hauptquartier arbeitet.

Ein Jahr später wechselt er zur Hauptnachrichtensendung »ABC World News Tonight«, dem Flaggschiff des Senders, wo er mit Peter Jennings, einem der bekanntesten Nachrichtenmoderatoren der Welt, zusammenarbeitet. »Er war ein sehr charismatischer und weltgewandter Mann«, lobt er den legendären amerikanischen Journalisten. »Ich habe viel von ihm gelernt.« In der Hauptnachrichten-Redaktion verdient sich Ali Aslan in den nächsten Jahren seine Meriten. Hier arbeitet er bis Ende 2002 als Fernsehjournalist, berichtet über Geschehnisse der zeitgenössischen amerikanischen Geschichte: vom Lewinsky-Skandal bis zur umstrittenen Präsidentschaftswahl im Jahr 2000. Und natürlich über den 11. September 2001, den er als Wahl-New-Yorker aus unmittelbarer Nähe miterlebt. »Für mich war die Zeit in New York enorm lehrreich«, hebt Ali Aslan diesen Lebensabschnitt besonders hervor.

2003 ist das Jahr, in dem Ali Aslan wieder die Koffer packt, denn er sucht nach einer neuen beruflichen Herausforderung, um weitere journalistische Erfahrungen zu sammeln. Über eine ehemalige Kommilitonin, die mittlerweile als Leiterin der Auslandsredaktion von Channel News Asia tätig ist, kommt er zu seinem neuen Job. Der TV-Sender ist das asiatische Pendant zu CNN, ein 24-Stunden-Nachrichtenkanal mit Hauptsitz in Singapur. Der junge Mann nimmt das Angebot an, als Türkei-Korrespondent für den pan-asiatischen Sender zu arbeiten.

Sein neuer Wohnsitz ist nun Istanbul. Er lebt und arbeitet mitten im Zentrum der pulsierenden Riesenmetropole. »Für mich war es sehr aufschlussreich, auch mal in der Türkei zu arbeiten und zu leben.« Wieder fängt Ali Aslan von Neuem an. »Ich habe durch meine vielen Umzüge die Fähigkeit entwickelt, mich auf unterschiedliche Anforderungen und Gegebenheiten meiner Umwelt relativ schnell einzustellen.« Auch Entfernungen haben sich für Ali Aslan relativiert: »Meine Eltern in Deutschland von New York aus zu besuchen, war schon sehr zeitaufwendig. Da ist die Anreise aus Istanbul sehr viel entspannter gewesen«, erinnert er sich.

Die Zeit in der Türkei sollte allerdings auch nicht für ewig sein. Ali Aslan packt nach zwei turbulenten Jahren, in denen er aus Istanbul über die dortigen Terroranschläge von 2003 und die Auswirkungen des Irak-Krieges auf die Region berichtet, erneut seine Sachen. Nach Absolvierung eines Intensiv-Sprachkurses in Barcelona und einer zwischenzeitlichen Rückkehr nach New York lebt er 2006 wieder in Deutschland – auf Probe. In Berlin berichtet er für Channel News Asia über die Fußball-Weltmeisterschaft, als er vom Interesse des Bundesinnenministeriums erfährt.

Seinen Beruf als Journalist aufzugeben fällt ihm nicht

leicht, aber es tut sich etwas in Deutschland. Die Bundesregierung hat das Thema Integration mittlerweile zu einem Schwerpunkt ihrer Politik bestimmt; und die Herausforderung, zu dieser neuen Politik beizutragen, gibt schließlich den Ausschlag, die Offerte des Bundesinnenministeriums anzunehmen. Seine neue Wohnanschrift ist damit seit Herbst 2006 Berlin. Auch wieder mitten im Zentrum, direkt in Berlin-Mitte.

Die neue Aufgabe ist für Ali Aslan auch ein Stück weit ein persönliches Projekt. Aus seinem privaten Umfeld weiß er, dass eine große Zahl von Migranten in Deutschland viel besser integriert ist, als es häufig nach außen hin dargestellt werde. Seiner Beobachtung nach gehen diese Menschen fast unbemerkt kontinuierlich ihren Weg in der neuen Heimat. Doch noch zu häufig prägten Klischees und Stereotypen das Bild der türkischstämmigen Bevölkerung in den Medien und somit auch in der öffentlichen Meinung. Medien und insbesondere das Fernsehen bestimmten das Bild der verschiedenen ethnischen und kulturellen Bevölkerungsgruppen wesentlich mit. Doch auch nach 50 Jahren der Zuwanderung würden die hiesigen Medien ein nur unvollständiges Bild von Migranten und ihrer Bedeutung im wirtschaftlichen, gesellschaftlichen und kulturellen Leben Deutschlands zeichnen. Stattdessen werde über Migranten überproportional in Problemzusammenhängen berichtet, weswegen diese sich in der Folge häufig nicht adäquat widergespiegelt fühlen.

»Als gelernter Journalist weiß ich, dass Medien eine Verantwortung tragen, auf gesellschaftlich relevante Zustände und Missstände aufmerksam zu machen«, erklärt Aslan. »Doch bei dem Thema Integration sind Polemik und Pauschalisierungen nicht förderlich.« Vielmehr sei eine mit Sachkenntnis gepaarte, verantwortungsvolle, vorurteilsfreie und differenzierte Berichterstattung notwendig, um diesem komplexen Thema gerecht zu werden. Insbesondere Journalisten mit Migrationshintergrund, die in den deutschen Redaktionen noch unterrepräsentiert seien, könnten hier einen wertvollen Beitrag leisten, da sie – ohne Schönfärberei zu betreiben – einen anderen Zugang zu Personen aus den Einwanderergemeinden und einen empathischen Blick auf ihre Lebenswirklichkeit hätten. Denn zu einem guten Journalismus gehöre es selbstverständlich auch, die vorhandenen Defizite in der Integration der zweiten und dritten Generation von Zuwanderern klar und offen zu benennen, vorausgesetzt, dass die kritische Berichterstattung zu einer aufgeklärten und konstruktiven Diskussionskultur beitrage.

Und wie kann man die Situation dieser zweiten und dritten Generation von jugendlichen Migranten noch weiter verbessern? Jedenfalls ist es für Ali Aslan keine Lösung, sich zurückzuziehen und zu resignieren. Der richtige Weg sei, sich einzubringen, mitzumachen, teilzunehmen. Und auch ein gesundes Selbstbewusstsein angesichts der eigenen – oftmals gespaltenen – Identität zu entwickeln. In den Vereinigten Staaten sei es selbstverständlich, sich als Afro-Amerikaner oder als italienischstämmig zu bezeichnen; ebenso würde er sich wünschen, dass es in Deutschland zur Normalität werde, Deutscher zum Beispiel türkischer, portugiesischer oder vietnamesischer Abstammung zu sein. Denn eine noch zu große Zahl insbesondere von jungen Deutsch-Türken fühlt sich nicht zugehörig oder gar gänzlich unerwünscht. Und das, obwohl die meisten von ihnen gerne in Deutschland leben und zu dieser Gesellschaft dazugehören wollen.

Für sehr bedeutend hält Aslan daher politische Botschaften wie die von Bundesinnenminister Schäuble – »Der Islam und Muslime sind Teil der deutschen Gegenwart und der Zukunft« – sowie Veranstaltungen wie »Deutschland sagt Danke!«, in der Bundeskanzlerin Merkel die Lebensleistung der ersten Zuwanderergeneration gewürdigt hat. Beide Signale helfen, ein Zugehörigkeitsgefühl entstehen zu lassen. Und gerade die türkische Gemeinde ist dafür sehr empfänglich, wenn man sie gezielt auf emotionaler Ebene anspricht – so heterogen diese Bevölkerungsgruppe sonst auch sein mag.

Schließlich habe man es nicht mit einer homogenen Bevölkerungsgruppe, sondern mit vielen deutsch-türkischen Communities zu tun, erinnert Aslan. »Sozialer Hintergrund, Lebensweise, Weltanschauung und Wertvorstellungen unter den türkischen Migranten sind einfach zu vielfältig und verschieden.« Die fehlende kollektive Identität könne man auch an der Repräsentation dieser Gruppen beobachten, die alles andere als einheitlich sei. »Im Laufe der Zeit entstehen rund um diese sehr verschiedenen Interessen verschiedene Verbände. Dabei kommen mitunter gegensätzliche Forderungen heraus, die auf divergierenden Interessen basieren.«

Worüber sich jedoch alle einig sein sollten, so Ali Aslan, sei die Erkenntnis, dass die Basis zum späteren Erfolg in einer guten Bildung und guten Sprachkenntnissen liege. Die erste Gastarbeitergeneration habe trotz widriger Umstände bereits eine Menge geleistet und ihren Kindern und Enkeln den Weg geebnet. Jetzt sei es auch für die zweite und dritte Generation wichtig, die Willenskraft zu einem weiteren Leistungsschub aufzubringen.

Ali Aslan bringt diese Willenskraft auf. Er hilft, Brücken zwischen den Kulturen zu bauen. Vor allem seit September 2006, als er seine Tätigkeit im Bundesinnenministerium begonnen hat. So wirkt er unter anderem aktiv bei der Gestaltung der Deutschen Islam Konferenz (DIK) und insbesondere deren Arbeitsgruppe »Medien« mit. Die DIK bewertet er positiv: »Die Konferenz ist ein wichtiges Zeichen des Aufbruchs zu einem neuen Miteinander. Sie hat vor allen Dingen zu mehr Kommunikation zwischen Staat und Muslimen beigetragen.«

Auf seinem Bürotisch stapeln sich Zeitschriften, Bücher und Zeitungen. Ali Aslan, Mitinitiator des ersten Runden Tisches deutscher und türkischer Journalisten in Berlin, zieht einen Bericht heraus, der auf die Ausbildungsmisere vieler Jugendlicher mit Migrationshintergrund hinweist. »In Jugendlichen aus Zuwandererfamilien steckt ein großes wirtschaftliches Potenzial, da in der globalisierten Welt gerade Mitarbeiter, die in mehreren Sprachen und Kulturen zu Hause sind, ökonomische Vorteile bringen.« Ali Aslan bedauert jedoch, dass gerade dieses Potenzial noch allzu häufig ungenutzt bleibt.

Er beobachtet auch, dass immer mehr türkischstämmige Akademiker, auch als Folge der wirtschaftlichen Aufbruchstimmung in der Türkei, die Rückkehr in die alte Heimat ihrer Eltern antreten – ein Land, das die meisten nur aus dem Urlaub kennen und in dem sie bisweilen mit nicht unwesentlichen Mentalitätsunterschieden konfrontiert werden.

Angesichts der demografischen Herausforderungen und des Fachkräftemangels müsse es Deutschland gelingen, die Gebildeten unter den türkischen Einwanderern für sich zu gewinnen, ihnen das Gefühl der Zugehörigkeit zu vermitteln – auch und vor allem im eigenen Interesse. Man müsse gerade die gebildete Migrantenschicht in Deutschland halten, da sie auch als Vorbild für die nächste Generation diene, so Aslan.

Es stimmt den heute 36-Jährigen nachdenklich, dass viele Eltern türkischer Herkunft sich zu wenig für die Schulbildung ihrer Kinder interessieren. Aber er weiß auch, dass viele dieser Eltern aus bildungsfernen Schichten stammen – und es somit häufig nicht besser wissen. »Man muss fairerweise ebenso festhalten, dass die Zahl der Akademiker mit Migrationshintergrund, die erfolgreich Karriere machen, sei es als Arzt, Ingenieur oder Politiker, zunehmend wächst.« Das sei eine beachtliche Leistung, wenn man bedenke, dass deren Eltern zumeist ungelernte Industriearbeiter waren und nur eine vorübergehende personelle Lücke in Deutschland schließen sollten.

Es sind diese Erfolgsgeschichten, die ihn trotz aller Schwierigkeiten zuversichtlich in die Zukunft blicken lassen. Auf seine eigene Zukunft angesprochen, erklärt Aslan mit einem Lächeln: »Ich lasse mir zum jetzigen Zeitpunkt noch alle Optionen offen.« Dann fügt er mit einem Augenzwinkern hinzu: »Bundesinnenminister Schäuble hat ja in einem Interview gesagt, dass es nur noch ›eine Frage der Zeit‹ sei, bis ein Türkischstämmiger Bundeskanzler wird.«

MIGRATION UND MEDIALE PRÄSENZ

Migration prägte in den vergangenen über 50 Jahren nicht nur die Gastronomie unseres Landes, sondern auch Kultur, Politik, Wirtschaft, soziales Leben – und die Medien. Mittlerweile setzt sich in Deutschland wie in ganz Europa die Meinung durch, dass wir wegen des Bevölkerungsrückgangs auf Zuwanderung angewiesen sind. Dabei spielen Medien eine entscheidende Rolle: Sie können Vorurteile verstärken oder dabei helfen, sie abzubauen. Doch wenn in den Medien »Ausländer« erwähnt werden, dann viel zu oft im Kontext mit Kriminalität.

So wird unsere Medienwirklichkeit erzeugt, eine Wirklichkeit, die zwar mit unserem realen Leben nicht übereinstimmt, dieses aber verändert. Zum Beispiel wird in Zeitungen oder im Fernsehen immer noch zu oft das Bild der türkischen Frau gleichgesetzt mit dem Kopftuch. Auch das heterogene Bild der zweiten und dritten Einwanderer-Generation bleibt viel zu häufig unberücksichtigt. Die verschleierte Frau steht häufig immer noch als Symbol für die Mehrzahl der Deutsch-Türken. Solche Stereotypisierungen verzerren die Realität. Noch immer mangelt es an positiven oder auch normalen Bildern aus der Alltagswirklichkeit der Migranten, auch wenn sich die Berichterstattung in den vergangenen Jahren spürbar gebessert hat. Doch das Fundament, auf dem ein besseres Image aufbaut, ist noch sehr fragil.

Die unbefriedigende mediale Aufbereitung ist nicht nur schlecht ausgebildeten Journalisten anzulasten, sie ergibt sich insbesondere aus Unwissenheit und Kulturferne. Es mangelt immer noch an guten Hintergrundberichten. Damit werden Fremdheitsgefühle verstärkt, die Inländer erleben die Migranten als bedrohlich und unheimlich. Fremdheit ist keine objektive Eigenschaft einer Person oder Gruppe, sondern eine Frage der Wahrnehmung, die ihrerseits beeinflusst wird von Stereotypisierungen und der sozialen Wirklichkeitsdefinition. Den Medien kommt deshalb eine entscheidende Rolle zu, weil die soziale Wirklichkeit in modernen Gesellschaften primär eine medial vermittelte Realität ist.

Jeder von uns ist nicht nur Bewohner, sondern auch Leser, Hörer, Zuschauer dieses Landes. Wir alle haben unsere Biografie, unseren kulturellen Hintergrund als ein lebendiges Geflecht von Beziehungen, Kenntnissen und Erfahrungen. Das ist ein Teil der Normalität, die in den Medien gesehen und gewürdigt werden müsste. Das Publikum wird immer mehr geprägt von Zuschauern und Hörern verschiedener Kultur und Herkunft. Auch das ist kein Prozess, der am Rande der Gesellschaft abläuft, sondern mittendrin.

Ohne Migranten sind ganze Wirtschaftsbereiche nicht mehr arbeitsfähig. Das gilt nicht nur für die Gastronomie, sondern auch für Krankenhäuser, Industriebetriebe und so weiter. Warum werden dennoch viel zu oft positive Beispiele unter den Tisch fallen gelassen? Medien lassen sich bei der Berichterstattung über andere Länder oder »Ausländer« im eigenen Land von Nachrichtenfaktoren – Aktualität, Relevanz, Kontroverse, Negativität, Unvorhersehbarkeit, Nähe –, aber eben auch von nationalen Unterscheidungen – »wir und die anderen« – leiten.

Viele Ereignisse wären nach rein professionellen Nachrichtenkriterien gar nicht berichtenswert, wenn nicht der Trennung »Deutsche und Ausländer« oder »unser Land und anderes Land« Bedeutung zugeschrieben würde. Wenn beide Mechanismen zusammenwirken, kann es einen gefährlichen

Cocktail geben. Das heißt: Wenn sich Nachrichtenorientierung an Negativität (Schaden/Bedrohung) und an Nationenimages (Stereotypen) ausrichtet, kann dies sehr schnell Vorurteile bei den Empfängern wecken. Akzeptanz- und integrationsfördernde Facetten der Migrantenrealität werden bislang leider nur unzureichend in den Medien erhellt. Stattdessen dominieren die grell beleuchteten Bedrohungsszenarien.

Als »Ausländer« gilt gewöhnlich ein Einwohner, der nicht die Staatsangehörigkeit des Aufenthaltslandes besitzt. Diese juristische Definition von »Ausländer« ist jedoch nicht unbedingt deckungsgleich mit dem, was der einzelne Bürger als »Ausländer« wahrnimmt. Nordafrikaner mit französischer Staatsangehörigkeit werden beispielsweise eingeschränkt als »Franzosen« wahrgenommen und akzeptiert. Sicher spielt dabei auch das Aussehen eine entscheidende Rolle. Einen Franzosen, Skandinavier oder Engländer kann man auf den ersten Blick vielleicht weniger für einen Ausländer halten – im Gegensatz zu Südeuropäern, Afrikanern oder Asiaten. Aussiedler deutscher Volksabstammung oder auch Türken mit deutscher Staatsbürgerschaft gelten aber oft nicht als »Deutsche«. Dies sollte in der medialen Berichterstattung stärker berücksichtigt werden.

Ebenso muss über die Unterscheidung zwischen nationalen Minderheiten und Migranten nachgedacht werden – weniger rechtlich als politisch. In der alltäglichen Wahrnehmung werden beide Gruppen oft in einen Topf geworfen. Wenn aus der Europäischen Charta zum Schutz der Minderheiten- und Regionalsprachen in Deutschland nur eine staatliche Förderung von Medienangeboten in den Sprachen der traditionellen Volksgruppen Sorben, Dänen, Friesen, Sinti und Roma abgeleitet werden kann, dann kann das nur historisch, juristisch und finanziell verständlich sein. Ausgeschlossen werden dabei die seit Jahrzehnten in Deutschland lebenden türkischen, italienischen oder auch griechischen Migranten. Auf der empirischen Ebene von Fakten und Größenordnungen, Realitäten und Gegebenheiten sind solche Unterscheidungen schwierig nachzuvollziehen. Auf einer Zeitachse werden sie immer widersinniger. Deutsch-Türken sollten angemessen in den Redaktionen und im Medienmanagement vertreten sein. Sie und ihre Probleme müssen in den Medien nicht nur durch die Vertreter der deutschen Mehrheitsgesellschaft präsentiert werden. Ein naheliegender Grund dafür ist, dass deutsch-türkische Journalisten ihre Probleme selbst darstellen, artikulieren und interpretieren können. Es ist relevant, dass sie ihre Stimme explizit im pluralistischen Konzert des öffentlichen Informationsflusses zur Geltung bringen. Und dies gilt nicht nur in besonderen ethnischen Medien oder in multikulturellen Nischenprogrammen. Stattdessen heißt es, insbesondere in den üblichen Presseorganen, Fernseh- und Hörfunkprogrammen präsent zu sein. Die mediale Integration erfordert ein Beisein der Migranten in den wichtigen Institutionen der deutschen Mehrheitsgesellschaft. Sicher gibt es schon Beispiele, die in die gewünschte Richtung gehen, wie Kolumnen von Mely Kiyak in der *Frankfurter Rundschau* oder von Selim Özdogan in der *Zeit* und noch einige weitere – aber es sollten mehr sein.

Vor allem die öffentlich-rechtlichen Rundfunkanstalten sollten Gebührenzahler mit ausländischer Herkunft als Zielgruppe anerkennen und ihr Programm für diese attraktiver gestalten. Es wäre für die Akzeptanz von deutschen Medien bei Migranten von Vorteil, wenn die Anzahl der Journalisten und Moderatoren mit ausländischer Abstammung steigen würde. Beispiele gibt es bereits: Beim Magazin *Focus* etwa arbeitet der erfolgreiche Redakteur Kayhan Özgenç, und die *Frankfurter-Rundschau*-Redakteurin Canan Topçu ist für viele Nachwuchsjournalisten mit Migrationshintergrund ein Vorbild. Laut der Heinrich-Böll-Stiftung liegt der Anteil der Migranten unter den Journalisten in Deutschland heute zwischen zwei und drei Prozent. Die Zahl der Journalisten mit ausländischer Staatsbürgerschaft ist gering – zum Beispiel rund drei Prozent bei RTL, knapp zwei Prozent beim ZDF und circa 2,5 Prozent bei der Verlagsgruppe Gruner & Jahr. Die sinnvolle Frage nach dem Einwanderungshintergrund ist schwer zu beantworten. Bei den Nachwuchsjournalisten reicht die Spanne von knapp sieben Prozent der Volontäre bei der Berliner Axel-Springer-Akademie und dem Bayerischen Rundfunk bis hin zu 20 Prozent der Volontäre beim Westdeutschen Rundfunk (WDR). Dabei lässt sich sicher ein Trend zur Öffnung nicht von der Hand weisen. Aber zweifelsohne ist der Anteil nach wie vor im Verhältnis zur gesamten Bevölkerung noch zu gering.

Das heißt, in puncto Qualifikation müssen Nachwuchsjournalisten mehr gefördert werden. Unter den leitenden Redakteuren sind Migranten nach wie vor eine Ausnahmeerscheinung geblieben. Dabei könnten sie das redaktionelle Arbeiten bereichern und ein neues Publikum an die Medien binden.

Wer die ethnische Absonderung der wachsenden Minderheiten verhindern will, der muss ihnen den Zugang zu den etablierten Medien und zur deutschen Öffentlichkeit verschaffen. Die Alternative zur medialen Integration, zur multi-ethnischen Öffnung des Mediensystems wären ethnisch abgesonderte Öffentlichkeiten. Deshalb muss der Schatten der gemeinsamen Zukunft als hinreichend groß erkannt, dargestellt und vermittelt werden.

Die Entwicklungen in der Fernsehübertragungstechnik haben im vergangenen Jahrzehnt das Medienverhalten von Migranten grundlegend verändert. Seitdem Fernsehprogramme beispielsweise aus der Türkei via Satellit und Kabel zugänglich geworden sind, haben sich viele Migranten diesen Medienangeboten zugewandt. Gleichzeitig – und das ist gravierender – haben sie sich von den deutschen Angeboten verabschiedet. Indem sie nur noch staatliche und kommerzielle Fernsehangebote aus der Türkei sehen, begeben sie sich in eine kommunikative Isolation. Der gewünschten Integration insbesondere von türkischen Migranten ist eine solche Entwicklung schädlich. Mit der Eingliederung von Journalisten – frei nach dem Motto »von und für Migranten« – in die deutsche Medienlandschaft kann auch eine Abwanderung hin zu ausschließlich ausländischen Medien in Grenzen gehalten werden.

Dabei sind türkische Migranten nicht automatisch das Ergebnis der Einwanderung, sondern die Konsequenz von spezifischen Mechanismen der Selbstdefinition und der Fremdwahrnehmung: Sie haben sich allzu lang – und auch teilweise heute noch – nicht als Teil der deutschen Gesellschaft gesehen. Dieses Gefühl herrscht sicher auch, weil die Politik zu spät Migranten als Teil der deutschen Gesellschaft akzeptiert hat. Bei dem Minderheitenbegriff ist die Mehrheitsperspektive entscheidend – und damit die dort verfolgten Exklusions- und Inklusionsstrategien. An diesem Prozess sind sowohl die Mehrheitsmedien als auch die Minderheitsmedien beteiligt.

Die Zielgruppensendungen für Ausländer im Hörfunk hatten ursprünglich die Aufgabe, den der deutschen Sprache nicht mächtigen »Gastarbeitern« die Orientierung in Deutschland zu erleichtern. Diese in den Sechzigerjahren durchaus legitime und sinnvolle Funktion der Fremdsprachensendungen hat sich in den Siebzigerjahren – nach dem Anwerbestopp von »Fremdarbeitern« – deutlich gewandelt.

Heute stehen wir dabei vor folgendem Problem: Auf der einen Seite sind eigene Fernseh- und Hörfunksender für Migranten in Deutschland Bedingung und Konsequenz für eine kulturelle Autonomie. Doch bedenklich ist, dass der ausschließliche Informationsbezug über diese Quellen die Verbindung zur Lebenssituation in Deutschland abreißen lässt.

Deutsche Seiten nicht nur in *Hürriyet*, sondern auch in anderen Tageszeitungen wie *Türkiye* bilden mittlerweile ein zusätzliches redaktionelles Angebot für türkische Migranten. Dahinter stehen sicher auch ökonomische Interessen. Deutsch-Türken werden durch die türkischen Medien in

Deutschland häufig über Vorgänge in der Türkei und internationale Geschehnisse mit der »Türkei-Brille« informiert. Lokale und regionale Ereignisse über und für Deutsch-Türken werden vernachlässigt, sodass ein Informationsvakuum entsteht. Die ausschließliche Nutzung ausländischer Medien kann deshalb desintegrierend wirken. Vor allem das große Angebot türkischsprachiger Medien in Deutschland hat eine Diskussion um parallele Kommunikationswelten entfacht.

Ebenso nachteilig in puncto Integration wirkte, dass die in Deutschland publizierten türkischen Zeitungen mit Zerrbildern, die deutsche Wirklichkeit zu kontrastieren versuchten. Das türkische Print-Flaggschiff *Hürriyet* war es, das noch in den Neunzigerjahren manchmal jenseits aller journalistischen Fairness deutsche Politiker und Medienmacher als »türkenfeindlich« denunzierte. Wobei ein Zwang zur Assimilation in Deutschland mitschwang, der zulasten der kulturellen Freiheit von türkischen Migranten ging. Heute greift das Blatt erfreulicherweise nicht mehr zu solch harten Methoden.

Noch ein weiterer Punkt schlägt ebenfalls negativ zu Buche: Das Einwanderungsland Deutschland weigerte sich jahrzehntelang, dieser Tatsache ins Auge zu sehen. Dies schlug sich auch in den Medien nieder. Aber was kann dabei die sogenannte vierte Gewalt von sich aus tun – und was nicht? Sie könnte sicher einen stärkeren Beitrag für ein konfliktfreies Zusammenleben zwischen Deutschen und Migranten leisten. Eine intelligente Einwanderungspolitik kann sie jedoch nicht ersetzen.

Berichte über eine geglückte Verständigung und Zusammenarbeit zwischen Migranten und Deutschen auf lokaler und regionaler Ebene haben eine integrationsfördernde Wirkung, denn sie dienen als konkretes Vorbild für gelungenes Zusammenleben. So lösen erfolgreiche Migranten im Kontext attraktiver Medienangebote Vorurteile besser als moralische Appelle oder politisch-pädagogische Empfehlungen.

Die Debatte um die Kultur wird auch in den nächsten Jahren auf der politischen Agenda bleiben. Viele, insbesonders deutsch-türkische Migranten, wollen sich nicht über ihre Staatsangehörigkeit definieren. So haben sich ohnehin die Bezeichnungen für die Migranten ständig – und oft mit großer medialer Begleitung – gewandelt: Erst waren türkische Migranten Gastarbeiter, dann Ausländer, dann ausländische Mitbürger, dann Deutsche türkischer Herkunft oder mit türkischem Migrationshintergrund. Heute werden türkische Migranten, vor allem seit dem 11. September, verstärkt als Moslems wahrgenommen. Welcher Mechanismus wird hier deutlich? Wir identifizieren uns mit Gruppen, wir schreiben anderen aufgrund oft künstlicher Unterscheidungsmerkmale generalisierende Eigenschaften zu. Außerdem: Wir richten unser Tun und Lassen häufig an diesen Differenzen aus.

Aus medienpraktischer Sicht müssen Wissenschaftler, Praktiker, Politiker, Bürger, Medienmanager und Betroffene stärker zusammengeführt werden; der interkulturelle Dialog muss besser etabliert und stabilisiert werden. Dieses Vorhaben ist dann Erfolg versprechend, wenn einer breiteren Zusammenarbeit zwischen Wirtschaft, Politik und Wissenschaft innerhalb eines vernetzten Konzepts der Weg geebnet wird. Denn ohne das politisch gewollte Ziel, die Situation der Migranten in Deutschland nachhaltig zu verbessern, laufen die Bemühungen einer verbesserten Medienberichterstattung ins Leere. Unterm Strich wäre es wünschenswert, wenn den Themen rund um Integration und Medien eine größere politische Aufmerksamkeit gewidmet würde.

DAS MUSIKALISCHE
INTEGRATIONSWUNDER
Muhabbet

Edler Altbau. Der Arbeitsort: eine Musikhöhle in Berlin-Neukölln. Der Arbeitsplatz ist liebevoll zusammengestellt: ein Homestudio, kleine Boxen, Kopfhörer und ein E-Piano, Manuskripte, Songtexte, eine Play-Station, ein rotes Plüschsofa: »Künstlerbehausung«, schreit es einen an. Hier arbeitet Murat Ersen, heute bekannt als Muhabbet. Es hätte für den 24-Jährigen auch alles anders kommen können: ein stinknormales Leben in Köln-Bocklemünd zum Beispiel. Einen Stadtteil, der vergleichbar ist mit dem sozialen Brennpunkt Berlin-Neukölln. Und das zusammen mit seinen Eltern, seinem Bruder Levent und seiner Schwester Arzu in einem grauen Wohnblock. »Wie eine Platte, die in den Sechzigern hochgezogen wurde, für sozial Schwache«, erzählt Muhabbet.

Doch es kam anders: Muhabbet gilt als musikalisches Integrationswunder. Er singt auf Deutsch und mittlerweile auch auf Türkisch, seinen Musikstil bezeichnet er als R'n'Besk – eine Mischung aus dem amerikanischen R'n'B (Rhythm and Blues) und Arabesk, einer klagenden türkischen Volksmusik. Seine beiden ersten Alben »R'n'Besk« hat das Majorlabel Sony BMG veröffentlicht, sie verkauften sich rund 40 000 Mal – die türkische Zeitung *Hürriyet* nannte ihn den »deutschen König des R'n'Besk«. Muhabbet: »Das Wichtige dabei

ist, dass ich R'n'B mit orientalischen Halbtönen versüße, die ich in den Gesang hineinhole. Ich orientiere mich an den multikulturellen Einflüssen, die ich in Deutschland vorfinde. Meine Eltern leben seit rund dreißig Jahren in Köln und hören immer noch viel Arabesk, das hat mich von klein auf geprägt. Aber R'n'B spielt dabei auch ein wichtige Rolle.«
Der Vater, ein ausgebildeter Energieanlagen-Elektroniker, arbeitet in der Produktion bei Ford, die Mutter bleibt zu Hause und schmeißt den Haushalt. Der Alltag der Kinder im Viertel ist monoton und besteht aus Schule und dem Straßenleben mitten im sozialen Brennpunkt. Muhabbets Vater kam in den Siebzigerjahren aus der Türkei. Über Integration sprach damals in Deutschland niemand. Wie die Deutschen und Hunderttausende sogenannte Gastarbeiter dachte auch Muhabbets Vater, dass er nach einigen Jahren in die Heimat zurückkehren würde. Er blieb, weil er gebraucht wurde; er arbeitete hart und setzte sich für seine Kinder ein.

Mit elf Jahren nennt sich Murat fortan Muhabbet – was im Türkischen so viel heißt wie »angenehmes Gespräch«. Aber was unterscheidet Muhabbet von anderen Altersgenossen? »Ich haue meinen Schmerz und meinen Frust nicht einfach raus, sondern ich verarbeite sie in Texte, die ich dann auch singe«, erzählt der Musiker. Als Gesangslehrer hat er viele wichtige türkische Persönlichkeiten vorzuweisen. Wie zum Beispiel: İbrahim Tatlıses, Müslüm Gürses oder Orhan Gencebay, die ganz Großen des türkischen Arabesk. Und: die deutsche Straße, Hip Hop und R'n'B. Wie selbstverständlich kombiniert Muhabbet seine musikalischen Einflüsse. Aus diesen Wurzeln wächst etwas ganz Neues: R'n'Besk.

So wurde bereits der Song »Sie liegt in meinen Armen« mehr als eine Million Mal aus dem Internet heruntergeladen; eines der erfolgreichsten Lieder von Muhabbet. Er verspricht in seinen Songs Integration ohne Selbstaufgabe. Er verkörpert in seinen jungen Jahren In- und Ausland zugleich. Sein Musikstil wird zum Phänomen, ist die Musik der Einwandererkinder der dritten Generation, von Jugendlichen, die längst Deutsch als ihre Muttersprache und den Wertekodex ihrer Eltern eher mit Distanz betrachten. Ohne das Deutsche als verbindende Verkehrssprache wäre es gar nicht möglich, dass neben jungen Türken auch Marokkaner, Kroaten, Rumänen und Kurden zu Muhabbet–Konzerten kommen. Aber sie kommen in Scharen, denn darüber hinaus verbindet sie der Rückgriff auf orientalische Schlagertraditionen, Balkanfolklore, türkische Arabeskmusik.

Das ist ein Rückgriff aus der Ferne, eine wehmütige Erinnerung an die Herkunftskultur, ausformuliert in klagenden Melismen und Versen. »Mein Herz ist schwer, du fehlst mir sehr, ich will zu dir, komm doch zu mir« – darum dreht es sich häufig bei Muhabbets Texten, an diesen Grundmotiven wird endlos festgehalten, während darunter synthetische Beats donnern. Vorbild ist dabei der US–amerikanische R'n'B, also jenes Repertoire an Musiken und Stilgesten, die seit den Achtzigerjahren Gospel- und Blues-Traditionen in den Mainstream tragen. Auch R'n'B ist eine Art Kompromiss zwischen Geschichte und Gegenwart, Minderheit und Mehrheit, der laut Muhabbet der neue Blues der Schwarzen ist. Muhabbet sieht die Parallele noch woanders. In den USA findet seit Langem statt, was sich in Deutschland erst noch entwickelt: dass man eben Einwanderungsland ist und sich auch so wahrnimmt; dass Migranten und deren Kinder nicht mehr wegzudenken sind, weil sie ja auch eine Bereicherung darstellen.

Muhabbet will mit seiner Musik Jugendliche motivieren: »Normal ist bislang leider das Bild vom jugendlichen Problemtürken, der die Einheimischen in Angst und Schrecken versetzt. In den Medien verfälschen immer wieder nur Bandenkriege, Zwangsheirat, Ehrenmorde die Normalität der Einwanderer.« Muhabbet ist bewusst, dass es das auch gibt. Aber ihm ist auch bewusst, dass man mit einer türkischen Herkunft nicht immer nur gute Erfahrungen mit den Deutschen macht. Als er darüber redet, stoppt er, wird nachdenklich und sagt plötzlich: »Ich gehe von dem bisschen Diskriminierung nicht unter. Aber ich muss auch nicht gleich jedem Klischee entsprechen.«

Muhabbet ist dafür das beste Beispiel; er ist redegewandt und hört freundlich zu, als er auf dem Stuhl seines Labels Plak Music sitzt, während er über sich, seine Musik und die ihm zugewachsene Repräsentantenrolle spricht. Keine Tattoos, keine Ey-Alta-Ansprache, wenn überhaupt, dann ein rheinischer Akzent. Muhabbet will seine Träume verwirklichen. Umso mehr setzt Muhabbet heute auf einen anderen Weg und versucht mit positiven Augen die Welt zu betrachten. Zum Beispiel: der unfreundlichen Frau oder dem Mann von gegenüber eine saubere deutsche Sprache auflegen und einfach vernünftig grüßen und beim Verabschieden im Geschäft ein schönes Wochenende wünschen. Den Grund nennt Muhabbet:»Das ist besser als einfach nur rumpoltern – ich will auch Vorbild für die nächsten Generationen sein.«

Die Biografie von Muhabbet zeigt wie bei vielen erfolgreichen Migranten, wie wichtig es ist, entschlossen und tüchtig zu sein, um sich in dieser Gesellschaft einen Platz zu erkämpfen. Diesen Willen, sich das Leben in Deutschland zu eigen zu machen, kann keine staatliche Initiative ersetzen. Der junge Künstler ist ein sehr lebendiges Beispiel dafür, dass Integration nicht Anpassung bedeuten muss, auch nicht an die Erwartungen der Mediengesellschaft. Aber auch Muhabbet braucht Menschen, die ihn unterstützen, die seine Talente fördern und ihm neue Ziele zeigen. Menschen wie seine Direktorin, seine Sozialarbeiterin und besonders Ünal Yüksel, sein Entdecker und aktueller Produzent.

Für Muhabbet endet ein guter Tag mit einem neuen Song. Viele Fans wollen vor allem eins wissen: Warum sind die Songs deutsch?»Ich habe mich für Deutsch entschieden, weil das die Sprache ist, die mich mit meiner Umwelt hier verbindet, und ich so in Deutschland alle Gruppen anspreche. Deutsche, Türken, Araber, Kurden, Russen und andere. Sicher, das Interesse an türkischen Liedern ist sehr groß, deshalb gab es bisher auf jeder meiner CDs davon ein Hörbeispiel und 2009 auch meine erste türkische LP. Schließlich ist in meinem Herzen auch ein Platz, der türkisch ist.« Das prägt seinen musikalischen Stil. Er textet, komponiert und singt wie besessen – egal in welcher Sprache.»Eins steht fest: Musik ist mein Leben.«

Die Schulzeit war für den jungen Mann nicht einfach: »In der Schule war ich häufig hibbelig, konnte mich schlecht konzentrieren und hatte dadurch große Probleme«, sagt er mit nachdenklicher Stimme. Die Einsamkeit, das plötzliche Eingesperrtsein im eigenen Kopf, die Unfähigkeit, sich zu äußern, am Unterricht teilzunehmen, Freunde zu finden. Muhabbet spricht zurückhaltend über diese Zeit, vorsichtig, sehr höflich. Es soll nicht so klingen, als wolle er Deutschland kritisieren. Aber er hat auch gelitten. »Das hat mir schon einen Großteil meiner Jugend erschwert«, sagt er. Doch er hatte weitsichtige Lehrer, die seine Begabung erkannt und ihn nach Kräften gefördert haben. Vor allem seine Direktorin, die ihn mehrfach vom Schulabbruch abgehalten hat. »Ganz klar, ich hatte viel Glück in meiner Schulzeit, dass ich auch Lehrer hatte, die es gut mit mir meinten«, betont der junge Künstler heute.

Das Gleiche gilt auch für das Bocklemünder Jugendzentrum. So erkannte die Leiterin die außergewöhnliche Begabung und unterstützte die musikalische Entwicklung von Muhabbet. Sein Bruder Levent und er bekamen einen Rechner, damit ihre Songs das Licht der Welt erblicken konnten. Für Muhabbet bedeutet Musik Kommunikation. Er hat in Workshops mit Jugendlichen aus Problembezirken gearbeitet, die miteinander geredet, gesungen und getanzt haben, ohne aggressiv und gewalttätig zu werden. Alle kamen dorthin, um etwas dazuzulernen.

In den Medien wird Muhabbets Altersklasse oft anders dargestellt: Eine verlorene Generation? Was wird aus der Jugend? Muhabbet erlebt viele positive Beispiele:»Leider hat sich in unserer Gesellschaft das Vorurteil verfestigt, dass alle

Deutschen mit Migrationshintergrund kriminell und asozial sind. Wenn einer von ihnen in der Schule ausflippt, wird das immer gleich verallgemeinert. So etwas ist gefährlich. Von denjenigen, die es durch Leistung zu etwas bringen, spricht hingegen niemand.«

Der junge Künstler mischt sich mehr und mehr auch politisch ein: »Die Einwanderer wollen ihre Integrations- oder einfach ihre Arbeitsleistung gewürdigt wissen. Migration ist eben auch eine Herzenssache. Man sollte eben nicht nur mit Ausweisung und Strafe drohen.« Laut Muhabbet muss die Bildungsoffensive mehr bis zu den türkischen Haushalten durchdringen, also die Eltern erreichen. Dafür brauche es natürlich mehr Geld, damit die Kinder Deutschkurse bereits im Vorschulalter erhalten.

Nach den Worten Muhabbets sind vor allem mehr Pädagogen und Streetworker gefragt: »Jugendliche auf der Straße entwickeln Frust und Langeweile, sie können rasch kriminell werden. Doch leider werden öffentliche Zuschüsse für soziale Einrichtungen heftig gekürzt.« Dabei müsse in diesem Bereich mehr Geld investiert werden. »Wenn Jugendliche irgendwo gemeinsam Musik machen oder Sport treiben können, lernen sie sich selbst und andere besser kennen. Wer ein Ziel vor Augen hat, wird nicht so schnell straffällig.«

Seine Kindheit war wie bei vielen jungen Migranten nicht immer einfach: »Meinen Eltern habe ich viel zu verdanken, doch es war auch häufig schwierig. Wir hatten auch viel zu oft Streit.« Verständnislosigkeit. Wut. Verzweiflung. Muhabbet zieht die Konsequenz: Schließlich wohnt Muhabbet mit seinem Bruder Levent fortan in der Wohnung neben den Eltern.

Die Musik bestimmt den Alltag der beiden Brüder. Im rasanten Tempo stellt sich auch der Erfolg ein. 2003 wurden seine Lieder binnen weniger Monate mehr als eine Viertelmillion Mal aus dem Internet heruntergeladen. 2006 erschien sein erstes Album »R'n' Besk«, ein Jahr später folgte »In Deinen Straßen«. Kurze Zeit später nahm Muhabbet zusammen mit dem deutschen und dem französischen Außenminister (Frank-Walter Steinmeier und Bernard Kouchner) das Integrationslied »Deutschland« auf.

Der Erfolg bringt Muhabbet nach Berlin, denn in der deutschen Hauptstadt hat er nicht nur viele Fans, hier arbeiten auch seine Manager. Der junge Künstler hat wenig Zeit, zur Ruhe zu kommen. Muhabbet geht auf viele Live-Tourneen, und dabei spürt er deutlich: Er hat in der ganzen Republik Fans, die seine Songs hören. Vor allem türkischstämmige Fans sind stolz auf »ihren« Muhabbet. Auch in den Medien wird er mittlerweile gelobt. Muhabbet ist ein gern gesehener Gast in großen türkischen Fernsehshows. Hier hören sie dem erfolgreichen Almanci (Deutschländer) mit großen Ohren zu und sind stolz auf ihn. Auch im deutschen Fernsehen und Hörfunk verwandelt sich Muhabbet zum Dauergast. Bis heute hat er rund 50 Autogrammstunden für mehr als 35 000 (!) Fans gegeben, in Geschäften wie Saturn, Media Markt und andernorts.

Muhabbet ist auch mittlerweile Unicef-Repräsentant. So begleitet er 2006 den deutschen Außenminister Frank Walter Steinmeier zu einer Konferenz der Ernst-Reuter-Initiative für deutsch-türkischen Kulturaustausch nach Istanbul. Dabei ernennt Steinmeier ihn zum Botschafter des Projekts. »Das war ein Höhepunkt für mich – das hätte ich mir nie erträumen können in Köln-Bocklemünd.« Nicht nur für die Bundesregierung und zu deren »Schau hin«-Aktion wird Muhabbet gebucht, sondern auch für die Jugendzeitschrift Bravo, wo sich Muhabbet für die »Schau nicht weg«–Kampagne eingesetzt hat.

Von Norwegen bis in die Türkei, von Berlin bis nach Friedrichshafen am Bodensee, von Mannheim bis nach Köln-Bocklemünd singen Fans mittlerweile Muhabbets Texte mit. »Ich gebe viel von mir preis, insbesondere wegen meiner Fans, doch ich bekomme auch viel zurück.« Muhabbet ist ganz gerührt, wenn er von seinem noch recht dünnen Erfahrungsschatz mit seinen Fans spricht. »Ich habe den

Ehrgeiz, es als deutsch-türkischer Musiker weit zu bringen.«
Ein Weg dahin ist sicher sein Song auf einem seiner Alben,
die EM–Hymne für die türkische Fußballmannschaft. Der
Künstler ein Fußballfan?»Ja, klar. Musik und Sport und vor
allem Fußball sind für mich wichtig.« Die Fußballhymne, die
im Internet einen Riesenerfolg feiert, ist dann auch der Auf-
macher für sein erstes türkischsprachiges Album, das 2009
beim türkischen Branchenprimus DMC erscheinen wird.

Muhabbet will mit seiner Musik auch Ansprüche anmelden:»Meine Arbeit soll auch Chancen auf gesellschaftliche
Teilhabe eröffnen. Das Leben besteht nicht einfach nur aus
Party machen, ich will auch etwas bewegen«, gibt Muhabbet
zu bedenken. Er will aber gleichzeitig nicht als der Vorzei-
ge-Türke gelten – jeder Versuch prallt bei ihm ab: Muhabbet
kennt seine Herkunft und weiß, wo er jetzt steht. Ob er nun
mag oder nicht, Muhabbet ist jedenfalls mittlerweile ein Idol
für viele junge Menschen.

Viele Fans von Muhabbet sind stolz darauf, dass ein Türke es auf die ganz große Bühne geschafft hat. Je mehr von
Bildungsversagen, Parallelgesellschaften und Integrations-
problemen die Rede ist, umso mehr klammern sie sich an
Erfolgsgeschichten wie seine.»Wenn ich Deutschland wäre«,
wundert er sich,»würde ich mir die Erfolge der Einwanderer
an die Brust heften. In Ländern, die mit Einwanderung mehr
Erfahrung haben, wie etwa die Vereinigten Staaten, Kanada
oder Australien, werden solche Erfolgsgeschichten an die
große Glocke gehängt. Aufsteiger unter den Migranten werden als Vorbilder – auch für die Einheimischen – gelobt.«

Deutschland ist in den Augen von Muhabbet ein Land mit
vielen Möglichkeiten.»Doch im toten Winkel des öffentlichen Bewusstseins tummeln sich viele interessante Menschen«, weiß er. Er träumt deshalb von einem noch weltoffe-
neren Deutschland.

Muhabbet ärgert sich über die Gleichgültigkeit mancher
Deutscher gegenüber den Zuwanderern und ihre Unwissenheit darüber, dass Migrantenkinder sehr viele soziale Kom-

petenzen mitbringen. »Berufliche Perspektiven gibt es nur durch Bildung und Ausbildung. Sicher ist dabei die Sprache wichtig. Aber wer früh von Arbeit ausgeschlossen wird, der wird sich auch nicht integrieren«, unterstreicht Muhabbet. »Mit meiner Musik will ich auch politische Botschaften loswerden. In Deutschland muss sich noch viel tun.«

»Moment, zum Thema politische Botschaften fällt mir noch etwas ein«, sagt der junge Künstler: »Apropos deutsche Einheit. Die ist sicher noch nicht vollendet. Die heute lebenden Westdeutschen, Ostdeutschen und Einwanderer haben in den nächsten 50 Jahren noch viel vor sich. Aber dann könnte in Deutschland endlich ein Volk zusammenwachsen, das auch wirklich zusammengehört.« Das sei nur ein Traum, witzelt Muhabbet, lacht dabei und guckt auf die Uhr. »Aber was ist ein Leben ohne Träume. Das gilt auch für meine Musik.« Er verabschiedet sich und bricht auf – zum nächsten Termin.

GRÜNES LEBEN MAL ANDERS
Bilkay Öney

Sie ist schlank, zierlich und klein, die Haare fallen ihr ins schmale Gesicht. Bilkay Öney trägt Jeans und eine luftige Bluse. Sie hat keine Probleme damit, als Vorzeige-Türkin zu gelten: »Ich will bewusst Integrationspolitik machen. Das kann ich bei den Grünen am besten.« Das Thema Integration ist ihr seit Langem ein Anliegen. Welche Probleme viele junge Migranten haben, wie sehr diesen eine Perspektive fehlt, weiß die Grünen-Politikerin nur zu gut. Wenn sich etwas ändern soll, dann müssten alle zusammenarbeiten: Eltern, Lehrer, Migrantenverbände und Imame. »Die Kooperation ist das A und O«, unterstreicht sie. In den nächsten Tagen steht noch eine Podiumsdiskussion zum Thema Jugendkriminalität auf ihrem Programm. Schon jetzt, als sie zu unserem Termin ins Café eilt, ist Bilkay Öney etwas abgehetzt. Und hungrig. Aber sie hat kaum Gelegenheit, ihre Teigtaschen zu essen, denn wenn sie erzählt, dann erzählt sie.

Jugendliche Straftäter abschieben? Da fällt der Grünen-Parlamentarierin im Berliner Abgeordnetenhaus ihr jüngster Clinch ein, den sie wegen des hessischen Ministerpräsidenten Roland Koch mit der CDU hatte. Dessen Kampagne für schnellere Abschiebung von kriminellen Ausländern macht sie wütend. Das passe zur CDU, erzählt sie. »Abgeschoben werden kriminelle Ausländer sowieso. Und alle, die einen deutschen Pass haben, können wir nicht abschieben.« Diese Forderung ist laut der Politikerin sinnlos und populistisch zugleich. Gesetze anwenden, deutliche Botschaften senden, Strafen verhängen, das fordert die 38-Jährige. »Wir müssen den Straftätern signalisieren, dass sie nicht bestraft werden, weil sie Migranten sind, sondern weil sie eine Straftat begangen haben.«

Während sie erzählt, lächelt sie so fein, dass deutlich wird: Sie ist Politikerin mit Leib und Seele. Öney sitzt seit Oktober 2006 für die Grünen im Berliner Abgeordnetenhaus. Geboren wurde sie in Malatya – im anatolischen Teil der Türkei, zur Schule gegangen ist sie in Berlin-Spandau. Bevor sie ins Abgeordnetenhaus gewählt wurde, arbeitete sie als Moderatorin und Redakteurin beim türkischen Fernsehsender TRT.

Die Eltern von Bilkay Öney sind zuerst nach Hamburg gegangen, wo sie schnell Anschluss bei anderen Einwanderern fanden. »Als ich mit zweieinhalb Jahren nach Berlin-Spandau in eine Hinterhofwohnung im vierten Stock kam, fand ich das weniger bereichernd«, berichtet die Politikerin. »Ich lebte vorher bei meiner Tante in Malatya in einem Einfamilienhaus mit Garten und mit vielen netten Menschen um mich herum, die mit mir spielten und die ich verstand. In Spandau war das anders. Als ich mit zweieinhalb Jahren meine Eltern wiedersah, waren es Fremde für mich«, erinnert sie sich. Für das noch junge Mädchen eine sehr gewöhnungsbedürftige Situation; andere Migrantenkinder haben ähnliche »traumatisierende Erfahrungen gemacht. Ein echtes Selbstbewusstsein konnten viele daher nicht entwickeln«.

Über ihre Kindheit weiß die junge Frau nicht mehr viel. »Vermutlich liegt es daran, dass ich meine Kindheit nicht so toll fand. Vieles habe ich verdrängt«, erzählt sie mit nur leiser Stimme. »Doch meine Mutter sagt, dass ich sowohl im Kindergarten als auch von meinem Umfeld gut aufgenommen wurde. Es lag wohl daran, dass ich helle Haut, schwarze Locken und große Knopfaugen hatte.«

Als Bilkay Öney in die Politik ging, sind nur die Grünen infrage gekommen. »Es war doch klar, dass ich mich für Chancengleichheit einsetzen musste.« Denn ihre eigene Bildungskarriere war stark davon abhängig gewesen. Welche fairen Chancen bekomme ich? Wie lebe ich? Und fühle ich mich dazugehörig? Auch: Wie viel Geld habe ich im Portemonnaie? Das seien die wichtigen Fragen beim Thema Integration. So hält sie Kontakt zu Jugendlichen aus dem Kiez in Berlin-Kreuzberg und spricht über deren Probleme. Sie versucht ihnen Mut zu machen. Aber sie redet ihnen nicht nur nach dem Mund. Sie kritisiert Missstände in der Migranten-Community klar und deutlich – sie kämpft aber auch dafür, dass junge Einwanderer dieselben Chancen bekommen wie Kinder deutscher Eltern.

Die Grünen-Politikerin weiß, wovon sie spricht. Ihr fällt ein Beispiel aus ihrer Schulzeit ein: »In der Grundschule merkte ich, dass meine blonde Mitschülerin bessere Noten in Mathe bekam, obwohl ich ihr in Mathe half. Im Gymnasium gab mir meine Deutschlehrerin eine Zwei oder Drei mit der Begründung, eine Migrantin könne nie so gut in Deutsch sein wie eine Deutsche. In der Uni ließ ich einen Kommilitonen von mir abschreiben. Er bekam die volle Punktzahl und ich nur die halbe, obwohl er von mir abgeschrieben hatte. Das waren Dinge, die mich wirklich geärgert haben. Da merkte ich schon als kleines Kind, dass man als Migrant ›die Arschkarte‹ hat«, kritisiert sie.

Heute ärgert sich Öney über andere Dinge: »Bei der Wohnungssuche weiß man nie, ob die Ablehnung etwas mit der Herkunft zu tun hat. Und manchmal denken Leute, ich sei eine Quoten-Türkin. Das ist natürlich Blödsinn. Wenn ich Quoten-Türkin wäre, wäre meine Herkunft das einzig Ausschlaggebende, aber das ist ja nicht so. Schließlich habe ich zwei Diplomstudiengänge absolviert, spreche vier Sprachen, bin sozial kompetent und streitbar. Das merken die Leute spätestens, wenn ich den Mund aufmache.«

Und haben es Migranten nun schwerer als Deutsche, um

hier Karriere zu machen? Gemäß einer OECD-Studie besuchen deutsch-türkische Kinder, unabhängig von ihrem Potenzial, schlechtere Schulen als deutsche. Es sei skandalös, dass laut Internationaler Grundschul–Lese–Untersuchung (IGLU-Studie) des Internationalen Verbandes für Bildungsforschung Ausländerkinder bei gleicher Leistung schlechtere Noten als deutsche bekommen. Seit PISA ist auch bekannt, dass das deutsche Schulsystem Kinder mit Einwanderungshintergrund so benachteiligt wie kaum ein anderes getestetes Land. In Deutschland herrscht laut Öney eine ethnische Bildungsschere, auch nach der Schulzeit. So sei erwiesen, dass bei gleichen Fachleistungen die Chancen eines deutsch-türkischen Jugendlichen auf eine Berufsausbildung gerade einmal halb so groß sind wie die eines deutschen. »Während hochbegabte Migrantenkinder am deutschen System scheitern, konkurrieren wir um die Inder, die nicht kommen wollen. So geht es doch wirklich nicht! Wir können unsere Bildungsprobleme doch nicht über Importe lösen.«

Woran mangelt es in Deutschland? An Fachkräften aus dem Ausland oder an der Bereitschaft, Migranten mit Offenheit und Integrationswillen zu begegnen? »Oft haben es Migranten auch viel schwerer als Deutsche aufgrund von alltäglichen Vorurteilen und Diskriminierungen. Doch manchmal ist der Migrant auch sehr gefragt. In den Medien und in der Kulturszene ist es teilweise so. Ich fand die Filme von Fatih Akin zwar nicht schlecht, hätte aber dem Film ›Auf der anderen Seite‹ nicht sämtliche Preise überlassen. Das ist dann ein Beispiel für positive Diskriminierung. Doch wir brauchen erfolgreiche Migranten – auch in anderen Bereichen. Das bedauere ich sehr, denn ihre Potenziale könnten viel stärker und viel effektiver genutzt werden. Es gibt super Talente in allen Bereichen. Wir brauchen mehr Offenheit in Deutschland.«

Man bringt Deutschland laut Bilkay Öney nicht voran, wenn man die sogenannten Ausländer – sie verdienten dieses Etikett längst nicht mehr – ausgliedert. Der Ton macht die Musik: Bei aller Liebe zum Tabubruch sollte man sich nicht über die Regeln des Anstands, wie sie unter Bürgern ein und desselben Landes gelten sollten, hinwegsetzen: »Migranten wünschen sich Hoffnung, die auch Kraft spendet. Die Einwanderer wollen ihre Integrations- oder einfach ihre Arbeitsleistung respektiert und anerkannt wissen.«

Zumal nirgendwo geschrieben steht, dass es automatisch besser wird: Es sind unsichere Zeiten angebrochen in Deutschland, die Arbeit ist internationalisiert, der raue Wind des schrankenlosen Wettbewerbs weht die motivierten, aber unqualifizierten Söhne ungelernter Migranten aus den Betrieben und Unternehmen auf die Straße. Das heißt: ohne Bildung kein Job und keine Lehrstelle.

In der Vita Öneys lässt sich die harte Arbeit regelrecht ablesen. Ihre Eltern wiederum legten viel Wert auf die Bildung ihrer Tochter, sprachen zu Hause Türkisch und Deutsch. »Ein Kopftuch habe ich nie getragen«, erzählt sie. Und was ist generell mit der Religion? »Ich komme aus einem Elternhaus, in dem Religion keine Rolle gespielt hat. Meine Großeltern waren sehr religiös, meine Eltern waren es nicht. Meiner kleinen Schwester und mir hat Religion gefehlt, meiner mittleren Schwester nicht. Da in meiner Familie kein Kopftuch getragen wurde, hatte ich weniger gegen Vorurteile zu kämpfen als andere Muslima.« Doch die junge Politikerin weiß, dass viele Muslime in Deutschland es nicht so einfach haben. Besonders dann nicht, wenn sie ihre Religion offen und selbstbewusst nach außen leben. »Das Thema birgt Sprengstoff. Wir sehen das jedes Mal beim Moscheen-Streit oder auch bei den Debatten um das Kopftuch. Religion ist ein sehr emotional besetztes Thema. Das macht die Sache so schwierig«, betont sie.

Und welche Rolle spielt dabei das Wort Parallelgesellschaft? »Wenn ich heute in der Integrationsdebatte diese scharfen Töne höre, man müsse sich klipp und klar für Deutschland oder für die Parallelgesellschaft entscheiden, dann kommt mir das sehr lebensfern und verkürzt vor.« Dabei werde das Wort Parallelgesellschaft überbewertet. »Natürlich gibt es Parallelgesellschaften: Es gibt den Reichen-Kiez in Zehlendorf, es gibt den Schwulen-Kiez in Schöneberg, es gibt den Schicki-Micki-Kiez in Mitte und es gibt den Nazi-Kiez in Lichtenberg. Dann gibt es natürlich auch den Türken-Kiez in Kreuzberg und den Araber-Kiez in Neukölln.« Mit dieser Situation müsse man umgehen. Dafür könne man Konzepte machen, sogenannte Integrationskonzepte. »Die stehen aber meist auf dem Papier. Wichtig ist, den Menschen Integrationsangebote zu machen. Wichtig ist auch, dass die Migranten diese Integrationsangebote annehmen.«

Bilkay Öney bedauert es, dass in Deutschland das Thema Migration noch viel zu häufig negativ besetzt ist. Ewige Diskussionen über Arbeitslosigkeit, ungenügende Bildung, Kriminalität, Kopftücher und mangelnde Integration. »Sicher existieren die Probleme. Doch über jene, die arbeiten und integriert sind, redet die Republik nur allzu wenig. Diese Migranten bleiben leider viel zu oft unsichtbar.«

Für den Erfolg sei die deutsche Sprache der Schlüssel. Ohne Sprache gehe gar nichts. »Ohne Sprachkenntnisse kann man sich in Deutschland nicht behaupten, weder in der Bildung noch am Arbeitsmarkt.«

Sie stoppt ihren Redefluss und hängt gleich einen weiteren Gedanken an. Auf jeden Fall müssten die Medien sehr viel differenzierter mit dem Thema Migration und Integration umgehen. Wenn man sich die *Bild*-Zeitung von vor 30 Jahren und von heute ansähe, dann habe sich schon einiges zum Guten verändert. »Ich wünsche mir auf jeden Fall mehr positive Vorbilder in den Medien. Der französische Essayist Joseph Joubert hat einmal gesagt: ›Kinder brauchen Vorbilder nötiger als Kritiker.‹ Das trifft den Kern. Menschen und Zuschauer brauchen Vorbilder nötiger als Kritiker!«

Für Bilkay Öney ist die deutsch-türkische Identität sehr vielfältig: Es gibt konservative Türken mit Gebetskette, Bart und Bet-Kappe, dann gibt es aber auch Hardcore-Feministinnen, die entweder lesbisch (DJ Ipek) oder pornografisch-heterosexuell ausgerichtet sind (Lady »Bitch« Ray). In diesem Spektrum bewegen sich deutsch-türkische Identitäten. »In der Mehrheitsgesellschaft wird leider nur das klassisch-konservative Bild der Türken wahrgenommen. Diese Sichtweise ist sehr verkürzt. Man könnte es ändern, wenn man die Vielfalt in den deutschen Medien zeigt.«

Gibt es bis heute keine Vermischungen zwischen der deutschen und türkischen Kultur – über die allgegenwärtigen Dönerbuden hinaus? Plötzlich verändert sich der Gesichtsausdruck, Öney sagt schnell: »Und ob!« Ihre deutschen Freunde kennen sich manchmal mehr aus als sie selbst. »Wir haben uns gegenseitig beeinflusst, kulturell und sprachlich. Die deutschen Jugendlichen in Neukölln reden mittlerweile genauso Kanak-Sprache wie ihre türkischen Freunde. Das ist ein Punkt, der mir zeigt, dass Integration auch nicht immer positiv sein muss. Ich fände es besser, wenn wir jeweils die besten Attribute annähmen. Wenn Türken ein bisschen pünktlicher und präziser, Deutsche dafür ein bisschen lockerer und aufgeschlossener werden, dann hätte ich nichts zu beanstanden.«

Und was kann Deutschland von den klassischen Einwanderungsländern USA oder Großbritannien lernen? Amerika sei unweigerlich ein Schmelztiegel. Da komme alles zusammen, und alles habe sich vermischt. »Es ist eine sehr junge Nation verglichen mit dem alten Europa. Und die Briten haben fast die gesamte Welt beherrscht, sodass sie einen anderen Bezug zu Migranten haben. Für die Briten sind Migranten vielleicht auch nicht *first class citizens*, aber sie kannten sie von früher, weil sie sie früher unterworfen hatten.« Für Deutsche seien Migranten einfach nur Fremde. Lange Zeit sei das Fremde in Deutschland ausgegrenzt worden.

So wurden nach dem verlorenen Zweiten Weltkrieg Migranten ins Land geholt, damit sie beim Wiederaufbau helfen. Dabei konnten viele Deutsche laut Öney nicht viel mit Migranten anfangen. Für Deutsche sei die Gewöhnung an diese neue Situation nicht sehr einfach gewesen. Und Migranten wiederum »hatten Angst vor Deutschen, weil sie die Kultur nicht kannten«. Dieser Umstand hat dazu beigetragen, dass eine Annäherung nur sehr schwer und langsam erfolgte. Das ist für Bilkay Öney der große Unterschied zu den USA und Großbritannien.

Als Bilkay Öney migrationspolitische Sprecherin der Berliner Grünen wurde, haben sie Leute gefragt, warum sie als Migrantin denn gerade dieses Thema bearbeiten müsse. Sie antwortete: »Weil ich das so will!« Öney wollte es wirklich, es war eine ganz bewusste Entscheidung von ihr. Sie war bereits lange ehrenamtlich in diesem Bereich aktiv, so hat sie quasi ihr Hobby zum Beruf gemacht.

Die junge Politikerin ist ein großer Fan von Claus Bade, einem Migrationsforscher. Er sagt, wir brauchen mehr Brückenmenschen. Und genau das ist die Funktion von Bilkay Öney in der Politik. »Ich bin eine Vermittlerin. Ich vermittle Botschaften in beide Richtungen – und ich fordere Dinge ein von beiden Seiten. Ich fordere mehr Toleranz, mehr Engagement.« Wenn beispielsweise die Migranten Mist bauen, sagt sie: »Ihr habt Mist gebaut.« »Sie nehmen mir das nicht übel oder denken nicht, dass ich ausländerfeindlich bin, weil ich eine von ihnen bin. Und wenn es Probleme in der Mehrheitsgesellschaft gibt, fordere ich Gleichbehandlung oder gleiche Rechte für Migranten ein.«

Bei der Frage, welchen Tipp sie den nachkommenden Generationen geben würde, muss die schlagfertige Frau doch einen Moment grübeln. Sie überbrückt die Zeit, indem sie spontan einen Witz erzählt, den sie kürzlich in der U-Bahn gehört hat – dann erst kommt ihre Antwort. »Okay, ich würde den nachkommenden Generationen raten, niemals aufzugeben. Wenn man sieben Mal hinfällt, muss man acht Mal aufstehen. Das ist das Geheimnis. Man darf sich selbst nicht aufgeben. Man muss hart arbeiten, man muss aber auch an sich glauben.« Dabei dürfe man den Humor nicht verlieren. »Selbst mit Diskriminierung sollte man humorvoll umgehen und sich nicht ins Boxhorn jagen lassen. Das Leben ist ein ewiger Kampf. Diesen Kampf müssen wir alle täglich ausfechten. Mit Humor und Gelassenheit geht es leichter.«

Gab es Dinge auf dem Weg von Bilkay Öney, die nicht so glatt liefen? Da fällt der jungen Frau ihr einschneidendes Erlebnis ein: »Ich wünschte, ich hätte nicht so früh geheiratet. Meine Ehe mit 23 Jahren war eine Kinderehe und ein Fehler. Ich würde den Migranten oder allen raten, nicht so früh zu heiraten.« Deshalb empfiehlt sie heute allen jungen Menschen, Dinge zu tun, die sie wirklich tun wollen. Und sich nicht zu sehr von den Eltern oder vom Umfeld manipulieren zu lassen. Jeder solle immer in sich gehen und sich selbst fragen, was er eigentlich vom Leben erwartet und will. »Da habe ich leider auch zu sehr auf meine Eltern gehört. Ich hätte ein bisschen frecher sein müssen und mehr Rücksicht auf meine eigenen Wünsche nehmen sollen.«

Sie weiß, dass jeder Mensch Fehler machen darf. Selbst der Papst mache Fehler. Nur der liebe Gott sei allenfalls unfehlbar. An dieser Stelle verwende sie immer ein chinesisches Sprichwort, das sehr gut passe: »Alle Menschen sind klug – die einen vorher, und die anderen nachher.« Bilkay Öney guckt auf ihre Uhr und klingt wieder ein wenig abgehetzt. Sie hat zwar keinen Hunger mehr. Doch sie muss für eine Podiumsdiskussion noch diverse Vorkehrungen treffen. Sie nimmt noch einen letzten Schluck aus ihrer Kaffeetasse, packt ihr Portemonnaie in ihre kleine, grünliche Tasche und verabschiedet sich freundlich.

Bikay Öney ist seit 2009 aus politischen Gründen Mitglied der Berliner SPD und keine Grünen-Abgeordnete mehr.

BILDUNG ÖFFNET TÜREN

Jugendliche mit Migrationshintergrund hatten bei der PISA-Studie schlechte Karten: Sowohl in Mathematik, in den Naturwissenschaften als auch im Lesen hatten sie klar schwächer abgeschnitten als deutsche Schüler. Deutsch-Türken wiesen noch deutlich ungünstigere Werte auf als später eingewanderte Jungendliche, obwohl sie ihre Schulzeit hier verbracht haben. Dies deutet auf erhebliche Versäumnisse in der Bildungs- und Integrationspolitik hin.

In den Sechzigerjahren, als die Hauptschule die alte Volksschule ablöste, lag der Anteil der Hauptschüler in Deutschland bei 70 bis 80 Prozent. Heute ist der Anteil der Schüler in der Hauptschule mit ausländischer Herkunft enorm hoch. Was will eine Gesellschaft, die nur von Wissen spricht und es sich seit den Achtzigern leistet, für die meisten Berufe mindestens den Realschulabschluss zu fordern? Was will diese Gesellschaft gleichzeitig mit über einer Million Hauptschülern anfangen? An manchen Hauptschulen bekommt nur jeder zehnte Abgänger direkt einen Ausbildungsvertrag. Statt an dieser Wahrheit etwas zu ändern, redet die Gesellschaft nur über Deutschkenntnisse.

Die Niederländer haben in vielerlei Hinsicht eine ähnliche Einwanderungssituation wie Deutschland. Auch dort leben viele Migranten aus den sogenannten bildungsfernen Schichten. Sie haben wie die Deutschen ein gegliedertes Schulsystem. Doch die Schüler werden dort erst nach sechs

Jahren getrennt. Hinzu kommt eine Frühförderung, die in der Regel mit vier Jahren beginnt. Das gibt den niederländischen Schulen viel mehr Zeit als den deutschen, herkunftsbedingte Defizite auszugleichen. Ebenso spielt die Autonomie der Schulen eine große Rolle, sie dürfen zum Beispiel teilweise eigene Lehrpläne aufstellen.

Viele Bildungsforscher, etwa Klaus Klemm, sprechen sich gegen die zu frühe Selektion der Schüler in Deutschland aus. Nicht selten werden insbesondere türkische Migrantenkinder nicht nur benachteiligt, weil ihre Eltern weniger Geld haben, weniger formale Bildung. Das Schulsystem konzentriert sie zusätzlich in Schulen mit ebenfalls benachteiligten Jugendlichen. So sind ihre Lernleistungen wesentlich schlechter, als sie von ihrer Intelligenz her sein müssten. Mit der Abschaffung der Hauptschule könne man laut Kritikern wie Edelgard Buhlmann oder Renate Künast auch eine Etikettierung der Schüler vermeiden. Außerdem könnten die schwächeren Schüler von den stärkeren mehr lernen, wenn sie nicht so früh voneinander getrennt würden.

Ein wichtiges Erfolgsrezept der PISA-Gewinnerländer ist, wie das finnische Beispiel zeigt, die Individualisierung. Jedes Kind ist anders, lernt anders, hat und macht andere Fehler. Je größer das Problem, umso individueller muss die Antwort der Schule sein. Viele finnische Kinder bekommen sozusagen ihren individuellen Lehrplan. Was als Umgang mit beeinträchtigten Kindern begann, wurde allmählich ein Prinzip des ganzen Systems. In Finnland müssen Lehrer ihren Unterricht ändern, wenn sie ihre Schüler nicht erreichen. Jeder Lehrer ist so auch ein Forscher, der das Lernen der Kinder zu begreifen versucht und die Arbeit in der Schule analysiert. Das würde in Deutschland auch für die türkischen Migrantenkinder von großem Nutzen sein.

Eine sehr wichtige, eng mit dem Thema Bildung verbundene Rolle in der Persönlichkeitsentwicklung spielt die Musik. Ihr kommt eine bedeutende Katalysatorrolle beim Wechsel von individuellen und kollektiven Identitäten zu

(bis hin zum Prozess der Nationenbildung und der Heraus-
bildung von Nationalbewusstsein). Wenn heute deutsch-
türkische Künstler wie Muhabbet davon singen, sie seien
weder Türken noch Deutsche, sondern Deutsch-Türken,
dann lässt sich ein Identitätswechsel beobachten.

In der Bildungspolitik werden die integrationsfördern-
den Eigenschaften der Musik noch viel zu wenig genutzt.
Das mag daran liegen, dass Musik schwer messbar ist und
somit vergleichende Studien schwerfallen. Musik spielt sich
vor allem in unserem Kopf ab, sie beflügelt unsere Fanta-
sie. Da ist nichts Greifbares, nichts Messbares. Sie lässt sich
zwar auf dem Papier festhalten, aber die Seele der Musik, die
Spannung, die Empfindungen und Emotionen, die sie auslöst, stehen nicht für jeden lesbar auf dem Papier. Deshalb
ist Musik wie ein Traum, eine Verbindung zu unserer Spi-
ritualität. Und dass es möglich ist, sie zu nutzen, zeigt beispielsweise eine Musik- und Veranstaltungsreihe von Murat
Güngör, die auf das erfolgreiche Zusammenspiel von Musik
und Migration abzielt.

Die unzureichende Kenntnis der türkischen und deutschen Sprache sowie die fehlende Berufsausbildung einer
Mehrheit der Deutsch-Türken führen direkt in einen Teufels-
kreis. So kann mangelnde Qualifikation auch wegen sprach-
licher Defizite schnell mit angeblicher Diskriminierung
durch die Deutschen entschuldigt werden; und die daraus
erwachsende Aggressivität beispielsweise junger Deutsch-
Türken führt dann tatsächlich zu Ablehnung. Dabei trägt
häufig die geringe Förderung durch türkische Eltern insbesondere bei jungen Frauen mindestens genauso viel Schuld
wie die unterlassene Hilfestellung deutscher Schulen und
Behörden.

Sicher ist die Sprache der Schlüssel zum Erfolg. Zumindest in Deutschland heißt das nicht Türkisch, sondern logischerweise Deutsch. Sprache ist auch die Grundlage für die
berufliche und gesellschaftliche Integration. Auf der anderen Seite ist es absolut verständlich, wenn auf die türkische

Sprache weiterhin großer Wert gelegt wird, da diese die kulturelle Herkunft und Identität der Familie widerspiegelt. Heute zeigt sich vielerorts eins: Die Gräben zwischen der deutschen und muslimischen Kultur nach den Anschlägen vom 11. September 2001 sind tiefer geworden. Für manche türkische Migranten steht der Islam unter Generalverdacht; umso enger rucken die Gläubigen zusammen und konzentrieren sich auf die türkische Sprache und vernachlässigen dabei ihre Deutschkenntnisse – mit entsprechenden Auswirkungen auf die Bildungssituation.

So beklagen die türkischen Migranten die mangelnde Offenheit der deutschen Mehrheitsgesellschaft. Die Deutschen beklagen wiederum die mangelnde Offenheit und den fehlenden Ehrgeiz der türkischen Migranten.

Der zunehmende Rückzug insbesondere der dritten Generation türkischer Migranten in eine sogenannte Parallelwelt ist sicher auch die Folge einer zunächst verfehlten »Ausländerpolitik« in Deutschland, die nur »Gastarbeiter« duldete. Bald nach deren massenhafter Anwerbung zu Beginn der Siebzigerjahre wurde ihnen der Anwerbestopp vor die Nase gehalten. Und in den Achtzigern versuchte die deutsche Politik, sie mit sogenannten Rückkehrhilfen aus dem Land zu drängen.

Sehr viele Migrantenkinder sind in Deutschland geboren. Diese Bevölkerungsgruppe bildet eine sehr junge Altersstruktur: mehrheitlich noch unter 25 Jahren. Viele Jugendliche mit Migrationshintergrund kennen die »Heimat ihrer Eltern« aus Erzählungen der älteren Familienmitglieder, aus den Medien sowie von Urlaubsreisen. Mittlerweile lässt sich klar schließen, dass deren Lebensmittelpunkt in Deutschland liegt. Sie sind ein Teil der deutschen Gesellschaft. Und es gibt auch viele positive Auswirkungen auf das Thema Bildung, zum Beispiel durch deutsch-türkische Elternvereine in Schulen, Sport- und Musikvereinen. Der Austausch nahm in den vergangenen Jahren stetig zu. Heute arbeiten mehr Lehrer mit Migrationshintergrund in Schulen als in den vergangenen Jahren. Sie vermitteln häufig mit Erfolg zwischen den Kulturen. Eine wunderbare Brücke zwischen Deutschen und Migranten. Das zeigt sich auch im schulischen Türkischunterricht in einigen Bundesländern wie in Niedersachsen, Nordrhein-Westfalen oder in Berlin. Doch in Deutschland gibt es eben auch immer noch negative Tendenzen: Denn ein Teil der deutschen Mehrheitsgesellschaft vermutet vor allem bei türkischen Migranten religiösen Fundamentalismus, eine altmodische Gesellschaftsordnung mit der Unterdrückung der Frauen. Dabei wird das »Fremde« in Gestalt ausländischer Migranten oft als bedrohlich empfunden und angstinduzierend erlebt.

Zwei wichtige Punkte sind festzuhalten: einerseits das mangelhafte Wissen und Verstehen der Kultur insbesondere der türkischen Migranten. Aber auch auf der anderen Seite die ebenso mangelhafte Kenntnis der Kultur in Deutschland vieler, vor allem türkischer Migranten. Beides trägt mit Sicherheit zu dem Phänomen der Feindlichkeit gegenüber den Migranten bei. Diese äußert sich nicht selten in offen zur Schau getragener Feindschaft bis hin zu Gewalttätigkeiten gegenüber Migranten, die dann ihrerseits Gegengewalt hervorruft und sich gegenseitig hochschaukelt – es geht hin und her wie beim Ping-Pong. Nur leider ist dies kein Spiel, sondern gesellschaftliche Realität.

Aber welche Hürden haben Migranten noch zu nehmen? Sie haben kaum familiäre Netzwerke. Da sie meist mit den Eltern zugewandert sind, fehlen Tanten und Onkel, die andere Lebensentwürfe haben und Mentoren oder Vorbilder sein könnten. Das ändert sich jedoch mehr und mehr. Als Migrant – und damit oft Außenseiter – sind sie auch mit den deutschen Netzwerken kaum verknüpft. Sie kennen meist die Vereine der Umgebung nicht, sind nicht in der Kirche, sind nicht mit der Ballettlehrerin verwandt, kennen nicht den Chefredakteur und ihr Vater war nicht mit dem Bürgermeister auf einer Schule. All die informellen Kontakte der

Einheimischen fehlen den Migranten. Damit fehlt ein wichtiger Teil der Kommunikation.

Sicher bestimmen jedoch nicht nur negative Bilder heute unsere Wahrnehmung, sondern auch erfolgreiche Migranten, die die Kultur ihrer alten Heimat leben und gutes Deutsch sprechen. Nicht zuletzt tragen sie häufig auch zu dem Gründungsboom bei deutsch-türkischen Unternehmen bei. Dieser lässt sich Tag für Tag mehr denn je vor der Haustür beobachten. Damit zeigt sich heute für den ein oder anderen eine neue Situation: Migranten sind nicht billige Arbeitskraft, sondern wichtiger Arbeitgeber in Deutschland.

Alte Bilder bekommen Risse, neue treten hinzu. Gerade dieses Thema zeigt wieder einmal: Wir haben keinen Königsweg. Stattdessen müssen wir bereit sein, vielfältige Wege zu akzeptieren und auch voneinander zu lernen.

Prof. Dr. phil. Yasemin Karakaşoğlu M.A. wurde 1965 in Wilhelmshaven geboren. Sie erwarb 1991 den Magister Artium in Turkologie, Neuerer deutscher Literaturwissenschaft und Politikwissenschaften. Sie studierte in Hamburg und Ankara. 1999 erwarb sie den Dr. phil. im Fach Erziehungswissenschaft. Die Arbeit mit dem Titel »Muslimische Religiosität und Erziehungsvorstellungen. Eine empirische Untersuchung zu Orientierungen bei türkischen Lehramts- und Pädagogikstudentinnen in Deutschland« wurde im Jahr 2000 mit dem Augsburger Wissenschaftspreis für Interkulturelle Studien ausgezeichnet. Die Forschungsergebnisse von Prof. Dr. Yasemin Karakaşoğlu waren Grundlage des Gutachtens »Religiosität und Gründe für das Kopftuchtragen bei muslimischen jungen Frauen in Deutschland« für das Bundesverfassungsgericht im Rahmen der Verhandlung des Falls der kopftuchtragenden Lehramtsanwärterin Fereshta Ludin im Juni 2003.

IN WAS FÜR EIN LAND KAMEN IHRE ELTERN?

Karakaşoğlu: Mein Vater ist 1963 zum Studium der Volkswirtschaft aus der Türkei nach Deutschland gekommen. Es war das Wirtschaftswunder-Deutschland, und er landete sozusagen mitten im Kölner Karneval. Die als reserviert und eher gastunfreundlich beschriebenen Deutschen präsentierten sich ihm nicht nur in der Karnevalszeit als völlig anders. Seine Liebe zu den Rheinländern, denen er sich im unkomplizierten Wesen und in der lebensfrohen Lebenseinstellung verwandt fühlte, blieb sein Leben lang. Auch als er für lange Zeit – bis zu seinem Tod mit 54 Jahren im Jahr 1998 – in Norddeutschland lebte.

Die Norddeutschen ähnelten eher dem Bild der Deutschen, das ihm zuvor vermittelt wurde. Er lernte ihre zuverlässige und manchmal wortkarge Freundlichkeit im Laufe seines Lebens zu schätzen. Den rheinischen Akzent im Deutschen, den er sich in den Studienjahren in Bonn angeeignet hatte, nutzte er immer wieder gerne, um die Menschen über seine Herkunft rätseln zu lassen. Er war ein Sprachkünstler und sprach Deutsch ohne Akzent. Nur die »Brötschen« und das rollende »R« blieben immer erhalten.

1964 lernten sich meine Eltern – beim Karneval in Bonn – auf einer Uni-Feier kennen. Er, der türkische Student aus einem kleinen Schwarzmeerstädtchen, sie, die Hochschulsekretärin aus Wilhelmshaven.

Wie wurden Sie und Ihre Eltern
aufgenommen?

Karakaşoğlu: In den frühen Sechzigerjahren gab es nur wenige Türken in Deutschland und insbesondere an deutschen Universitäten. Meine deutsche Mutter berichtet, dass die wenigen türkischen Studenten als sehr exotisch galten. Und dass sie – als ihre Beziehung mit meinem Vater begann – in ihrer Familie darauf angesprochen wurde, dass »der Türke« ja sehr zuverlässig sei. Sie erinnerten an die Waffenbrüderschaft im Ersten Weltkrieg zwischen dem Kaiserreich und dem Osmanischen Reich. »Der Türke« sei aber auch reizbar und jähzornig und würde dann schnell das Messer beziehungsweise »den Dolch« zücken. Sie waren dann sehr überrascht über meinen sanftmütigen Vater, der aus gutem Hause stammte.

Allerdings hat mein Vater immer wieder mit dem Vorurteil zu kämpfen gehabt, das sich im Verlauf der Siebzigerjahre gegenüber Türken in Deutschland zu etablieren begann, dass sie ungebildet, kulturlos seien, Frauen gegenüber respektlos, unterdrückend und alle religiös. Es hat ihn bis zuletzt sehr verletzt, nicht in seiner individuellen Persönlichkeit gesehen zu werden, sondern als Repräsentant eines unangenehmen Stereotyps.

WIE HAT SICH DEUTSCHLAND FÜR SIE PERSÖNLICH ENTWICKELT, OBWOHL ES IM EINWANDERUNGSLAND DEUTSCHLAND KEIN KONZEPT DAFÜR GAB?

Karakaşoğlu: Ich bin in eine Gesellschaft hineingewachsen hier in Deutschland, die Ausländer mit türkischen Gastarbeitern gleichsetzte und diese nur als Angehörige einer Unterschicht mit geringen ökonomischen Ressourcen und geringer Bildung kannte. In der Schule war ich insofern immer eine »Exotin«, als ich diesem Bild vom familiären Hintergrund her einerseits nicht entsprach, andererseits sehr wohl durch meinen Namen, meinen Vater, meine Türkischkenntnisse und meine Verbundenheit zur Türkei und der dortigen Verwandtschaft offensichtlich als Türkin identifiziert wurde und auch werden wollte. Allerdings als eine »andere« Türkin, als diese die Umgebung im Sinn hatte. So reagierte ich immer sehr verärgert, später mit großen Erklärungen, auf die immerwährende Nachfrage nach meinem fehlenden Kopftuch – was ja sogar Alice Schwarzer zu verwirren scheint.

Eine Einwanderungskonzeption gab es ja bis vor Kurzem nicht, und so wurden mein Vater und ich immer wieder von gut meinenden Menschen gefragt, wann wir denn wieder in die Heimat zurückwollten. Mein Vater hat erst sehr spät die deutsche Staatsangehörigkeit angenommen, da die bürokratischen Hürden zunächst hoch waren, dann die Unsicherheit, was mit den Rechten in der Türkei geschehen könnte, und schließlich auch die ausländerfeindlichen Übergriffe Anfang der Neunzigerjahre, die ein Leben in Deutschland durchaus auch als etwas gefährlich erscheinen ließen – und es gab ein gutes Gefühl, eine Alternative neben Deutschland zu haben.

Für mich selbst war immer klar, dass man mehrere Loyalitäten, sozusagen ruhende und aktive, haben kann als Bikulturelle und Zweistaatliche. Die auch wieder aktuelle Diskussion um die doppelte Staatsbürgerschaft halte ich für eine sehr deutsche. Sie ist das Relikt nationalstaatlichen Denkens, das zu den multikulturellen Gesellschaften der Gegenwart nicht mehr passt. Ich halte mehr von Verfassungspatriotismus als von »Nationalgefühl«.

Ich selbst habe Pendelmigration erlebt, das heißt, ich bin als Kind zwischenzeitlich in der Türkei zur Schule gegangen, habe dort die Sprache gelernt, die dortigen Lebensverhältnisse in der anatolischen Kleinstadt Safranbolu kennen und lieben gelernt. Ich hatte jedoch das Glück, dort privilegiert als Enkelin eines Rechtsanwalts aufzuwachsen. Ich hatte außerdem Glück bei der Eingliederung in der deutschen Schule: Meine Mutter konnte mir bei den Hausarbeiten in Deutschland helfen – und ich hatte verständnisvolle Lehrerinnen in der Grundschule, die mein Potenzial erkannten und mich keine Klasse wiederholen ließen, obwohl ich noch in der zweiten Klasse kein Wort fehlerfrei schrieb.

UND WIE LÄSST SICH IHRER MEINUNG NACH POSITIV MIT PARALLELGESELLSCHAFTEN UMGEHEN?

Karakaşoğlu: Parallelgesellschaft ist ein Begriff, der eine künstliche homogene Gesamtgesellschaft suggeriert. Die gesamte Gesellschaft besteht aus kleinen parallelgesellschaftlichen Einheiten. Sie besteht aus Interessengruppen kultureller, sportlicher, sozialer, künstlerischer, beruflicher und politischer Art. Nicht jeder Deutsche will mit einem anderen Deutschen auf der Straße oder in seinem Viertel Kontakt haben, nur weil dieser Deutscher ist, sondern es ist wichtig, gemeinsame Interessen zu haben. Solange die deutsche Gesellschaft Menschen mit Migrationshintergrund, die aufgrund fehlender beruflicher Qualifikationen und fehlender Bildung nicht fähig sind, sich aus eigener Kraft in die Gesellschaft zu integrieren, ignoriert, müssen diese für sich einen Weg finden, wie sie Gemeinschaften bilden, um »überleben« zu können. Wir brauchen mehr Anreize für Menschen mit Migrationshintergrund, sich konstruktiv und aktiv in Institutionen der Mehrheitsgesellschaft zu engagieren. Hier sind auch Erfolgserlebnisse sehr wichtig, die zeigen, dass es funktionieren kann und dass man seinen kulturellen Wurzeln dennoch treu beziehungsweise verbunden bleibt.

WORIN UNTERSCHEIDEN SICH DIE
DEUTSCH-TÜRKISCHE IDENTITÄT UND DIE
WAHRNEHMUNG DER DEUTSCHEN?

Karakaşoğlu: Ich würde nicht von einer deutsch-türkischen Identität sprechen, denn Identitäten sind meines Erachtens individuell, nicht kollektiv. Ich glaube eher, dass man davon sprechen kann, dass Menschen, die unterschiedliche kulturelle Hintergründe in die Mehrheitsgesellschaft einbringen, in der Lage sind, verschiedene kulturelle Systeme miteinander zu verbinden, verschiedene Perspektiven einzunehmen, flexibler sind im Umgang mit Befremdung und kulturellen Widersprüchlichkeiten.

Dagegen werden Türken häufig von Deutschen als eine einheitliche Gruppe von Menschen wahrgenommen, die gemeinsame Eigenschaften haben, die sie wesentlich von der Mehrheitsgesellschaft unterscheiden. Das wird den Individuen nicht gerecht und hält sie gefangen in einem kulturellen Korsett. In meinen Seminaren sträuben sich deutsche

Studierende immer dagegen, wenn sie aufgefordert werden, typisch deutsche Merkmale zu benennen, das fällt ihnen bezogen auf andere Kulturen leichter.

Ich glaube aber auch, dass Stereotype über Deutsche bei Türken existieren, die ebenfalls wenig mit der Realität der Individuen zu tun haben.

Wie prägen türkische Kunst, Musik, Essen, Trinken das Leben der Türken, aber auch das der Deutschen? Welche Wechselwirkungen gibt es?

Karakaşoğlu: Türkische kulturelle Einflüsse machen sich inzwischen jenseits von Döner und Cacık bemerkbar. Die reiche, orientalisch angehauchte Pop-Musik, auch andere Musikrichtungen mit türkischen Einschlägen sind populär. Großer Beliebtheit erfreuen sich türkischstämmige Komiker, die sich über das Verhältnis zwischen Deutschen und Türken lustig machen und die häufig verkrampfte Sichtweise und politisch-korrekte Redeweise angenehm aufbrechen. Junge Türken in Deutschland sehen sich als selbstverständlichen Bestandteil der reichen kulturellen Szene in Deutschland, in die sie eigene Elemente einbringen. In der Alltagskultur gibt es deutliche Annäherungen: Für viele ehemalige »Gastarbeiter« ist die nachmittägliche Kaffeetafel mit Obstkuchen oder Sahnetorten selbstverständlicher Bestandteil ihres Tagesablaufs, die Pflege des (Klein-)Gartens verbindet sie ebenso wie die Liebe zum Heimwerken.

Bei Hochzeiten von Deutschen findet inzwischen ebenso ein hupender Autokorso statt wie bei türkischen Hochzeiten. Gemeinsame Weiterentwicklungen finden sich im literarischen Bereich, in den türkischstämmige Autoren wie Feridun Zaimoğlu oder Emine Sevgi Özdamar eigene, von der türkischen Sprache gefärbte Bildersprachen einbringen, die auch von einsprachigen Deutschen als bereichernd und anregend empfunden werden.

Welche Rolle spielen Ihre Deutschkenntnisse bei Ihrem Erfolg? War das die Basis für den wirtschaftlichen Erfolg in Deutschland? Gilt dies generell auch beim Thema Bildung?

Karakaşoğlu: Meine Deutschkenntnisse, die immer besonders ausgeprägt waren, da meine Mutter besonderen Wert auf sprachliche Sauberkeit legte, haben mir viele Türen geöffnet und waren und sind sicher ein wichtiger Schlüssel zu meinem Erfolg. Das akzentfreie Deutsch meines Vaters hat ihm auch immer viele Türen geöffnet, aber auch Neid und Eifersucht bei einsprachig deutschen Kollegen geweckt, die darin teilweise eine Provokation sahen. Ich glaube, dass Sprache entscheidend ist für den beruflichen, damit auch wirtschaftlichen Erfolg. Aber für ein sicheres Sprachgefühl ist auch ein innerer Bezug zum Land wichtig, eine emotionale Bindung, die nicht bedeuten muss, dass man sich »deutsch« fühlt, sondern in Deutschland zu Hause.

Wie nehmen Sie Migranten in den Medien wahr? Was muss sich ändern?

Karakaşoğlu: Immer mehr junge Migranten nehmen verschiedene Funktionen in den Medien wahr, und zwar nicht immer im Bereich Migration und Integration. Das freut mich, da es Normalität von Vielfalt repräsentiert und zeigt, dass Migrationsstatus nicht ein »underdog«-Phänomen sein oder bleiben muss. Gut finde ich, dass Moderatoren im öffentlichen Fernsehen und Rundfunk ebenso wie bei den Privaten durch ihren Namen oder ihr Äußeres erkennbar die deutsche gesellschaftliche Vielfalt widerspiegeln.

Wünschenswert wären natürlich mehr von ihnen – und vor allem mehr in verantwortlichen Positionen. Ranga Yogeshwar etwa hat deutlich gemacht, dass Kompetenz zählt und dass fremdländisches Aussehen sich nicht mit akzentfreiem Deutsch und unauffälligem Alltagsverhalten beißt.

89

WAS, GLAUBEN SIE, LÄUFT IN DEN ANDEREN LÄNDERN
WIE IN DEN USA ODER GROSSBRITANNIEN BEI DER
INTEGRATIONSFRAGE BESSER ALS IN DEUTSCHLAND?

Karakaşoğlu: Die Gesellschaften in den USA oder Großbritanniens kennen ethnisch-kulturelle Vielfalt als klassisches Einwanderungsland beziehungsweise als ehemalige Kolonialmacht bereits länger als gesellschaftliche Wirklichkeit ihrer Länder – und haben damit einhergehende gesetzliche Maßnahmen wie ein offensives Antidiskriminierungsgesetz etabliert, das auch nach außen demonstriert, dass es eine Abwertung anderer wegen ihrer Herkunft gesellschaftlich und normativ nicht duldet, auch wenn das Vorkommen solcher Ereignisse damit nicht verhindert werden kann.

WELCHE ERFAHRUNGEN HABEN SIE BISLANG
ALS INTEGRATIONSPOLITISCHE WISSENSCHAFTLERIN
GEMACHT? WIE SIEHT DER ARBEITSALLTAG AUS?
GIBT ES UNTERSCHIEDLICHE ERFAHRUNGEN ALS
PRIVATMENSCH GEGENÜBER DEM AMT?

Karakaşoğlu: Mit der Konjunktur des Themas steigen die täglichen Anfragen bei mir, in denen ich als Interviewpartnerin, Referentin von Vorträgen oder beratende Expertin gefragt werde. Auch politische Parteien finden es attraktiv, sich aktiv um Repräsentanten aus den Migranten-Communities zu bemühen. Ich habe das Gefühl, dass sich im Laufe meiner inzwischen fast zwanzigjährigen Arbeit in diesem Bereich, insbesondere in den letzten fünf Jahren, sehr viel bewegt hat, was zuvor völlig unbeweglich erschien. Ich bin hoffnungsvoll, dass die Entwicklung zu einem selbstverständlichen Umgang mit kultureller Vielfalt weiter voranschreitet.

Im Bildungsbereich ist Migration inzwischen zu einem Schlüsselthema geworden. Was ich kritisch finde, ist zum einen der Blick auf Migrantenkinder als Verantwortliche für die deutsche Bildungsmisere (Ranking bei PISA mit und ohne Migrationsbevölkerung) und die ausschließliche Konzentration auf das Thema deutsche Sprache. Denn Zugang zur Gesellschaft ist nicht nur von den Ressourcen abhängig, die Migranten haben oder entwickeln, sondern auch von der Akzeptanz durch die umgebende Gesellschaft. Hier liegt vieles noch im Argen. Und die alltäglichen Diskriminierungen werden nicht effektiv genug bekämpft.

WELCHE SCHWIERIGKEITEN HABEN SIE IN DER VER-
GANGENHEIT GEHABT? WIE WURDEN SIE GEMEISTERT?

Karakaşoğlu: Ich habe eigentlich viel Glück und viele Förderer in der Vergangenheit gehabt. Das hat mir auf meinem Weg natürlich geholfen. Insbesondere meine Doktormutter Ursula Boos-Nünning legt großen Wert auf die Förderung von Wissenschaftlerinnen mit Migrationshintergrund und hat mich vor diesem Hintergrund auch sehr unterstützt.

In der Grundschule hatte ich eine Lehrerin, die mir wegen meines türkischen Vaters nicht viel zutraute, aber zum Glück bin ich in dieser Klasse nicht lange geblieben. In meiner Schulzeit, Anfang bis Mitte der Siebzigerjahre, habe ich Mobbing durch Mitschülerinnen erlebt, die mich aufgrund meiner türkischen Herkunft ausgegrenzt haben. Ich habe erlebt, dass eine ganze Klasse sich an diesem Mobbing beteiligt hat, und zwar immer mit Hinweisen auf meine türkische Herkunft. Ich wurde provoziert mit Bemerkungen wie »Türken stinken, Türken haben keine Kultur«, und das hat mich als Jugendliche sehr verletzt.

Mein heutiges Engagement für die Akzeptanz von Migration und Migranten als gesellschaftliche Realität und einen Blickwechsel vom Defizit zu den Ressourcen hat sicher auch mit diesen persönlichen Erfahrungen zu tun. Ich glaube, dass mich die Erfahrungen eher stärker gemacht haben; das ging aber auch, weil meine Familie mich immer unterstützt hat. Ich war in meinem Kampf gegen Diskriminierung und Rassismus nicht auf mich allein gestellt.

Haben es Migranten schwerer als Deutsche, in Deutschland Karriere zu machen? Wenn ja, warum?

Karakaşoğlu: Das kommt sicher auf die Branche an. Dort, wo Migrationshintergrund als Ressource gilt, in der Migrationsforschung, in der Sozialarbeit, im Rahmen von Firmen mit offensivem Diversity-Management, muss eine Karriere nicht schwerer zu erreichen sein als für Deutsche, im Gegenteil. Aber in vielen Branchen mit Kundenkontakt, im Kleingewerbe und in Institutionen, die einen sehr engen Kodex und eine traditionelle Mitarbeiterrekrutierung haben, wie Polizei, Justiz, Ämter und Behörden, ist ein Migrationshintergrund häufig noch ein Hindernis dafür, als gleichwertig betrachtet zu werden.

Welchen Tipp würden Sie den nachkommenden Generationen geben?

Karakaşoğlu: Sich nicht seiner Herkunft schämen, sie aber auch nicht kritiklos überhöhen. Kontakt zu Gleichaltrigen verschiedener kultureller Herkunft suchen und halten. Mut haben, sich sowohl in der deutschen Gesellschaft wie auch im Rahmen der Herkunftsfamilie und Community auch gegen die Konventionen zu verhalten. Sich mit anderen Gleichgesinnten zusammenschließen und Unterstützungsnetzwerke bilden.

Würden Sie den Weg heute wieder so gehen? Oder muss jeder seine ganz eigenen Fehler machen?

Karakaşoğlu: Das ist ja wohl eher eine rhetorische Frage. Ich hatte nie geplant, Professorin zu werden, habe aber immer die Chancen, die mir das Leben bot, zu sehen und zu nutzen verstanden. Da hatte ich sicher ein glückliches Händchen, aber eben auch viel Glück und unterstützende Menschen, die mehr in mir sahen als ich selbst an entscheidenden Stellen meiner Karriere.

Selbstverständlich macht jeder seine eigenen Fehler, wobei wir häufig im Nachhinein feststellen können, dass das, was wir in der Situation als Fehler empfanden, eigentlich richtige Entscheidungen waren und das, was wir für richtig hielten, sich später als Fehler herausstellte. Ich denke also, nur sehr wenig ist wirklich vorhersehbar und planbar. Man muss sich eben auf die Überraschungen des Lebens einlassen können und in einer beruflichen Karriere auch nicht allein die seligmachende Zielsetzung des Lebens sehen.

ZÄHNE ZEIGEN
Tarkan Aksima

Als sein Vater Cihat und seine Mutter Müzeyyen sich
entscheiden, ihre Existenz
in der Türkei aufzugeben
und nach Deutschland aufzubrechen, ist er gerade einmal
ein Jahr alt. Die Eltern von Tarkan Aksima lernen sich im
Krankenhaus in Adapazari, im Westen der Türkei, kennen,
in dem beide tätig sind. Er arbeitet in der Buchhaltung, sie
ist Oberschwester. Beide verdienen gut. Doch eine Sache
stört das Glück der beiden Verliebten: Die Familien des jungen Paares mischen sich ein und wollen mitreden, wenn es
darum geht, wo beide leben sollen.

In Adapazari bleiben? Also in der Heimatprovinz des
Vaters. Oder doch nach Balikesir ziehen? In die Heimat-
provinz der Mutter. Die Entscheidung ist schnell gefunden.
Nirgendwo in der Türkei. Das Paar, und ganz speziell Mutter
Müzeyyen, will ganz weit weg von der Verwandtschaft. Das
Ziel lautet: Deutschland.

Über die Bosporus-Metropole Istanbul kommt die Mutter
nach Hildesheim zur Elektronikfirma Blaupunkt. Die Anstellung bekommt sie bereits in der Türkei. Über ein Jahr lang lebt
sie in einem Frauenwohnheim. Tarkan und sein Vater bleiben
zurück in Adapazari. Eine schwere Entscheidung.

Im Sommer 1972 kommt die Mutter in die Türkei; sie hat
Urlaub. Die blonde Frau, die ihn auf die Welt brachte, ist wie

ein Gast, der zu Besuch ist. Dagegen wird die Bindung zum Vater fester und intensiver. Als aber auch sein Vater nach Deutschland geht, bleibt der zweijährige Tarkan bei den Großeltern. »In diesem Moment fühlte ich eine große Leere«, erzählt Tarkan mit nachdenklicher Stimme. Es dauert zwei Jahre, bis Tarkan von den Eltern nach Deutschland geholt wird. Eine lange Zeit. Allein, bei den Großeltern, ohne Mutter und Vater. Sein Vater findet derweil ebenfalls eine Anstellung bei Blaupunkt. Sowohl seine Mutter als auch sein Vater haben keine Deutschkenntnisse, sie lernen die Sprache während der Arbeit.

Tarkan lebt bei den Großeltern gemeinsam mit seiner Tante, der älteren Schwester seines Vaters. Die zwei Jahre sind wie eine Tortur für den jungen Tarkan, denn die Unzufriedenheit der Tante mit ihrem Leben lässt sie ihren Neffen spüren. »Nein, geschlagen wurde ich nicht, doch ein Kind von vier Jahren kann man auch mit einer häufig erhobenen Stimme traurig machen«, erinnert sich Tarkan.

»Ich fragte meine Eltern oft, was das für ein Land ist, dieses Almanya – Deutschland.« Doch sie haben sich keine Gedanken machen können, denn vor lauter Arbeit blieb ihnen eigentlich keine Zeit, darüber nachzudenken.

Seine Eltern leben in einer Gegend, die man neudeutsch als »Parallelwelt« bezeichnen würde. Denn die meisten in der Straße kommen auch aus der Türkei. Trotzdem ist das Viertel mit seinen Fachwerkhäusern deutsch geprägt. Die Wohnung, die die Familie anmietete, ist regelrecht in einer Kommune. Neben Familie Aksima leben nur zwei weitere türkische Familien in dem Haus. Jeder ist für jeden da. Die Wohnungstür steht fast immer offen. Alle neuen sogenannten Gastarbeiter werden von den Einheimischen sehr positiv aufgenommen. Tarkans Vater sagt immer, dass das wahrscheinlich an der Kleinstadtatmosphäre liegt.

Während seine Eltern in Deutschland arbeiten, wird Tarkan von seiner Großmutter und der jüngsten Tante aufgezogen. Auch er gehört zu den türkischen Kindern, die

»Urlaubseltern« haben. Denn er sieht seine Eltern nur im Sommer, wenn die beiden Urlaub haben und in die »Heimat« kommen.

Die zwei Jahre, die Tarkan ohne seine Eltern in der Türkei allein ist, prägen ihn sehr. »Damals fühlte ich mich immer stark, wenn ich mit meinem Vater zusammen war. Doch genauso schwach fühlte ich mich, wenn sie wieder nach rund fünf Wochen weg waren.« Heute fühlt er die gleiche Stärke, sagt er.

Tarkan weiß, dass er früher oder später auch nach Deutschland gehen wird. Wo das ist, kümmert ihn nicht. Wichtig für ihn ist, dass er zu seinem Vater kommt. Endlich ist der große Tag da: Seine Eltern holen ihn nach Deutschland. Es ist ein Freitag, mitten im Winter. Alles vor seiner Reise nach Deutschland scheint teilweise verschwommen zu sein. Erst mit seiner Ankunft am Flughafen in Hannover fängt das Rad seiner Geschichte an, sich richtig zu drehen. Als er in der Wohnung seiner Eltern ankommt, ist vieles sehr fremd. Kaum etwas erinnert ihn an das Zuhause, das er aus der Türkei kennt.

Am nächsten Montag müssen seine Eltern wieder zur Arbeit, und Tarkan wird in den Kindergarten gebracht. Als ihn seine Mutter bei den Nonnen abgibt – es ist ein katholischer Kindergarten –, weint Tarkan. Angst überkommt ihn. Er spricht weder die Sprache, noch kennt er jemanden im Kindergarten. Er weint viel. Den ganzen Tag.

Schnell spürt er, dass er anders ist als die anderen. Dies bekommt er im wahrsten Sinne des Wortes am eigenen Leib zu spüren. Er wird regelmäßig verprügelt. Nicht von den Nonnen, sondern von den anderen Kindern. »Aber meine Rache folgte später«, weiß Tarkan heute noch und hat ein süffisantes Grinsen im Gesicht. »Der dicke Junge, der mich immer malträtierte, den habe ich auch mal kräftig verprügelt und ihm einen Zahn ausgeschlagen.«

Im Kindergarten hat Tarkan schnell Deutsch gelernt. Eine andere Chance hat er auch nicht, denn notgedrungen muss er sich schnell verständigen. Warum? »Kinder können sehr grausam sein!«, unterstreicht er. »Ich musste die Sprache lernen, um zu überleben.«

Sein Freundeskreis besteht anfangs nur aus Türken: Hakan, Erdal und Fatma. Tarkan bedauert es sehr, dass er zu ihnen keinen Kontakt mehr hat. Später in der Schule zählen auch Deutsche zu seinen Freunden: Andreas, Sascha und Melanie. Zu Melanie hat Tarkan als Jugendlicher noch Kontakt. Sein Vater wäre erfreut gewesen, hätten die beiden geheiratet, denn Melanies Eltern besitzen ein Schuhgeschäft in Hildesheim, ein solides Familienunternehmen. Er lacht, als er diese Anekdote erzählt.

»Obwohl ich viel Prügel einstecken musste, hatte ich eine tolle Zeit in meinem Kindergarten.« Tarkan ist schnell der Stärkste, sodass ihm sogar der Spitzname »Imperator« verliehen wird. »Ich habe keine Ahnung, warum ich so genannt wurde. Wahrscheinlich wegen meiner Herkunft. Das ist auch der Grund, weshalb ich immer gespürt habe, dass ich ein Türke bin. Auf jeden Fall habe ich immer gewusst, dass ich anders bin.«

Zu seinen Kindergärtnerinnen hat er immer ein sehr gutes Verhältnis. Sie mögen ihn sehr. Was man von den Eltern seiner Kindergartenfreunde nicht behaupten kann. Dass sich Tarkan auch mal mit seinen Händen zur Wehr setzt, stößt bei den Eltern auf wenig Begeisterung. Eines Tages bekommt er mit, wie eine Mutter Tarkan als »Türkenbengel« bezeichnet.

Auch sonst merkt er, dass er anders ist. Das liegt auch mitunter an seiner Kleidung. Alle anderen Kinder tragen Jeans. Nicht Tarkan. Seine Eltern kaufen ihm Stoffhosen.

Anderssein kommt auch beim Thema Schweinefleisch auf. Im Kindergarten gibt es beispielsweise keine Probleme. Seine Eltern zwingen ihn auch nicht, keins zu essen. Als Tarkan davon erzählt, dass er sich als Kind von seinem Taschengeld immer Bifi gekauft hat, muss er laut lachen. Der Vater klärt seinen Sohn irgendwann auf, dass es sich bei Bifi um

Schweinefleisch handelt. Für Tarkan ein Grund, nie mehr Bifi in den Mund zu nehmen.

Ein wichtiges Erlebnis für Tarkan ist seine Einschulung, bei der auch seine Mutter dabei ist. Besonders wichtig ist dabei die Größe seiner Schultüte, die mit viel Schokolade gefüllt ist. »Ich habe das immer im Fernsehen gesehen. Klar, bei mir musste das genauso sein«, sagt er und bekommt große Augen.

»Zur Zeit meiner Einschulung wurde auch mein Bruder nach Deutschland geholt. Jetzt war unsere Familie komplett in Deutschland.« Am Anfang ist das eine ungewohnte Situation, doch nach kurzer Zeit gewöhnt sich Tarkan daran.

Während der Schulzeit hat Tarkan nur deutsche Freunde. Er ist eigentlich beliebt, kein Außenseiter. Trotzdem ist er nie zu Geburtstagen seiner Mitschüler eingeladen worden. Warum das so war, kann er sich nicht erklären. Auch trifft er sich selten nach dem Unterricht mit seinen Mitschülern. Aber auch keiner von ihnen kommt zu Tarkan nach Hause. Nur sein spanischer Freund Alfonso ist ein gern gesehener Gast. Tarkan ist ein »Schlüsselkind«: Nach der Schule kommt er nach Hause, isst die Reste im Topf vom Vortag und spielt dann so lange Fußball, bis seine Eltern von der Arbeit kommen.

In der Schule hat Tarkan eine Lehrerin, Frau Krüger, die ihn fördert. Auch in der Schule ist Tarkan ein Raufbold. Zweimal muss seine Lehrerin zu den Eltern nach Hause kommen, weil Tarkan andere Kinder verhauen hat. Tarkan ist als Kind aggressiv. Seine schulischen Leistungen lassen aber nicht nach. »Ich schlug, weil ich die strenge und schwere Hand meines Vaters immer spürte.«

Als sein Bruder auch nach Deutschland kommt, ist er sehr eifersüchtig auf ihn. Denn für Tarkan kommt eine fremde Person, die die gleiche Aufmerksamkeit von den Eltern erfährt wie er. Das heißt bei der Familie: viel Zeit. Denn die Eltern nutzen ihre Freizeit nicht für Religion oder sonstige Dinge, sondern investieren ihre Energie in die eigenen Kinder.

Der Grund, weshalb Tarkan nie schulische Schwierigkeiten hat, liegt auch daran, dass sein Vater ihm jeden Tag bei den Hausaufgaben hilft. Er kontrolliert sie, übt mit ihm und versucht seinen Filius für die Schule zu begeistern. Besonders in Mathematik und im Kunstunterricht ist der junge Mann durch die Unterstützung seines Vaters gut. Die Folge: Seine Lehrerin Frau Krüger spricht sich bei Tarkan für eine gymnasiale Empfehlung aus.

Der Vater will, dass der Sohn auf das katholische Gymnasium geht. Denn die Schule hat in Hildesheim einen sehr guten Ruf. Doch bedingt durch seinen muslimischen Glauben wird er an der Schule abgelehnt. Er schwerer Schlag für den jungen Mann. »Aber eins steht fest: Ich wurde danach wegen meines Glaubens nie in der Schule diskriminiert.«

Als Tarkan auf ein anderes Gymnasium geht, ist er ein guter Schüler. Obwohl sein Vater bei den Hausaufgaben nicht mehr helfen kann, ist sein Ehrgeiz weiter ungebrochen. Auch der Wunsch des Vaters, dass sein Sohn musisch und auch künstlerisch ein Faible bekommen soll, wird gefördert. Tarkan macht es aber auch großen Spaß, denn er empfindet es nicht als Zwang.

Auf dem Gymnasium wird Tarkan voll akzeptiert. Er ist ein beliebter Schüler und wird mittlerweile auch zu Geburtstagen eingeladen. »Wahrscheinlich lag es aber auch daran, dass ich meine Mitschüler nicht mehr schlug«, sagt er und lacht. Auch Tarkan hätte gerne Mitschüler zu sich mit nach Hause genommen, doch irgendwie schämt er sich ob der häuslichen Enge in der Wohnung.

Bis zur Pubertät läuft sein Leben in geordneten Bahnen. Er ist ein überdurchschnittlicher Schüler. Seine Noten befinden sich immer im Einser- und Zweierbereich. Doch als sein Vater arbeitslos wird, ändert sich einiges. In der Not macht er sich selbstständig. Er eröffnet ein Restaurant. Ein schwieriges Unterfangen und eine erhebliche Belastung.

Tarkan arbeitet in jeder freien Minute bei ihm im Geschäft. Dort lernt er auch Özkan kennen. Ein Kellner mitten in den

Zwanzigern, »der mir das ›Kanakoide‹ im Leben beibrachte«. Aber was bedeutet das »Kanakoide im Leben«? – »Einerseits ist es die Art, wie man Frauen anspricht.« Dann macht er eine Pause und sagt weiter: »Özkan hat mir im Klartext gezeigt, was ›Sex, Drugs & Rock 'n' Roll‹ genau heißen. Dafür bin ich ihm auch dankbar.«

Der Pubertierende treibt es ziemlich bunt, schlägt über die Stränge und kommt damals sogar manchmal betrunken in die Schule. Dadurch will er seine Freunde beeindrucken. Er bringt auch Alkohol mit in die Schule und trinkt vor und mit seinen Freunden. Seine schulischen Leistungen lassen peu à peu nach. Das heißt: Sein Notendurchschnitt sinkt. Nicht viel, aber immerhin von 1,1 auf 2,0. Am Ende seiner Schulzeit rappelt sich Tarkan jedoch auf. Denn der junge Mann hat ein klares Ziel: Er will einen guten Abschluss erreichen, denn er will studieren. »Ich war so glücklich, als ich dann mein Abitur in der Tasche hatte.«

Tarkan hat aufgrund seiner türkischen Herkunft nie negative Erfahrungen in der Schule gemacht. Bis auf einmal: Gemeinsam mit seinem Chemie-Leistungskurs macht der junge Schüler eine Exkursion. Auf der Rückfahrt im Zug hört Tarkan, wie sein Chemie-Lehrer einen Witz über Türken macht. Dass Tarkan genau in dem Moment hinter ihm steht, bekommt dieser aber nicht mit. Als Tarkan sich an diese Anekdote erinnert, ist er ganz ruhig. »Ich weiß noch genau, dass meine Mitschüler mich festhielten, andernfalls wäre ich gegenüber meinem Lehrer handgreiflich geworden. Das hätte böse enden können.«

Bereits als Abiturient weiß der junge Mann genau, dass er Zahnarzt werden will. Einen Studienplatz für Zahnmedizin bekommt er nicht direkt, sodass er erst Chemie in Göttingen studiert. Die Zeit in Göttingen ist für ihn sehr »spaßig«, wie er sagt. Er lebt in einer Frauen-Wohngemeinschaft und geht von einer Party auf die nächste.

Plötzlich wird er sehr nachdenklich. Er erzählt, dass er nach einem Semester einen Studienplatz in Hamburg bekam. »Mein Vater wollte immer, dass ich für mein Studium nicht arbeiten gehen muss. Deshalb finanzierte er das Studium komplett. Er wollte eins: Ich sollte ein gutes Examen machen. Das war's.« Auch als der Vater knapp bei Kasse ist, will er nicht, dass sein Sohn nebenbei arbeiten geht. »Er lieh sich Geld von Freunden, um mir medizinische Bücher zu kaufen.« Doch Tarkan jobbt trotzdem in der vorlesungsfreien Zeit. »Das meiste von meinem verdienten Geld habe ich dann wiederum meinem Vater zurückgegeben.«

Auf eigenen Beinen zu stehen, heißt das Integration? Was bedeutet das für Tarkan? Die Antwort kommt prompt: »Sich bewusst zu werden, dass Deutschland meine Heimat ist.« Also sich frei entscheiden zu dürfen, wie man lebt. Doch Tarkan muss den deutschen Pass beantragen, sonst hätte er keine Zulassung als Zahnarzt in Deutschland bekommen.

Erfahrung mit Diskriminierung? »Ja«, sagt er. »Während meiner Studienzeit gab es zunehmend Diskriminierungen durch Dozenten und Kommilitonen. Verkappte Witze sollten die Diskriminierungen kaschieren.« Sein jetziger Partner ist anders: Alex und Tarkan freunden sich als Studenten an. Heute betreiben die beiden eine gemeinsame Zahnarztpraxis. Mit den Diskriminierungen von damals hat Tarkan heute abgeschlossen. Ist Tarkan erfolgreich? Ja, das ist er. »Meinen Erfolg verdanke ich meinen Eltern«, unterstreicht er. »Ich habe ein sehr gutes Verhältnis zu ihnen, weil sie ihr eigenes Leben zurückgestellt und mich und meinen Bruder sehr unterstützt haben. Wir waren beide gesegnet, solche Eltern zu haben«, lobt Tarkan ihre Verdienste.

Einen Tipp für die Nachfolgegeneration hat er auch noch auf Lager: »Sie sollen begreifen, dass sie Deutsche sind mit türkischem Migrationshintergrund. Ich würde mir aber auch wünschen, dass sie mehr Empathie mitbrächten. Wer erwartet, dass Deutsche sie verstehen sollen, der soll auch die Deutschen verstehen. Ungleichheit muss nicht trennen. Es kann auch umso stärker verbinden.«

DER WANDEL
AUF DEM ARBEITSMARKT

Falls Deutschland seinen Platz in der Weltwirtschaft beibehalten will, sind nicht zuletzt wegen des fehlenden eigenen Nachwuchses Menschen aus anderen Ländern notwendig. Sie sichern das nötige Wirtschaftswachstum und stützen die sozialen Sicherungssysteme. Zwingende Voraussetzung: geeignete Zuwanderungsregelungen. Entscheidend sind Steuerungselemente, die zielorientiert die Notwendigkeiten der einheimischen Wirtschaft und Gesellschaft im Auge haben. Gleichwohl sollten Menschenwürde und Lebensplanung der Zuwanderer angemessen berücksichtigt werden. Mit den Anwerbeabkommen vor über 50 Jahren, mit der Green-Card-Regelung und dem neuen Zuwanderungsgesetz hat Deutschland mit unterschiedlichen Strategien auf die jeweils aktuelle Arbeitsmarktsituation reagiert.

Aus heutiger Sicht hat sich diese Annahme bekanntermaßen nicht bewahrheitet. Schon bald kristallisierte sich die Erkenntnis heraus, dass man auf diese Weise eingearbeitetes, vertrautes Personal verlieren könnte. Die meisten Arbeitskräfte der ersten Stunde sind geblieben, sie haben Familienangehörige nach Deutschland geholt, geheiratet und Kinder aufgezogen, die hier geboren sind. Obwohl es keine offizielle Integrationspolitik gab, ist das Miteinander meistens gelungen.

Jahrzehnte später reagierte die deutsche Bundesregierung im Jahr 2000 mit der sogenannten Green Card, der »Verordnung über Aufenthaltserlaubnisse für hoch qualifizierte ausländische Fachkräfte der Informations- und Kommunikationstechnologie (IT-AV)«, auf den Fachkräftemangel in der Computerbranche. Die deutschen Akademiker konnten die Bedürfnisse des Arbeitsmarkts nicht decken, und aus der großen Zahl arbeitsloser Hochschulabsolventen, darunter viele Ingenieure, waren die vorhandenen Stellen nicht zu besetzen.

Durch das Sofortprogramm wollten die Verantwortlichen in der Politk durch die Anwerbung von Fachkräften außerhalb der Europäischen Union schnellstmöglich den Bedarf an Experten aus dem Bereich der Informationstechnologie decken. Die begriffliche Anlehnung an die US-amerikanische Green Card ist dabei nicht zutreffend, da die deutsche Green Card erhebliche Einschränkungen aufwies: Die Aufenthaltserlaubnis wurde auf höchstens fünf Jahre befristet, und die Anwerbung sollte erst einmal drei Jahre dauern, damit nach insgesamt acht Jahren diese Arbeitsoption in Deutschland ausläuft. Zudem wurde die Zielgruppe sehr genau definiert. Die Green Card konnten nur Fachkräfte der IT-Branche erwerben, die entweder einen entsprechenden Hochschulabschluss vorwiesen oder mindestens 50 000 Euro Arbeitseinkommen verdienten. Das Programm wurde schließlich im Jahr 2004 beendet, da der Erfolg ausblieb.

An dieser Branchenlösung hat sich dennoch gezeigt, dass gezieltes Personalmarketing eine Möglichkeit darstellt, Verwerfungen auf dem Arbeitsmarkt kurzfristig zu beheben. Es zeigte sich ebenso, dass konkrete Qualifikationsprofile, hinreichende Deutschkenntnisse und intelligente Beratungsangebote für eine erfolgreiche Arbeitsmarktintegration unerlässlich sind.

Eine andere Arbeitsmarktstrategie wurde im Jahr 2005 gewählt, als das Zuwanderungsgesetz in Kraft trat. Neu ist hierbei der Rechtsrahmen, durch den die Zuwanderung im Ganzen gesteuert und wirksam begrenzt werden kann.

Gleichzeitig wurden erstmals Maßnahmen zur Integration der auf Dauer rechtmäßig in Deutschland lebenden Zuwanderer gesetzlich verankert. Parallel zu den Regelungen in den übrigen EU-Staaten wird neuerdings festgelegt, dass die wirtschaftlichen, gesellschaftlichen und politischen Interessen Deutschlands Vorrang haben sollen.

Im Aufenthaltsgesetz ist der Grundsatz festgelegt, dass die Zulassung ausländischer Beschäftigter und Selbstständiger sich an den Erfordernissen des Wirtschaftsstandorts Deutschland orientiert. Dabei müssen die Verhältnisse auf dem Arbeitsmarkt und das Erfordernis, die Arbeitslosigkeit wirksam zu bekämpfen, berücksichtigt werden. Das heißt: Für Nicht- und Geringqualifizierte wird der Anwerbestopp grundsätzlich beibehalten. Staatsangehörige der EU-Mitgliedsstaaten erhalten Zugang zum Arbeitsmarkt bei qualifizierten Beschäftigungen unter Beachtung des Vorrangprinzips. Mit anderen Worten: Soweit für den Arbeitsplatz kein Deutscher oder Gleichberechtigter zur Verfügung steht, haben Staatsangehörige der EU-Mitgliedsstaaten Vorrang gegenüber Angehörigen aus Drittstaaten.

Für Hochqualifizierte ist eine Niederlassungserlaubnis von Anfang an vorgesehen. Selbstständige können eine Aufenthaltserlaubnis erhalten, falls ein übergeordnetes wirtschaftliches Interesse oder regionales Bedürfnis besteht, die Tätigkeit positive Auswirkungen auf die Wirtschaft erwarten lässt und die Finanzierung gesichert ist. Dies ist in der Regel gegeben, wenn mindestens zehn Arbeitsplätze geschaffen und mindestens eine Million Euro investiert werden. Nach drei Jahren besteht die Möglichkeit zur Erteilung einer Niederlassungserlaubnis, wenn sich die geplante Tätigkeit als erfolgreich erweist und der Lebensunterhalt bestreitbar ist.

Doch noch immer wird Zuwanderung eher isoliert thematisiert. Zwar schafft das Gesetz einige Verfahrensvereinfachungen bei der Erteilung von Aufenthalts- und Arbeitsgenehmigungen. Das ersetzt das bisherige Dickicht von fünf unterschiedlichen Aufenthaltstiteln durch nunmehr zwei, die (befristete) Aufenthaltserlaubnis und die (unbefristete) Niederlassungserlaubnis, und macht das Verfahren zur Vergabe der Arbeitsgenehmigung etwas schlanker. Doch die Öffnung erfolgt nur sehr zaghaft – für Hochqualifizierte, Studierende und Selbstständige.

Aber ist das genug? Eine kluge Migrationspolitik, die der gesteuerten Zuwanderung genauso viel Gewicht wie der Integration gibt und die sich als Teil der Entwicklungs- und Sicherheitspolitik und damit auch als Außenpolitik versteht, würde Deutschland langfristig weit mehr helfen als eine defensive Politik, die noch zu wenig hilft und im Zweifel zu viele illegale Einwanderungsversuche provoziert.

Nach wie vor müssen auch heute noch zahlreiche Migranten in den deutschen Arbeitsmarkt integriert werden, weshalb perspektivisch vor allem drei Aspekte zu bedenken sind: Der Verbesserung der Bildungs- und Ausbildungssituation muss eine zentrale Rolle in jedem integrationspolitischen Konzept zukommen. Ohne Verbesserung der Schulabschlüsse und eine Erhöhung der Ausbildungsquoten wird sich für die zweite und nachfolgende Generationen kein Aufholprozess gegenüber den Einheimischen einstellen. Doch Migranten stellen auf dem Arbeitsmarkt nicht per se einen Sonderfall dar. Sie gehören häufig zu den Menschen auf dem Arbeitsmarkt mit einer geringeren Einbindung in sozialen Netzwerken.

Daher dürfen Migranten nicht nur gefordert, sondern müssen auch mehr gefördert werden. Das gelingt sicher auch mit einer Öffnung der unterschiedlichen Netzwerke in der Arbeitswelt.

Integration erfordert die Bereitschaft jedes Einzelnen, ausreichende Sprachkenntnisse zu erwerben, die Eintrittskarte in das wirtschaftliche und gesellschaftliche Leben. Sie erfordert auch die Akzeptanz geteilter Grundwerte. Eine Gesellschaft kann nur integrationsfähig sein, wenn ein klares Wertefundament mit Grundregeln für alle existiert, das ein friedliches Miteinander und einen zivilen Umgang ermöglicht.

So ist eine gelingende Integration für alle von erheblichem Nutzen. Aber was heißt das genau? Das bedeutet die erfolgreiche Teilhabe der Zugewanderten an Bildung und Beschäftigung, an gesellschaftlichem Leben und politischer Meinungsbildung auf dem Boden der in der Verfassung normierten Grundwerte. Dabei schafft eine gelingende Integration wertvolle Impulse für Ökonomie, Kultur und das gesellschaftliche Zusammenleben.

Die Vergangenheit aber zeigt, dass Integration sich nicht mit der Zeit von allein einstellt. Sie muss vielmehr immer wieder hart erarbeitet, ihre Ziele und Methoden müssen im Zweifel neu definiert werden. Es ist bezeichnend, dass das Zuwanderungsgesetz, das erstmals ein grundlegendes Integrationsangebot und eine Agenda an Neuzuwanderer stellt, erst 50 Jahre nach dem Abschluss des Anwerbevertrags mit Italien, dem ersten großen Anwerbeabkommen der Nachkriegszeit, in Kraft treten konnte. Es hat also ein halbes Jahrhundert gedauert, bis Deutschland die Zuwanderungswirklichkeit ohne Einschränkung akzeptiert und sich darauf eingestellt hat.

Allein wegen der demografischen Herausforderung einer schrumpfenden und insgesamt älter werdenden Bevölkerung ist Deutschland abhängig von der optimalen Nutzung aller Potenziale und Ressourcen. Denn der Anteil der Zugewanderten wird auch künftig weiter zunehmen. Deshalb ist die Minderung der Risiken von Zuwanderung durch deren Steuerung und die gleichzeitige Nutzung ihrer Chancen durch systematische Integration ein Gebot für eine Politik, die die Zukunftsfähigkeit Deutschlands sichert.

Für den Erfolg ist auch jeder einzelne Zuwanderer gefordert. Ohne Bereitschaft zur Integration, ohne eigene Anstrengungen auch gegen Widerstände wird dem Zuwanderer und seiner Familie kein Erfolg beschieden sein. Klar ist aber auch: Die Politik hat eine besondere Verantwortung, die

Voraussetzungen für gelingende Integration zu schaffen. Es gibt viele Erfolgsfaktoren, aber es gibt einige, die das Gelingen entscheidend stärken: Diese funktionieren nie als reiner Verwaltungsakt einzelner Ämter, sondern am besten bei weitestgehender Einbindung der Zivilgesellschaft, mit dem Aufbau ehrenamtlichen Engagements und einem besonderen Fokus auf die sozialen Brennpunkte einer Gemeinde.

Gerade das Krisenjahr 2009 wird viele Migranten in Deutschland hart treffen. Ein wichtiger Grund bleibt nach wie vor die häufig fehlende Berufsausbildung. Daher muss eine Reihe von Maßnahmen aus dem nationalen Integrationsplan besser umgesetzt werden, etwa die frühe Sprachförderung in Kindergärten und Schulen, die verbesserte Aus- und Weiterbildung von Lehrkräften und ein erleichterter Zugang für Jugendliche mit ausländischer Herkunft zum Bafög.

Aber es ist für eine erfolgreiche Integration von Migranten nicht allein entscheidend, nur den vorhandenen Bildungsdefiziten zu begegnen. Mindestens ebenso wichtig ist es, dass diejenigen, die mit großen Anstrengungen in Schule, Studium und Berufsausbildung erfolgreich sind, auch einen entsprechenden Platz in der Arbeitswelt finden – sei es in Unternehmen, Verwaltungen, Verbänden oder anderen Organisationen.

Für die Überwindung von Bildungs- und Qualifizierungsdefiziten wie für den Abbau von Zugangsbarrieren für Qualifizierte kann der Staat, kann die Politik den Rahmen setzen. Doch zum Erreichen der Ziele ist sie auf die gesellschaftliche Unterstützung angewiesen. Dabei spielen Verantwortungsträger in Industrie, Handel und Handwerk eine wichtige Rolle.

Es gibt – nicht nur in diesem Buch – viele gute Beispiele dafür, dass auch Unternehmer, Selbstständige und Führungspersönlichkeiten unterschiedlicher Branchen ihre Verantwortung nicht nur akzeptieren, sondern sie engagiert wahrnehmen und kreativ umsetzen.

Die erfolgreiche Integration von Migranten in die Gesellschaft ist ein wichtiges Anliegen der Wirtschaft. Die Erfahrung zeigt, dass sie am besten dort gelingt, wo Migranten aktiv im Erwerbsleben stehen. Dies ermöglicht ihnen nicht nur die Sicherung des Lebensunterhalts und die freie Entfaltung der Persönlichkeit, sondern erhöht auch die gegenseitige Akzeptanz. Eine wichtige sozial- und arbeitsmarktpolitische Herausforderung bleibt daher, mehr Beschäftigungschancen gerade auch für geringer qualifizierte Migranten zu schaffen.

Beim Betreten des »Le Canard Nouveau« fällt dem Gast sofort der unglaublich beeindruckende Blick auf den Hamburger Frachthafen auf. Das berühmte Sternerestaurant liegt an der Elbchaussee. Der Michelin-Sterne-Koch Ali Güngörmüş ist seit 2005 Inhaber und Küchenchef – und unter den Köchen etwas Besonderes. Hier trifft sich Hamburgs Gesellschaft zum noblen Abendessen genauso wie zum schicken Lunch. Ali hat dem Traditionshaus neues Leben eingehaucht. Der Starkoch bietet eine Melange aus mediterraner Küche mit exotischen Einflüssen an. Ali bringt frischen Wind in das moderne Panorama-Restaurant über der Elbe, vor allem durch neue kulinarische Akzente. Die Gäste fühlen sich wohl, heute ist – wie an vielen Tagen – kein Platz mehr zu ergattern. Der zuvorkommende Service und die edlen Speisen bilden den Rahmen für die anspruchsvolle Gastronomie. Viele Gäste sprechen heute vom Hamburger Gourmet-Treffpunkt.

Als Kind hätte sich Ali Güngörmüş nie erträumt, ein bekannter Starkoch zu werden. Alles fängt an, als Alis Vater 1962 als »Gastarbeiter« nach München kommt. Der Vater stammt aus einem reichen Elternhaus – Großgrundbesitzer mit vielen Angestellten. Alis Vater geht es gut. Er heiratet die damals noch 17 Jahre alte Mutter, kümmert sich mit den anderen Geschwistern um die Landwirtschaft und lebt ein sorgloses Leben. Nur Alis ältester Onkel studiert. Die drei Jüngeren müssen dem Vater auf dem Feld helfen. Ali betrachtet das heute noch als Ungerechtigkeit. »Der Onkel ist wie auf Händen getragen worden«, erzählt er.

Ali Güngörmüş ist das vierte von sieben Kindern. Seinen Vater zieht es nach Deutschland, nachdem die Ernten stetig geringer ausfallen. Der Vater kommt jedes Jahr für vier Wochen in den Urlaub, um die Familie zu besuchen und den Kindern Geschenke zu bringen. »Ich kann mich noch sehr genau an die lilafarbene Milka-Schokolade erinnern«, weiß Ali. Als der Vater allerdings nach vier Wochen wieder zurück nach München an seine Arbeit als Schweißer geht, muss das Leben für den Jungen weitergehen. »Da wir unseren Vater nur im Sommer sahen, habe ich wahrscheinlich deswegen ein innigeres Verhältnis zu meiner Mutter.« Ihr vertraut er alles an, sie fragt er um Rat und Tat. »Wir verstehen uns einfach wunderbar.«

Der Vater hingegen hat immer eine Vision: Er will, wie so viele türkische Migranten, ein paar Jahre in Deutschland arbeiten, Geld verdienen und dann wieder in die Türkei zurückgehen. Als er 1962 in München ankommt, ist seine erste Station das Männerheim. Dort haben auch seine Cousins und andere Verwandte ihre Unterkunft gefunden, bevor sie nach einigen Monaten genug Geld zusammengespart haben, um sich eine eigene Wohnung anzumieten.

Die Jahre vergehen. Ali wächst mit seinen Geschwistern behütet im ostanatolischen Tunceli auf, doch für den Vater ist das Leben allein in der bayerischen Landeshauptstadt sehr einsam. Alis älteste Schwester muss wegen einer Krankheit nach Deutschland kommen. Nach kurzer Zeit holt der Vater 1986 die ganze Familie nach München. Der noch junge Ali ist damals zehn Jahre alt. Er freut sich, nach Deutschland zu gehen. Nicht nur, weil er endlich den Vater und die kranke Schwester wiedersieht. »Ich hatte auch immer gehört, dass es anders und dort sehr schön ist«, erinnert er sich. »Außerdem hätte mich eh keiner gefragt, ob ich mit will!«, betont er und lacht.

Die ganze Familie lebt in der Nähe des Bahnhofs – in einer Vier-Zimmer-Wohnung in der Dachauer Straße. »Die Jungs kamen in ein Zimmer, die Mädchen in ein anderes, dann waren da noch das Schlafzimmer meiner Eltern und eben das Wohnzimmer.« Außer Alis jüngstem Bruder sind alle seine Geschwister in der Türkei geboren und aufgewachsen. Im Januar 1987 kommt der junge Ali als Elfjähriger in die 5. Klasse der Schwindt-Hauptschule in der Schwindtstraße. Seine Brüder und er kommen anfangs in eine sogenannte Integrationsklasse, denn keiner von ihnen kann deutsch sprechen.

Nicht nur Ali, sondern alle seine Geschwister haben große Probleme in der Schule. Ohne Deutschkenntnisse können sie dem Unterricht nie richtig folgen. Wenn Ali über seine Schulzeit spricht, muss er schmunzeln. Immer wieder fallen ihm kleine Geschichten und Anekdoten ein. Er berichtet von einem Erlebnis im Englischunterricht. Alis Englischlehrer, Herr Nessler, bittet ihn, einen Absatz zu lesen. Er liest, aber mit deutschem Akzent. Seine Mitschülerin Nicole fängt an zu lachen, weil sie sich darüber amüsiert. »Mein Lehrer hat Nicole ziemlich heftig angeschrien«, sagt Ali, »und ihr den Vorschlag gemacht, mal aus einem türkischen Buch ohne Kenntnisse der Sprache zu lesen. Ansonsten hatte ich zu meinen Mitschülern ein gutes Verhältnis.«

Trotz der Schwierigkeiten in der Schule geht es Ali gut. Seine älteren Geschwister haben mehr Probleme. Deshalb will er sie auch nicht als Vorbilder sehen. »Sie konnten eh nichts. Warum sollten sie meine Vorbilder sein?« Die Kinder werden älter, und das Geld in der Familie reicht vorne und hinten nicht. Nachdem der Vater von der Arbeit kommt, geht er abends gemeinsam mit der Mutter zum Putzen. Auch die Geschwister wollen ihr eigenes Geld verdienen und fangen mit kleinen Jobs an.

Ali ist 13 Jahre, als er Zeitungen austrägt. Doch sein eigentliches Einkommen sichert er sich mit dem Tanzen.

Gemeinsam mit seinem Bruder und seinem Cousin sind sie »MAC« – Murat, Ali und Cetin. Eine Hip-Hop-Dance-Combo, die sich, ähnlich wie der damalige Rap-Star MC Hammer, Puffhosen schneidern lassen und auch die Schritte und Bewegungen machen wie ihr Idol. Da man aber solche Hosen nicht in Deutschland kaufen kann, lassen sie sich diese mit ihrer ersten Gage anfertigen.

Ali erinnert sich an einen Rat seines Vaters: »Werdet nicht kriminell, und macht eine Ausbildung.« Der junge Starkoch wird nachdenklich: »Ja klar, die Tanzerei hat uns von der Straße weggehalten.« Sie treten in Jugendfreizeitheimen auf und sind in ihrem Viertel sehr bekannt. »Wenn ich nicht Koch geworden wäre, würde ich immer noch tanzen«, scherzt Ali Güngörmüş. In seiner Jugend hat er kaum Kontakt zu deutschen Mitschülern. Auch kann er so gut wie keinen Deutschen als einen seiner Freunde bezeichnen. Sein Freundeskreis besteht fast nur aus »Ausländern«. Er geht zur Schule, trägt gelegentlich Zeitungen aus und tanzt. Ein sehr unspektakuläres Leben, wie er meint.

Doch was will der junge Ali Güngörmüş aus seinem Leben machen? »Mich haben vor allem drei Menschen sehr geprägt.« Er ist in der 8. Klasse, als er ein Schlüsselerlebnis hat und merkt, dass etwas passieren muss. Eine seiner Lehrerinnen motiviert ihn, sich anzustrengen und aus seinem Leben etwas zu machen. Eine andere Begebenheit ist sein Lehrer aus der Türkei. Ein Choleriker, der seinen Frust und seinen Ärger an den Schülern auslässt. Er schlägt jeden wegen irgendwelcher Kleinigkeiten. Erscheint ein Schüler zu spät zum Unterricht, gibt es Schläge. Haben die Kinder am Wochenende auf dem Schulhof, dem einzigen ebenen Platz weit und breit, Fußball gespielt, gibt es Schläge. Viele von Alis Bällen hat sein Lehrer mit dem Messer zerschnitten. »Warum, weiß ich bis heute nicht. Ich habe gelernt, so will ich nie werden; ich muss etwas tun, um Freude am Leben zu haben.« Der dritte Mensch ist Lutz Seebold. Der stellvertretende Küchenchef, der Ali ausbildet, ist zu ihm am strengsten. »Als Türke musste ich immer doppelt so hart arbeiten, doppelt so viel leisten. Ich weiß nicht, ob er ein Problem mit Türken hatte. Ich weiß nur, ich habe sehr unter ihm gelitten.« Dass Ali Güngörmüş auch viel von ihm gelernt hat, verschweigt er aber bewusst nicht.

Zunächst rückt der Abschluss an seiner Schule näher. Aber was kommt danach? Ali hat gehört, dass man im Einzelhandel gutes Geld verdienen kann. Einer seiner Freunde hat eine Ausbildungsstelle als Drucker. »Ich weiß genau, er schwärmte sehr von seinem Job.« Das bewegt Ali Güngörmüş, sich für die Ausbildung als Einzelhandelskaufmann und als Drucker zu bewerben. Doch aus den beiden Berufswünschen ist nichts geworden. Seine Bewerbung in einer großen Einzelhandelskette wird abgelehnt. In einer Druckerei schaut er sich einen Tag mal um und muss feststellen, dass diese Arbeit nichts für ihn ist. Alles stinkt nach Lack und Farbe. Es ist heiß und dreckig. »Eins stand fest: Die Druckerei ist nicht mein Fall.«

Kurze Zeit später trifft er seinen Freund Sepp im Freizeitheim: Er ist im zweiten Lehrjahr als Koch und erzählt Ali, dass es eine gute, »leckere« und spaßige Ausbildung sei. Ali trifft eine Entscheidung: Er bewirbt sich um einen Ausbildungsplatz als Koch. Das »Gasthaus am Rosengarten« in München sucht einen Azubi. »Mir war es egal, um was für eine Art Restaurant es sich handelte.« Dass das »Gasthaus am Rosengarten« ein urbayerisches Wirtshaus ist, stört den jungen Ali nicht. Was ihn auch nicht stört, ist die Meinung der »anderen«, egal ob in seiner Verwandtschaft, der Nachbarschaft oder unter seinen Freunden – Ali will Koch werden. Als er seine Ausbildung beginnt, ist er gerade mal 14 Jahre alt. Ein Junge mitten in der Pubertät.

Schnell wird Ali zu einem beliebten Azubi. Ihm werden Aufgaben übertragen, die normalerweise keinem Auszubildenden, sondern ausgebildeten Köchen gegeben werden. Ali macht der Job großen Spaß. Dass er von seinen Kollegen oft wegen seiner Größe aufgezogen wird, ist dem jungen Deutsch-Türken egal. Häufig necken sie ihn, indem sie Gewürze, Salzdosen oder andere Küchengeräte auf die höchsten und hintersten Regale stellen. Ali lacht herzhaft, als er von diesen Geschichten berichtet.

Seine Ausbildung steht kurz vor dem Abschluss. Ali besteht sie mit Auszeichnung und ist Bayerns jüngster »Jungkoch« geworden. Er hat den Anspruch auf eine Begabtenförderung des Landes Bayern, aber Ali lehnt ab. Doch warum? »Ich will kein Geld, für das ich nicht gearbeitet habe. Ich konnte nicht hinter dem Geld stehen.«

Sein damaliger Souschef Jörg Färber wechselt in ein anderes Restaurant und fragt Ali, ob er ihn nicht begleiten will. Ali zögert keine Sekunde. Obwohl er ein gutes Angebot aus dem »Rosengarten« hat, will er zu seinem Vorbild Färber. Sie arbeiten zusammen, doch dieser verlässt das Restaurant nach kurzer Zeit und lässt Ali zurück.

Was soll nun der junge Ali machen? Ali bleibt nichts anderes übrig, als mit 18 Jahren selbst »den Laden zu schmeißen«. Ali arbeitet also weiter in dem Restaurant. Als er eines Nachts nach seiner Schicht mit der U-Bahn nach Hause fährt, liest er die Zeitung vom kommenden Tag. Dabei fällt ihm eine Stellenanzeige besonders ins Auge. »Das Gasthaus am Glockenbach«. Es ist 23:30 Uhr, als er nach Hause kommt, er ruft trotzdem an. Ein Herr Ederer meldet sich. Wie sich später herausstellt, ist Herr Ederer der Inhaber und gleichzeitig der Chefkoch. Während des Gesprächs sagt Ali: »Sie sollten wissen, dass ich Türke bin!« Ali weiß bis heute nicht, warum »ich diesen Satz unbedingt sagen musste«. Aber es ist für Ali ein innerer Wille, dass Herr Ederer das wissen soll. Die Antwort kommt prompt: »Das ist mir egal! Kommen Sie morgen vorbei, dann reden wir!«

Am nächsten Tag kommt Ali pünktlich zum Vorstellungsgespräch. Herr Ederer lässt Ali in einer Ecke warten. Es vergeht eine halbe Stunde, Ali nippt an seinem Mineralwasser, und die Zeit vergeht. Aber Ali ist geduldig. Nach einer Stunde setzt sich Herr Ederer zu Ali und fragt ihn aus. »Wo hast du gelernt? Was kannst du? Was sind deine Spezialitäten? Wie viel Geld willst du?« Das sind viele Fragen, auf die Ali immer passende Antworten gibt. Nur beim Geld, da zögert er. Denn der junge Ali verdient fast 2500 D-Mark. Er wohnt immer noch zu Hause, hat aber keine Ausgaben, gibt ab und an seinen Geschwistern oder seinen Eltern Geld, kauft sich hier und da Klamotten. Herr Ederer hingegen will ihm lediglich 1700 D-Mark zahlen. Ali ist das egal. Er will wiederum nur lernen. Bei allen Entscheidungen, die er trifft, verlässt sich der junge Mann immer auf sein Bauchgefühl.

Ali »klaut« mit den Augen. Und seine Augen sind überall, immer rechts und links neben ihm, sodass er von seinen Kollegen lernt. Er setzt sich immer ehrgeizigere Ziele und erreicht sie auch: Mit 25 Jahren will er Küchenchef werden, mit 30 sein eigenes Restaurant besitzen. Er ist sogar noch schneller, übertrifft sich selbst: Er wird mit 24 Jahren Küchenchef, und mit 27 eröffnet er sein eigenes Restaurant in Hamburg.

Nur eines klappt nicht: Bis heute ärgert er sich, nicht im Ausland gearbeitet und gelernt zu haben. »Ich wollte immer nach Paris oder New York, doch mein türkischer Pass hat es nicht möglich gemacht, im Ausland zu arbeiten. Aber ich habe mir auch in Deutschland viel erarbeitet.« Bei allem Erfolg räumt Ali aber auch ein: »Ich habe in meinem Leben viel Glück gehabt. Dafür bin ich auch sehr dankbar.«

Und wie ist Ali Güngörmüş heute integriert? »Ich bin in der deutschen Gesellschaft angekommen, habe aber mein türkisches Herz behalten.« Ali könnte nie seine Herkunft, seine Identität leugnen oder infrage stellen. Das liegt auch daran, dass er die meiste Zeit seiner Kindheit in der Türkei verbracht hat. Auch das innige Verhältnis zu seiner Familie ist ein weiterer Grund dafür.

Integration ist für Ali Disziplin, Pünktlichkeit, Fleiß und Ehrlichkeit. Also deutsche Tugenden. Doch was ist türkisch an Ali? »Vor allem meine Barmherzigkeit«, sagt er und lacht ganz laut dabei. Türkischer Humor ist auch wichtig, ebenso die Kultur. Aber: »Ich weiß, dass man auch die Sitten und Gebräuche des Landes annehmen sollte, in dem man lebt.« Schon lange träumt er davon, eine Lederhose zu besitzen, aber damals seien diese sehr teuer gewesen. Heute denkt er, dass jeder nach seiner Fasson leben soll. Privat hat Ali sozusagen in einer Parallelgesellschaft gelebt. Inmitten türkischer Nachbarn. Beruflich zeigt sich hingegen ein ganz anderes Bild.

Aber Integration bedeute ebenso, etwas aus seinem Leben zu machen. Und vor allem auch, dass jeder laut Ali die gleichen Chancen hat – egal mit welchem Hintergrund. »Es bringt auch nichts, immer nur Boulevardzeitungen zu lesen. Die Jugendlichen sollten lieber einmal den *Spiegel* unter die Lupe nehmen, um mal etwas anderes zu lesen.« So sei in den USA die Herkunft nie ein Thema. Das Gefühl »Ihr gehört zu uns« sei in den klassischen Einwanderungsländern wie in den Vereinigten Staaten sofort da. In Deutschland ist es anders: »Hier musst du dich erst mal beweisen. Es ist höchste Zeit, dass sich das auch hier ändert. Denn wir sind auch Deutschland.«

DIE STEHAUFFRAU
Elvan Polat

Wenn man sich Elvan Polat anschaut, sieht man eine sehr gut gekleidete, eloquente und intelligente Frau. Die 32-Jährige ist im schönen Hamm in Westfalen geboren. Als ihr Vater im Jahr 1965 aus dem fernen Adıyaman in der Türkei die weiten Felder seines Dorfes Besni verlässt, um nach Deutschland zu gehen, erhofft er sich ein besseres Leben für sich und für seine Kinder.

Vater Mustafa arbeitet bereits drei Jahre als Bergmann, bevor er 1968 Mutter Sidika und die drei älteren Geschwister – Vakif, Metin und Semaye – zu sich nach Deutschland holt. Die Mutter übernimmt den Haushalt, während der Vater unter Tage das Geld verdient. Die Familie wohnt in einfachen Verhältnissen – in einer von vielen türkischen Migranten frequentierten Gegend.

Der Vater hat fast nur türkische Kumpel, die mit ihm unter Tage und auch gleichzeitig seine Nachbarn sind. Man spricht dieselbe Sprache und ist sich vertraut. Die Geschwister gehen in den Kindergarten, später zur Schule. »Wir wurden streng erzogen«, weiß Elvan. Zu Hause wird nur Türkisch gesprochen, sodass Elvan anfangs große Probleme im Kindergarten hat. Denn auch dort sind die meisten Kinder türkischstämmig, sodass es einfacher ist, in dieser Sprache zu sprechen. Dies hat zur Folge, dass Elvan, bis sie fünf ist, nur sehr schlecht Deutsch spricht. Vater Mustafa muss handeln, denn er will, dass seine noch jüngste Tochter später mal studieren geht. Er schickt sie in einen anderen Kindergarten, wo die Zahl der deutschen Kinder größer ist. Auch ist es dem Vater wichtig, dass Elvan in der ersten Klasse rasch Anschluss bei den deutschen Mitschülern findet. Schnell findet sie Freunde – vor allem Deutsche.

Ihr Vater gibt ihr Freiheiten, von denen ihre Geschwister nur träumen können. Elvan darf zum Tennisunterricht und sich häufig mit Freunden treffen.

Elvan ist sehr beliebt unter ihren Mitschülern. Sie feiert jedes Jahr ihren Geburtstag mit einer großen Party und lädt ihre Freunde dazu ein. Auch umgekehrt wird sie zu den Geburtstagen der anderen eingeladen. Ihre Eltern fördern sie sehr, sowohl in der Schule als auch beim Sport.

Als der Vater nach 20 Jahren harter Arbeit in Frührente geht, hat er viel Zeit. Nach der Schule fährt er seine Tochter zu Turnieren, zu Trainings, und auch sonst hat er ein sehr gutes Verhältnis zu seiner zweitjüngsten Tochter. Elvan ist einerseits eine kleine Rebellin und hat andererseits gleichzeitig ein sehr gutes Verhältnis zu den Eltern. Die Mutter ist wie eine Freundin, der sie alles anvertraut.

Die Schulzeit verläuft harmonisch, Elvan ist im Unterricht gut und als Tennisspielerin erfolgreich. Das Leben verläuft unbeschwert und ohne Probleme. Fremdenfeindlichkeit in Hamm, in Elvans Schule? Keine Spur. Jedes der Geschwister macht seinen Weg. Vakif arbeitet erst als Kfz-Mechaniker, dann als Barmann. Doch ein Arbeitsunfall zwingt ihn, in Frührente zu gehen. Metin ist Lkw-Fahrer. Aber sein Beruf macht ihm keinen Spaß. Er will sich in der Gastronomie-Branche selbstständig machen. Heute betreibt er mehrere Cafés in Hamm. Semaye hingegen tritt in die Fußstapfen der Mutter. Sie ist Hausfrau und stolze Mutter von vier Kindern.

Für Elvan jedoch steht kurz vor dem Abitur immer noch nicht fest, was sie machen will. Viele ihrer Mitschüler wollen studieren. Auf Lehramt. Und Elvan? Sie hat als Leistungskurse Mathematik und Deutsch. Sie will auch studieren und entscheidet sich für Mathematik. Aber wo? Nach zahlreichen Bewerbungen wird es die Gesamthochschule Essen. Nun steht der Umzug von Hamm nach Essen an. Bruder Metin steht zur Seite. Die Wohnung sucht er gemeinsam mit Elvan aus, besorgt die Einrichtung und organisiert den Umzug. »Wozu hat man große Brüder«, betont Elvan und lacht.

So studiert sie in Essen, besucht an den Wochenenden die Eltern und die Geschwister. Doch nach nur zwei Semestern ändert sich das Leben von Elvan. Ein schwerer Schlaganfall des Vaters bringt das normale Leben der Familie völlig durcheinander. Außer Elvan und ihrer jüngsten Schwester Tülay sind die drei älteren Geschwister bereits verheiratet und haben Familien und Verpflichtungen. Doch jemand muss der Mutter bei der Pflege des Vaters helfen. Elvan schmeißt das Studium, kündigt die Wohnung in Essen und zieht zu den Eltern zurück nach Hamm. »Für mich stand es überhaupt nicht zur Diskussion. Wir haben eine starke Familie. Wir helfen uns immer gegenseitig und sind füreinander da. Für mich ist es absolut klar, dass ich meinen Vater pflege.«

Sie hilft der Mutter im Haushalt, bringt den Vater zum Arzt und kümmert sich um alles, worum man sich kümmern muss. Doch auch Elvan muss an ihre Zukunft denken. Sie entschließt sich für eine Ausbildung in der Nähe. Bei einer Textilfirma in Telgte bekommt sie einen Ausbildungsplatz zur Handelsassistentin. Ihre Vorgesetzten und auch die Arbeit machen es ihr möglich, den Vater weiterhin zu Arztbesuchen zu bringen und generell zu unterstützen.

Es ist eine schwere Zeit. Für Elvan, für die ganze Familie, denn die Ärzte sehen keine Hoffung mehr, dass der Vater wieder völlig genesen wird. Sein letzter Wunsch ist es, noch einmal in die Türkei zu fahren, um all seine Verwandten zu sehen. Er soll eigentlich nur ein paar Wochen bleiben, bevor er wieder nach Deutschland zurückkommt. Doch leider bleibt er für immer in der Türkei, denn kurze Zeit später verstirbt der Vater in seinem Heimatort in Adıyaman. »Da wir wussten, wie schlecht die gesundheitliche Situation unseres Vaters war, hatten wir uns eigentlich auf seinen Tod vorbereitet. Natürlich war es trotzdem für uns sehr schwer.«

Am schlimmsten ist es für die Mutter. Sie verliert nicht nur den Vater ihrer Kinder, sie verliert auch den Mann, den Lebenspartner. Die Lücke ist nicht zu schließen. »Auch unsere Mutter wusste, dass Papa sterben würde, und war darauf vorbereitet. Doch sein Tod löste bei ihr etwas aus. Sie fing an, sich aufzugeben. Sie wollte nicht mehr leben.«

Die Mutter ist starke Diabetikerin. Jeden Tag kommt eine Pflegeperson und hilft ihr bei der Injektion des Insulins. »Leider hielt unsere Mutter nie ihre Diäten ein.« Sie nimmt an Gewicht zu, sodass die Krankheit sie immer mehr schwächt. Sie stirbt in Deutschland und wird dann von ihren Kindern in die Türkei überführt.

Derweil beendet Elvan ihre Ausbildung und wechselt anschließend in ein anderes Modegeschäft. Zwei Jahre ist sie in Hamm als Filialleiterin tätig. Elvan will mehr. Sie will ihre Heimatstadt verlassen und bewirbt sich bei größeren Modehäusern. Nach diversen Bewerbungen wird sie sehr schnell von ZARA zur Filialleiterin ernannt. Voraussetzung: ein Training und gleichzeitig ein längerer Auslandsaufenthalt. Ihre Leistungen beeindrucken ihre Vorgesetzten. Elvan geht für drei Monate nach Großbritannien. In Nottingham macht sie einen Intensivsprachkurs und bildet sich in ihrer Branche weiter. Anschließend wird sie nach Stuttgart in die dortige ZARA-Filiale geschickt und leitet diese. Das Haus boomt. Elvan ist maßgeblich dafür verantwortlich, dass die Umsätze stimmen.

Die Konzernzentrale wird immer mehr auf sie aufmerksam. Nach nur einem Jahr sucht sie eine neue Herausforderung: Im Jahr 2003 geht sie zur Unterstützung verschiedener ZARA-Häuser nach Berlin, München und Aachen. Ein weiteres Jahr verstreicht, und das Mutterhaus in Hamburg bietet ihr die Filialleitung in der Kölner Innenstadt an. Nahezu ein Jahr ist Elvan für die dortigen Geschicke verantwortlich. Das Geschäft muss aber renoviert werden, und Elvan begibt sich wieder auf die Reise und unterstützt erneut diverse Häuser. Sie lebt permanent aus dem Koffer, ohne sesshaft zu werden. Im August 2005 wird das Haus in Köln wieder eröffnet. Die besonders guten Leistungen von Elvan bewegen ihre Vorgesetzten, sie zur Regionalleiterin auszubilden. Als Filialleiterin unterstehen ihr etwa 80 Mitarbeiter. Als Regionalleiterin, verantwortlich für mindestens 13 Häuser, werden ihr mehr als 500 Mitarbeiter unterstellt. »Es war eine große Ehre, von den Vorgesetzten für solch eine Position ausgewählt zu werden. Mit meiner Leistung hatte ich sie anscheinend überzeugt.«

Das alles hätte sie aber nicht ohne die Unterstützung und die Hilfe ihrer Eltern erreicht. »Doch ich muss auch sagen, dass ich im Job viel Glück gehabt habe.« Und was ist ihr größtes Unglück? »Zweifellos der frühe Tod meiner Eltern.« Aber diese Schicksalsschläge haben die Geschwister einander noch näher gebracht. »Sie sind immer für mich da und ich umgekehrt genauso. Mir ging es finanziell immer gut. Ich hatte genug Geld für mich und auch für meine Geschwister. Tülay habe ich das Studium finanziert. Sie musste nicht arbeiten.«

Ihre jüngste Schwester hat Rechtswissenschaften in Bielefeld, Tübingen und Köln studiert und ist jetzt zugelassene Rechtsanwältin. »Meine ältere Schwester unterstütze ich heute noch. Es ist schwer, wenn man nur eine Person im Haushalt hat, die Geld verdient. Ich will eben alle in der Familie glücklich machen.«

Elvan ist in jeglicher Hinsicht ein Vorbild. Sie hat es in ihren jungen Jahren geschafft, ihre beiden Kulturen zu ihrem Vorteil zu nutzen. Elvan vereinigt Tugenden aus ihrem türkischen und aus ihrem deutschen Leben. Was sind denn die türkischen Elemente? »Ganz wichtig: der Familienzusammenhalt. Respekt vor den Verwandten und vor den Älteren sowie eben die Traditionen einzuhalten.« Und die deutschen Tugenden?»Ehrgeiz, Zielstrebigkeit, Disziplin, Zuverlässigkeit.«

»Ich würde mich sehr freuen, wenn man mich als Vorbild ansehen würde.« Darüber braucht sich Elvan nicht den Kopf zu zerbrechen. Das ist sie für viele Migranten auf jeden Fall. Elvan wünscht sich, dass sich vielleicht andere ein Beispiel an ihrem beruflichen Werdegang nehmen. »Es ist wichtig, dass man als Kind die deutsche Sprache beherrscht, eine Ausbildung macht – der Erfolg kommt von allein, wenn man nur ehrgeizig ist.«

Und was ist mit Studieren? »Ein Studium braucht man nicht unbedingt. Wichtig sind eine solide Berufsausbildung und dann die Erfahrungen, die man sammelt. Das reicht vollkommen. Es sei denn, man hat feste Ziele und will studieren.«

Den Eltern rät sie, ihre Kinder besser zu fördern, sie in ihren Freizeitaktivitäten zu unterstützen und ihnen zuzuhören. Elvan selbst würde nur in einer Situation die Zeit gerne wieder zurückdrehen: »Ich würde die Momente nach dem Tod unseres Vaters mit meiner Mutter anders verbringen.« Aber wie? »Ich würde ihr sagen, dass sie wichtig für uns ist und auch auf ihren Körper und ihre Gesundheit achten soll. Das schwirrt mir heute noch im Kopf herum. Ja, das hätte ich gerne anders gemacht.«

MIGRANTEN SCHAFFEN ARBEITSPLÄTZE

Obwohl heute die meisten Unternehmen von Migranten als Familien- und/oder Kleinbetriebe zu bezeichnen sind, finden sich mittlerweile auch immer mehr Betriebe mit einer großen Beschäftigtenzahl und multinationalen Geschäftsbeziehungen. Migranten haben allein durch die zigtausend Selbstständigen Hunderttausende von Arbeitsplätzen in Deutschland geschaffen. Nach aktuellen Angaben der Türkisch-Deutschen Industrie- und Handelskammer (TD-IHK) sind es, wie bereits erwähnt, 70 000 türkische Selbstständige und 400 000 Beschäftigte. Dabei werden Milliarden Euro jedes Jahr an Umsätzen verzeichnet, laut TD-IHK aktuell 34 Milliarden. Sie bieten in zunehmendem Maß Ausbildungsplätze für Jugendliche, zahlen Steuern und Abgaben in Milliardenhöhe und bereichern, im wahrsten Sinne des Wortes, durch ihre Angebote und Leistungen die deutsche Volkswirtschaft.

Vor allem die dynamische Entwicklung der Selbstständigkeit ist eine positive Integrationsleistung der zugewanderten Bevölkerung. Sie haben den Weg in die Selbstständigkeit weitgehend allein gemeistert und erweitern heute die Angebotsvielfalt Deutschlands. Auch für die Zukunft ist mit einem weiteren Gründerboom bei Migranten zu rechnen, weil die steigende fachliche Qualifizierung der zweiten und dritten Generation gegenüber den sogenannten Gastarbeitern der ersten Stunde und ihre Sozialisation in Deutschland neue Chancen für eine selbstständige Arbeit bringt.

Dabei kommen türkischen Migranten kulturspezifische Faktoren zugute: Weitgehend intakte familiäre und soziale Strukturen, Risikobereitschaft, Flexibilität und Spontanität und der hohe Stellenwert einer unabhängigen selbstständigen Tätigkeit sprechen für eine ausgeprägte Gründungsneigung.

Damit jedoch die eingesetzten Ressourcen zu einer erfolgreichen Existenzgründung führen, müssen die gründungswilligen Migranten den Ausgleich zwischen südländischer Spontanität und Flexibilität sowie den Anforderungen eines komplexen und formalisierten ökonomischen Umfelds finden. Eine solche Synthese ist Ausdruck einer interkulturellen Wirtschaft. Beispielsweise nimmt die Zahl türkischer Supermärkte in den Großstädten stetig zu. Sie arbeiten heute deutlich professioneller als in der Vergangenheit.

Ein anderer Punkt ist, dass auch Berater und Wirtschaftsförderer aufgerufen sind, die positiven Faktoren einer kulturspezifisch bedingten »anderen« Herangehensweise der Gründer zu erkennen und eine Kompensation zu dem eigenen formalisierten Vorgehen zu finden. Nur so kann eine angemessene Beratung und Begleitung von Gründern ausländischer Herkunft erfolgen und zum Erfolg führen. In der Praxis helfen heute auch vermehrt deutsch-türkische Wirtschaftsprüfer, Diplom-Kaufleute und erfahrene Geschäftsleute. Sie versuchen, gemeinsam mit dem Rat suchenden Unternehmer die bürokratischen Hürden in den Ämtern zu nehmen.

In städtischen Ballungsräumen weist die Dienstleistungsökonomie ein großes Wachstumspotenzial auf. Dieser Bereich ist für kleine und mittlere Betriebsstrukturen und damit für Migranten besonders geeignet. Daher müssen die Wirtschaftsförderungsstrukturen ihre Kompetenz für diese Zielgruppe kritisch hinterfragen, Netzwerkstrukturen zu Multiplikatoren und Selbstorganisationen aufbauen, Mitarbeiter interkulturell schulen, fortbilden und mittel- und langfristig ihre personelle Besetzung den veränderten Strukturen anpassen. Das ist in den vergangenen Jahren bereits häufig geschehen und sollte konsequent weiter vorangetrieben werden. Die türkische Industrie- und Handelskammer arbeitet sehr intensiv daran, aber auch die Arbeiterwohlfahrt oder Volkshochschulen beziehungsweise Universitäten.

Die Integration von Migranten hängt nicht zuletzt von ihrer Position am Arbeitsmarkt und ihrem sozialen Status ab. Aber wie ist die wachsende Zahl an beruflich selbstständigen Migranten zu werten? Deren Profil ist mittlerweile heterogen, und das Spektrum ihrer Gründungsmotive geht über ökonomische Zwänge hinaus und reicht bis zu innovativsten Ideen, wie bei Kamal Şahin, der 1982 die Santex Moden GmbH gründete und heute als erfolgreicher Unternehmer arbeitet. Gelingt es Migranten, ihren Betrieb zu etablieren, sind ihr wirtschaftlicher Beitrag und ihre Integrationsleistung beachtlich, wenngleich allzu viele in den traditionellen Bereichen Gastronomie und Einzelhandel verharren. Doch längst wächst die Konkurrenz auch in vermeintlich »ethnischen Nischen«. Das ist auch ein wichtiger Grund, weshalb Selbstständigkeit bei Migranten ohne Bildung und moderne Arbeitsweise auf wackligem Boden steht.

Besonders auffällig ist die Dynamik bei türkischstämmigen Gründern, die heute die größte Selbstständigengruppe unter allen Migranten darstellen. Doch allzu häufig fehlen ihnen die entscheidende Bildung und Kenntnisse zur dauerhaft erfolgreichen Führung eines Unternehmens. Gleichzeitig sind sie mangels Alternativen nicht selten auf die Selbstständigkeit angewiesen. Denn viele kommen entweder aus der Nichterwerbstätigkeit oder waren davon bedroht. Das heißt: Vor dem Hintergrund ungünstiger Arbeitsmarktbedingungen verlieren die oftmals unterstellten kulturellen Einflussfaktoren an Bedeutung, während Gründungen aus ökonomischer Not zunehmen. Dagegen produziert eine höhere Bildung gepaart mit Arbeitserfahrung mehr erfolgreiche Unternehmer.

Das soziale und wirtschaftliche Profil selbstständiger Migranten wird insgesamt durch die zahlenmäßig starke Präsenz der ehemaligen »Gastarbeiternationen« bestimmt. Und hier wird deutlich, dass die unternehmerischen Aktivitäten viel mehr zu einer strukturellen Integration beitragen als zur Abschottung von der Mehrheitsgesellschaft.

So ist die Gründung eines Unternehmens in den meisten Fällen als Wille zum dauerhaften Verbleib in Deutschland zu werten. Die meisten Migranten leben seit Jahrzehnten in Deutschland, und ihre Kinder sind in Deutschland geboren. Die Selbstständigkeit bedeutet häufig eine ökonomische Besserstellung und nicht selten einen sozialen Aufstieg. Das Niveau der Einkommen selbstständiger Migranten sowie das ihnen zugeschriebene soziale Prestige liegen in der Regel höher als das von Arbeitnehmern mit ausländischer Herkunft in Betrieben, allerdings – wie bei den meisten Selbstständigen – genauso das damit verbundene Arbeitspensum.

Doch nicht alle unternehmerischen Aktivitäten besitzen eine integrationsfördernde Wirkung: Ein wesentliches Merkmal ethnischer Ökonomien ist die hohe räumliche und sektorale Segregation, verbunden mit innerethnischer Solidarität. Zwar lassen sich diese aus internationalen Metropolen bekannten Muster der Enklavenbildung – wie beispielsweise China-Town in New York – in Deutschland nicht in dieser Dimension beobachten, aber türkische Ballungszentren gibt es nicht nur in Berlin-Kreuzberg, sondern in fast allen Großstädten.

Tendenziell nimmt die Konzentration Selbstständiger unter Migranten in Ballungsräumen aber eher ab. Zum Beispiel sind wegen der Popularität der italienischen Küche die italienischen Pizzabäcker schon von Anfang an räumlich verstreut.

Ein bleibendes Problem ist hingegen die überaus starke

Konzentration auf Gastgewerbe und Handel. Zusammengenommen arbeiten die meisten aller griechischen, italienischen und türkischen Selbstständigen in diesen traditionellen Bereichen. Unter den Angehörigen der ehemaligen Anwerbestaaten ist bislang nur ein sehr kleiner Teil in die wissensintensiven Dienstleistungen und damit in die modernen Wirtschaftsbereiche mit anspruchsvollen und zukunftsträchtigen Tätigkeiten vorgedrungen.

Auf Dauer birgt dies die Gefahr, dass die einmal errungenen Integrationsleistungen einer ökonomischen Marginalisierung zum Opfer fallen. Nicht zuletzt deshalb, weil die Märkte im wettbewerbsintensiven Handel und Gastgewerbe kaum noch Wachstumspotenziale besitzen und die Konkurrenz erdrückend wird. Eine nachhaltige Gründungsförderung kann nur gelingen, wenn auch die Bildungsbeteiligung von Migranten insgesamt eine Verbesserung erfährt. Bildung bleibt auch hier ein Schlüsselfaktor.

Ein breiteres Engagement in wissensintensiven freiberuflichen Dienstleistungen, beispielsweise bei Juristen, Ärzten, Journalisten, Architekten, setzt voraus, dass die Zahl der Hochschulabsolventen steigt. Den veränderten gesellschaftlichen und wirtschaftlichen Rahmenbedingungen muss auch hier Rechnung getragen werden. An diesem Punkt zeigt sich außerdem: Wirtschafts-, Gründungs- und Bildungspolitik greifen eng ineinander, die einzelnen Aspekte sind nicht getrennt voneinander zu handhaben. Und es stellt sich die Frage, inwieweit die Ressourcendefizite der schon länger ansässigen Migranten insbesondere durch die Neuzuwanderung von Höherqualifizierten ausgeglichen werden müssen, um das Potenzial an unternehmerischer Kreativität wirksam zu erhöhen. Die Mischung macht es. Gerade Deutschland muss alle Potenziale im Land nutzen, um in der Weltwirtschaft weiterhin in den vorderen Reihen mitzumischen. Das gilt vor allem in Zeiten der Finanzkrise im Jahr 2009. Deshalb sollten auch ungewöhnliche Wege genutzt werden, um das Ziel zu erreichen.

Risikobereitschaft und Mut der Zuwanderer allein reichen für unternehmerisches Handeln jedenfalls nicht aus. In vielen Fällen wird familiäre und freundschaftliche Hilfe in Anspruch genommen, selten jedoch die fachliche Unterstützung durch einen professionellen Berater. Häufig werden arbeitslose Migranten von Bekannten und Freunden animiert, sich selbststandig zu machen. Aber ohne individuelle Bildungs- und Beratungsangebote, die auf die Selbstständigkeit intensiv vorbereiten, sind diese Gründungen zum Scheitern verurteilt. Gründungen im Handwerk sind für Migranten besonders schwierig, da sie häufig nicht über die vorgeschriebenen Qualifikationen verfügen. Zur beruflichen Selbstständigkeit kann man niemanden zwingen. Sicher muss man auch ein Stück weit zum Existenzgründer geboren sein. Eine Beratung kann Wege aufzeigen, die Entscheidung aber nicht abnehmen. Auch die gesamtwirtschaftliche Situation wird eine wichtige Rolle spielen. Schon heute fällt auf, dass Betriebsinhaber mit Migrationshintergrund freiwillig ihre Tore schließen und in ihre Heimatländer zurückkehren, da in Deutschland nicht mehr genug Geld zu verdienen ist.

Fakt ist: Selbstständigkeit heißt auch fachliche Kompetenz. Diese muss beim Unternehmer selbst vorhanden sein, und er muss sich ständig engagieren, um dauerhaft den Kunden nicht nur zufriedenzustellen, sondern ihn auch zu begeistern und zu binden. Am Ende bedeutet das: Ohne deutsche Sprachkenntnisse, ohne unternehmerisches Denken, ohne Fachkompetenz, ohne tragfähige Geschäftsidee rückt ein Erfolg für Unternehmer in weite Ferne.

Am 22. Oktober 2003 kam beispielsweise mit Hauptsitz in Köln die Türkisch-Deutsche Industrie- und Handelskammer auf die Welt. Als sie durch die Kooperation zwischen der Deutschen Industrie- und Handelskammer (DIHK) und der Union der Türkischen Kammern für Handel, Industrie, Seehandel und Warenbörsen (TOBB) aus der Taufe gehoben wurde, hatte sie sich viele Innovationen auf die Fahnen geschrieben. Doch wie stark ist die Unterstützung der Türkisch-Deutschen Industrie- und Handelskammer (TD-IHK) für die hiesige Wirtschaft? Unternehmen mit beispielsweise türkischem Hintergrund weisen seit Jahren enorme Erfolge in Deutschland auf. Gemessen an ihrem Potenzial ist ihr Kontakt zu deutschen Organisationen jedoch völlig unzureichend. Ziel der TD-IHK ist es daher, sich Unternehmen als Kommunikationsplattform anzubieten und sowohl regionale als auch überregionale Organisationen zusammenzuführen.

»Durch die TD-IHK können Beziehungen gestärkt und effizienter genutzt werden. Sie versorgt wirtschaftliche Institutionen mit aktuellen und detaillierten Infos über Stand und Entwicklung in handels- und wirtschaftspolitischen Fragen«, unterstreicht der Vorsitzende der TD-IHK, Kemal Şahin. Der Selfmade-Millionär gehört zu den Gründern der Kammer. Sie erforscht Investitionsmöglichkeiten für türkische Unternehmer und erleichtert ihnen den wirtschaftlichen Einstieg in Deutschland. Ihre Mitglieder werden permanent über Bewegungen und Entwicklungen von deutschen und europäischen Märkten informiert. Die TD-IHK ebnet und pflegt zudem Kontakte zwischen Wirtschaftskreisen beider Länder und fördert die Ausbildung bilingualer Fach- und Führungskräfte.

Nicht nur der Handel zwischen der Türkei und Deutschland ist relevant, sondern gerade den hier lebenden Investoren will die TD-IHK unter die Arme greifen. Besonders entscheidend ist die Unterstützung von Existenzgründern mit sogenannter Migrationsvorgeschichte, die mit innovativen Ideen den deutschen Klein- und Mittelstand bereichern wollen. In den vergangenen Jahren ist die Zahl gerade unter den ausländischen Existenzgründern gestiegen. Vor allem die türkischen Migranten sind sehr aktiv.

Das zeigt das Beispiel von Nihat Sorgeç. Er ist Gründungsmitglied der TD-IHK und Mitglied beim Bildungswerk in Kreuzberg (BWK) in Berlin. Der erfolgreiche Unternehmer kennt sich bei den Existenzgründern besonders gut aus. Seiner Ansicht nach sind gerade die türkischen Migranten besonders mutig, sich als Existenzgründer zu versuchen. Die Gründe:»Die Existenzgründung in Deutschland ist sehr einfach zu bewerkstelligen. Sowohl die Mentalität als auch die Aussichtslosigkeit auf eine Festeinstellung sind Faktoren, die den Willen zur Selbstständigkeit stärken. Außerdem ist der Zusammenhalt der Familie auch ein wichtiger Bestandteil für den Schritt in die Selbstständigkeit.«

Doch dieser Weg entpuppt sich nicht selten als sehr steinig. Welche typischen Probleme tauchen bei Migranten besonders auf, die ein Unternehmen gründen und führen? »Vielen mangelt es an den Bürokratiekenntnissen, beispielsweise Steuern abführen oder Hygienevorschriften.« Viele kennen zudem ihre Pflichten und Rechte nicht ausreichend, ebenso wenig die Fördermöglichkeiten. Daher werden die Förderungen und Zuschüsse nicht in dem Maße in Anspruch genommen wie von deutschen Existenzgründern.»So fehlen Adressen, bei denen sie sich beraten lassen können, und zwar möglichst von ihren Landsleuten.«

Gerade die Beratung im Vorfeld ist entscheidend, denn eine effektive Beratung sollte unternehmensorientiert bei den Verordnungen einzelner Branchen ansetzen. Wichtig ist laut Sorgeç, bei auftretenden Problemen Beratungsstellen zu vermitteln, sodass »den Migranten in der Muttersprache geholfen wird«. Insbesondere sollen aber die finanziellen Förderungen verschiedener Behörden und Verbände erläutert werden.»Leider kommen Migranten selten zur Beratung – und wenn, dann oft zu spät. Also wenn die Gründung bereits erfolgt und Eile geboten ist. Auch kommen sie erst, wenn die Probleme sehr groß geworden sind, nachdem man sie für längere Zeit vor sich hergeschoben hat.«

Fazit: A und O einer erfolgreichen Unternehmensgründung sind rechtzeitige Planung, fundiertes Erstellen eines Businessplans, der Besuch kompetenter Berater und insbesondere der feste Glaube an das eigene Vorhaben sowie die

Durchhaltekraft, nicht bei den ersten Schwierigkeiten die Flinte ins Korn zu werfen. Wenn das gelingt, gewinnen nicht nur die Migranten, sondern auch Deutschland darf stolz auf seine Einwanderer sein. Zum einen sorgen sie für ihren eigenen Unterhalt, zum anderen schaffen sie Arbeitsplätze. Und das ist gerade in Zeiten der Finanzkrise bitternötig.

DER LANGE WEG ZUM ERFOLG
Gül Keskinler

Angekommen am Kölner Hauptbahnhof. Keine halbe Stunde mit der Tram – und es ist so weit: Freundlich empfängt sie ihren Gast in ihrer hübschen Wohnung in Bergisch Gladbach-Bensberg. Viele Zimmer, offene Einbauküche, ein Klavier im Wohnzimmer und eine große Terrasse. Keine typische Wohnung. Genauso untypisch wie das Leben der Eigentümerin. Gül Keskinler ist keine typische deutsche Frau mit türkischer Herkunft.

Gül Keskinler kommt aus einer Istanbuler Familie mit Tradition. Ihr Großvater war Bürgermeister in einem Stadtteil von Istanbul, nachdem er in Berlin Maschinenbau studiert hatte. Der Urgroßvater war sogar Pascha im zerfallenen Osmanischen Reich. In dieser türkischen Mega-Metropole ist Gül 1960 geboren. Ihr Vater arbeitet in den Sechzigerjahren als Angestellter für die NATO und will im Zuge der politischen Unruhen 1968 in die USA auswandern. »Aber meiner Mutter war das zu weit«, erinnert sich Gül. Die schlanke Frau blickt sehr gerne in ihre Kindheit zurück. Eine Zeit voller Privilegien: »Wir lebten damals in einem ganz tollen Viertel in Istanbul – bei uns gingen Amerikaner, Lehrer, Ärzte und Apotheker ein und aus.«

Das junge Mädchen Gül wäscht sich die Haare mit sauberem Wasser, kleidet sich westlich, führt ein Leben wie in den

Träumen vieler junger Mädchen. Doch eines Tages trifft der Vater eine Entscheidung: Über das »Gastarbeiterticket« will er mit seiner Familie nach Deutschland. Gül, gerade mal zehn Jahre, weiß noch nicht, dass sie ihre vertraute Umwelt verlassen wird. Eine Welt, die sie nie wieder so haben wird. Jetzt kommt Gül ins Stocken. Sie schweigt einen Moment. Und erzählt mit nachdenklicher Stimme weiter: »Als wir 1970 in Bergisch Gladbach ankamen, das war für uns alle nicht einfach. Wir wurden plötzlich von Behörden und allen anderen Deutschen wie jeder andere Türke als Gastarbeiter degradiert. Ein Gefühl, das wir alle so nie kennengelernt hatten.«

Besonders für Güls Mutter ist es schwer, Fuß zu fassen in Deutschland. Die Tochter hat ein Beispiel im Kopf: Güls Bruder und ihre Mutter machen sich auf und gehen zusammen zur Behörde. Die Mutter frisiert sich zuvor ihre Haare, schlüpft in ihr bestes Kostüm und los geht's. Bei der Ankunft in der Behörde wird der Mutter und ihren Kindern einiges klar. »Dort waren die meisten Türken aus Anatolien – eine Welt, aus der wir nicht kamen. Für meine Mutter brach eine Welt zusammen.«

Aber warum verlässt Güls Familie die alte Heimat, um nach Deutschland aufzubrechen? »Wir wollten in das wohlhabende – und vor allem damals ruhige Deutschland. Mein Vater wurde auch bei den politischen Unruhen häufiger bedroht, sich vor allem nicht von den Amerikanern versklaven zu lassen. Wir sehnten uns nach Ruhe.« Deshalb gibt es für die Familie über kurz oder lang nur eine Lösung: raus aus der Türkei. Doch in der neuen Heimat steht schnell fest: »Wir mussten ganz von vorn anfangen und unseren Wohlstand von null auf erarbeiten. Eine Aufgabe, an der wir anfangs alle sehr hart zu knabbern hatten. Wir waren alle gefordert.«

So muss auch Güls Mutter das erste Mal nach einer Arbeit suchen. In Istanbul hat noch das Gehalt des Mannes für die Familie gereicht. Sie arbeitet als Arbeiterin in einer Fabrik in Bergisch Gladbach. Er wiederum findet einen Job als Lkw-

Fahrer. Eine neue Welt, ein neues Leben. Der Weg direkt in die Einsamkeit? »Für meine Eltern war der Neubeginn sehr schwer. Meine Mutter litt anfangs sogar unter psychosomatischen Störungen. Sie hatte Magengeschwüre. Auch hier heilte die Zeit die Wunden«, sagt ihre Tochter mit leiser Stimme.

Eine Parallele zu den klassischen Migranten tut sich auch bei Güls Eltern auf: »Sie wollten nur drei bis vier Jahre in Deutschland arbeiten, dann wieder in ihre alte Heimat zurück.« Und wie bei den meisten Migranten verstreicht die Zeit, und Deutschland wird die neue Heimat. »Mein Vater war sehr kontaktfreudig, sodass wir in nur wenigen Jahren ein intaktes soziales Umfeld hatten.« Das erleichtert den schweren Start in Deutschland.

Güls Familie ist in ihrer Straße die einzige mit türkischen Wurzeln. Sie findet schnell Anschluss zu den Deutschen im Viertel. »Mein Bruder und ich waren ruck, zuck in einem Sportverein. Wir hatten eine tolle Nachbarschaft. Unsere Eltern ermöglichten uns viel.«

Nach kurzer Zeit fängt sich die Mutter, arbeitet die kommenden 24 Jahre in einem kleinen Familienunternehmen. »Da waren auch viele andere Migranten tätig – und meine Mutter konnte dort Freundschaften schließen. Das erleichterte das Leben in Deutschland ungemein.« So lernen die Frauen viel untereinander, sie bringen sich die deutsche Sprache bei. In diesem Moment legt sich auch ein Lächeln auf Güls Gesicht. »Das Miteinander war toll. Daraus hat meine Mutter viel Kraft gewonnen, die sie brauchte«, weiß Gül und nimmt einen Schluck Rotwein, damit sie ihre vielen Gedanken in Reih und Glied bringt. »Arbeit hilft, das zeigt auch das Beispiel meiner Mutter.«

Und die Arbeit lohnt sich: »Meine Mutter hat es geschafft: Sie hat sich im Laufe der Zeit den Wohlstand erarbeitet, den sie aus Istanbul kannte.« Wenn Gül über ihren Vater spricht, schimmert in ihren Augen großer Respekt. »Mit ihm habe ich mich auf intellektueller Ebene ausgezeichnet verstanden.

Sein Tod war ein schwerer Schlag.« Im Rückblick vermisst Gül die Diskussionen mit ihrem Vater über verschiedenste Themen: Glaubensfragen, Politik, Wirtschaft. Gesprächsstoff gab es reichlich.

Gül ist auch ihrer Mutter sehr dankbar: »Sie hat meine beiden Kinder mit erzogen. Meine Entwicklung wäre nicht so verlaufen, wenn meine Mutter mir nicht geholfen hätte.« Die Mutter übernimmt nach dem Tod ihres Mannes fortan auch die Vaterrolle. »Sie ist heute meine Gesprächspartnerin und Beraterin zugleich. Sie ist eine große Stütze für mich.«

Aber auch der Weg für Gül ist anfangs steinig. Als Zehnjährige kommt sie erst einmal in die erste Klasse in Bergisch Gladbach, obwohl Gül in Istanbul bereits in der vierten war. »Trotz der harten Situation kann ich heute dem Ganzen auch viel Positives abgewinnen. Das heißt, ich habe als junges Mädchen die deutsche Sprache von klein auf lernen können.« Und Gül ist fleißig und kommt innerhalb eines Jahres wieder in die vierte Klasse. »Mein Vater hat sich da für mich stark gemacht.« Trotz der Anstrengungen kommt Gül nach der Grundschule zunächst auf die Hauptschule. »Das Problem war, dass meine Eltern sich zu der Zeit mehr mit sich und ihrer neuen Umwelt beschäftigt haben als mit dem deutschen Schulsystem.«

Aber Gül bleibt ehrgeizig; sie wechselt auf die Realschule und hat weitere Pläne: Sie will Abitur machen und studieren. Doch der Traum zerplatzt, als sie ein Gespräch mit dem Rektor des Gymnasiums hat. »Als er hörte, dass ich von der Hauptschule komme, das kleine türkische Mädchen, lehnte er meinen Wunsch, das Gymnasium zu besuchen, ab. Ich war sozusagen das erste türkische Mädchen in dieser Gegend. Das war sehr hart für mich, ich habe mich auch latent diskriminiert gefühlt.« Heute macht es Gül umso glücklicher, dass ihre junge Tochter auf diesem Gymnasium sehr erfolgreich ist.

Wie fühlt sich die junge Gül nach der Absage, welche Konsequenzen zieht sie? »Ich bin heute noch von vielen Lehrern enttäuscht; ich hätte ein wenig mehr Unterstützung erwartet. Oder ein paar aufbauende Worte.« Die Folge: »Mit der Zeit wurde ich auch härter – und habe dann den weichen Kern mehr und mehr verpackt. Ich musste mich schützen.« Wenn Gül redet, dann redet sie. Doch plötzlich stoppt sie ihren Redefluss. »Ich erinnere mich auch an viele Tage, an denen ich geweint habe. Meine Gefühle erlebten eine Achterbahnfahrt.« Trost findet sie bei ihren Eltern, bei denen sie jederzeit auf offene Türen stößt. »Ohne meine Eltern wäre ich aufgeschmissen. Mein Erfolg fußt auf dieser entscheidenden Säule.«

Doch auch nach der Absage des Rektors lässt sich Gül nicht entmutigen: Sie geht auf die Höhere Handelsschule, um das Fachabitur zu meistern. Als sie den Abschluss 1979 in der Tasche hat, bewirbt sich Gül um eine Ausbildungsstelle zur Industriekauffrau. Es klappt. Sie fängt beim Papierhersteller Zanders in Bergisch Gladbach an. »Ich war damals in diesem Großunternehmen die erste Deutsch-Türkin im Angestelltenbereich. Ein absolutes Novum.« Gül ist auch als Azubi fleißig, sodass sie ihre Ausbildung sogar verkürzen darf. Nur anderthalb Jahre braucht sie.

Gül geht weiter ihren Weg. Mit Fleiß. Sie will mit Leistung überzeugen. Auch das klappt. Sie startet bei Zanders durch. Dort bleibt sie rund 20 Jahre. In verschiedenen Funktionen. Eine kleine Atempause gönnt sich die Powerfrau und heiratet zwischendrin mit 23 Jahren. Zwei Jahre später kommt ihr Sohn Kerem auf die Welt. Doch Gül macht auch nach der Geburt ihres ersten Kindes keine lange Rast. Sechs Monate später geht sie wieder arbeiten. Kerem wächst größtenteils bei seiner Großmutter auf. Gül will immer mehr, bildet sich weiter – sie klettert die Sprossen auf der internen Karriereleiter peu à peu hinauf. »Durch die Arbeit habe ich sehr stark an Selbstbewusstsein gewonnen.«

Die Frau, die wie bei einem 100-Meter-Lauf durchs Berufsleben sprintet, verlässt den Papierhersteller 1996 – mit der Geburt ihrer Tochter Dilara. Aber was jetzt? Gül bleibt zu Hause – und lässt sich für die nächsten vier Jahre beurlauben. Familienpause. »Bei meinen Sohn musste ich mir häufig den Vorwurf anhören, eine Rabenmutter zu sein. Das sollte jetzt anders werden.«

Doch nur mit der Kindererziehung will sich Gül auch nicht begnügen. Sie fängt ein berufsbegleitendes BWL-Weiterbildungsstudium an. Schwerpunkt: Personal- und Organisationsentwicklung. Nun kann sich die zweifache Mutter auch um ihre Kinder kümmern. »Im Bekanntenkreis wurde ich belächelt, mit fast vierzig Jahren noch ein Studium anzufangen – und auch noch Geld dafür zu bezahlen. Ich habe meine Mutter sogar gebeten, mir Geld zu leihen.«

Doch auch das klappt. Gül schließt 2002 ihr Studium ab. »In dieser Zeit hat mein Mann uns finanziell versorgt. Ohne Unterstützung meiner Familie – insbesondere meines Mannes – hätte es nicht geklappt.«

Bereits 1999 wird Gül CDU-Mitglied, nachdem sie drei Jahre zuvor die deutsche Staatsbürgerschaft angenommen hatte. Aber warum CDU? »Das war genau die Zeit, als im Landtagswahlkampf Hessens CDU-Chef Roland Koch mit der Kampagne gegen die doppelte Staatsbürgerschaft Politik machte. Ich protestierte dagegen. Ich wollte einiges in dieser Partei positiv verändern. Außerdem bin ich durch meine konservative Sozialisation beeinflusst – da war die CDU ganz passend.«

Kurze Zeit später wird die junge Frau wichtigen CDU-Funktionären vorgestellt. Zum Beispiel Wolfgang Bosbach, CDU-Bundestagsabgeordneter aus Bergisch Gladbach. Gül wird mit offenen Armen in der CDU empfangen. Bald gehört sie dem Vorstand des Deutsch-Türkischen Forums der CDU Nordrhein-Westfalen an und wird als Vertreterin der Zuwanderer in Deutschland in die Berliner »Präsidiumsarbeitsgruppe Zuwanderung und Integration« berufen. »Auf einmal saß ich mit wichtigen CDU-Mitgliedern an einem Tisch, die ich vorher nur aus dem Fernsehen kannte.«

Aber die Parteiarbeit wird nicht ihre Hauptaufgabe. »Während meiner Beurlaubung bin ich im Kopf beweglicher geworden als zuvor. Ich wusste, die Arbeit bei Zanders wird mich nicht mehr ausfüllen.« Gül nimmt eine Abfindung an und macht sich mit dem Geld selbstständig. Sie gründet 2001 die Agentur »EKIP – Interkulturelles Kompetenz-Team«. Parallel bringt Gül ihre reichhaltigen Erfahrungen aus ihrem privaten und beruflichen Umfeld auch beim Integrationsgipfel von Bundeskanzlerin Angela Merkel ein. Und: Seit 2003 managt Gül außerdem im Auftrag des hessischen Innen- und Sportministeriums das Projekt »Start – Sport überspringt kulturelle Hürden«, das vom Landessportbund Hessen finanziert wird. Den Schwerpunkt ihres gesellschaftlichen und sportlichen Engagements sieht sie in der Förderung von Migrantinnen.

»Ich bin jetzt in einer total anderen Welt. Ich hatte mit meiner sportpolitischen Arbeit Neuland betreten. Aber ich wollte schon immer Neues entdecken.« Die Agentur wächst. Bis dato arbeiten zwölf Mitarbeiter für sie: Sportwissenschaftler, Sozialpädagogen und eine Sekretärin. Darunter auch ihr Sohn, der in der Agentur seiner Mutter eine Ausbildung zum Sport- und Fitnesskaufmann macht, um danach zu studieren.

Güls Geschäfte laufen gut. Mittlerweile hat sie auch eine kleine Wohnung in Frankfurt, da die Geschäftsräume in der Bankenmetropole – direkt im hessischen Landessportbund – sind. Ohne einen weiteren Wohnsitz lässt sich die Arbeit für Gül nicht mehr »wuppen«. »Unser Ziel ist es, vor allem Frauen und Mädchen mit Migrationshintergrund über Sport in ihrer Sozialisation und auf ihrem Integrationsweg zu unterstützen. Sie für Sport zu begeistern. Sport ist mein Medium.« Aber was ist nun das Erfolgsrezept? »Wir haben mehrere Instrumente für diesen Prozess entwickelt. Angefangen mit Gesundheitsseminaren über Sport, Ausbildungen zur Übungsleiterin und Schulungen von Vereinsverantwortlichen zum Thema ›interkulturelle Sensibilisierung‹ bis hin zur Öffnung der Sportstrukturen für Migranten als Entscheidungsträger.« Auch das klappt.

Mittlerweile hat sich Gül in diesem Bereich einen Namen gemacht. Ihr Name dringt bis zum Deutschen Fußball-Bund (DFB) durch. Und prompt kommt eine Anfrage aus dem Büro vom DFB-Präsidenten Theo Zwanziger. Gül spricht mit Zwanziger: Das Gespräch verläuft positiv. Der DFB will mit Gül zusammenarbeiten. »Ich war überwältigt, ich habe natürlich zugesagt.« Das DFB-Präsidium ernennt Gül Ende 2006 zur neuen DFB-Integrationsbeauftragten. Ab sofort gehört die ehrenamtlich tätige Integrationsbeauftragte mit beratender Stimme dem DFB-Vorstand an, außerdem leitet sie die Kommission »Integration« und ist Mitglied in diversen Kommissionen und Arbeitsgruppen.

»Ich bin sicher, dass der DFB viel bewegen kann«, erzählt sie voller Stolz in den Augen. Güls Arbeit trägt die Früchte des Erfolgs, auf den sie lange warten musste. Sie freut sich auf die Arbeit im größten Sportverband der Welt. »Integrationsarbeit ist ein langer Prozess. Wir arbeiten heute an Konzepten, mit denen sich die DFB-Zentrale und alle unsere Vereine identifizieren können.« Dabei appelliert Gül auch an die Hilfe der 6,5 Millionen DFB-Mitglieder. »Ich brauche die Unterstützung der Ehren- und Hauptamtlichen. Es war höchste Zeit, einen Integrationsbeauftragten zu berufen. Denn in wenigen Jahren hat die Hälfte der jugendlichen Fußballer in den Ballungsräumen einen Migrationshintergrund«, hebt Gül hervor.

Die schlanke Frau arbeitet heute immer noch hart. Phasenweise über zwölf Stunden täglich. Gül hat einen vollen Terminkalender. Sie darf auch auf dem FDP-Bundesparteitag in Ingolstadt zum Thema Integration eine Rede halten – direkt nach der Rede des FDP-Chefs Guido Westerwelle. »Mir wird auf höchster Ebene zugehört. Ich spiele in der Integrationsarbeit heute in der ersten Liga. Ein tolles Gefühl.«

Für Gül hat der Strukturwandel in Deutschland viele Migranten abgehängt und arbeitslos gemacht: »Die meisten sogenannten Gastarbeiter waren Unterschicht, als sie nach Deutschland kamen, und zwar türkische Unterschicht aus Anatolien.« Ungelernte. Sie wollte Deutschland haben. Hauptsache, kräftig und gesund. Heute kommen deutsch-türkische Communities durch Digitalisierung und Globalisierung in die Bredouille. Die Arbeitslosigkeit unter Deutsch-Türken steigt. Gül will etwas dagegen tun. Arbeitslose Migranten wieder in den Arbeitsmarkt zu integrieren ist für Gül eine Herzensangelegenheit. Aber wie?

Sie hospitiert in einer weiterführenden berufsbildenden Frankfurter Schule mit hohem Anteil an jungen Migranten. Gül spricht mit Lehrern, Sozialpädagogen und mit den Jugendlichen. Im Anschluss daran entwickelt sie 2007 ein Konzept. Das Ergebnis – in Kooperation mit der Bundesagentur für Arbeit – trägt das Motto: »Fußball ist das Tor zum Lernen«. Mit dem Medium Fußball will Gül helfen. Vor allem arbeitslosen jungen Erwachsenen mit Migrationshintergrund. Gül will sie fördern – sie selbst wird vom DFB-Vizepräsidenten Rolf Hocke gefördert –, um ihre Chancen auf eine Arbeits- oder Ausbildungsstelle zu erhöhen. Und: Die Persönlichkeit soll gefestigt und gestärkt werden. »Sport ist ein Instrument der Integration und hat einen gesellschaftlichen Auftrag. Entscheidend dabei ist, die Eltern mit einzubeziehen, weil sie oft der Schlüssel bei jungen türkischen Spielern sind.« Gül will auch die Entscheidungsträger erreichen. Mit Erfolg. Sie vermittelt viele junge Migranten für einen neuen Job oder eine neue Ausbildungsstelle. »Ich bin glücklich, dass wir etliche Arbeitgeber gefunden haben. So haben wir die jungen Migranten vor der Straße bewahrt.«

Parallel wächst Güls Agentur. Ihr Geschäft läuft. Mittlerweile arbeiten rund 25 Beschäftigte für EKIP. »Für mein Unternehmen ist es sicher eine Erfolgsstory.« Für Gül kann der Fußball Prozesse auf den Weg bringen, die Politik und Wirtschaft allein nicht schaffen. Gerade dem DFB gelingt es laut Gül schon heute, Distanzen zu überwinden.

Güls Stimme bekommt wieder einen ernsten Tonfall: »Bei den jungen Migranten kommen Identitätsentwicklungskrisen hinzu: Sie sind hier geboren, werden aber häufig nicht richtig akzeptiert. Dabei wird ein Ventil gesucht – und Fußball ist unser gesellschaftliches Ventil. Wir brauchen für die Funktionäre der monoethnischen Vereine Schulungen, wir müssen mit Vorbildern arbeiten.«

Und was bringt die Zukunft? Für sie steht fest: »Ich werde weitermachen. Und mich nicht auf den Lorbeeren ausruhen«, sagt sie und lächelt schüchtern. Sie nimmt noch einen letzten Schluck Rotwein. Das Glas ist leer. Es ist Mitternacht, und Gül ist müde. »Wir haben viel geredet«, bringt sie gerade noch über die Lippen und reibt sich die Augen. Sie steht auf, bringt ihren Gast zur Tür. Genauso freundlich wie beim Empfang.

DER WENDIGE
Türkbug Tamer Uras

Wenn man sich Türkbug Tamer Uras anschaut, würde man nie darauf kommen, dass man mit einem türkischstämmigen Menschen redet. Denn Türkbug hat blaue Augen, ist blond, hat Schultern wie Johnny Weissmüller und einen schwäbischen Akzent.

Wir sind in den Fünfzigerjahren. Türkbugs Vater will Arzt werden. Das ist sein Traum. Doch zu dieser Zeit ist es in der Türkei nicht einfach, an die Universität zu gehen, um Medizin zu studieren. Also entscheidet er sich nach dem Gymnasium dafür, sich freiwillig beim Militär zu melden, um eine Offizierslaufbahn einzuschlagen. Beim Militär hat er dann die Möglichkeit, Medizin zu studieren.

Der Traum geht in Erfüllung: Vater Mustafa schließt sein Studium ab, ist bei der Luftwaffe und praktiziert dort als Allgemeinmediziner. Nach einigen Jahren wird er in die Zentralanatolische Provinzhauptstadt Konya versetzt. Und dort will es das Schicksal, dass sich Türkbugs Vater und Mutter kennenlernen. Das ist im Jahr 1955. Gülsem stammt aus dem türkischen Teil Zyperns, ist blond, groß gewachsen und hat die blauen Augen des Mittelmeers. Sie kommt nach Konya und ist Hebamme bei Konya-Seker. Das ist die dortige Zuckerfabrik, die auch eine Klinik hat. Mustafa quittiert den Dienst und macht seine Facharztausbildung in dem Krankenhaus.

Die Türkei befindet sich damals im Umbruch. Es zieht die Menschen aus dem Osten des Landes nach Ankara – und vor allem nach Istanbul. Doch Mustafa und Gülsün gehen den anderen Weg, genau genommen in die entgegengesetzte geografische Richtung. Mustafa will seine eigene Praxis aufbauen.

Die junge Familie Uras leistet Pionierarbeit und zieht nach Malatya, einer Provinz im Osten Anatoliens. Anfangs läuft die Praxis gut. Sie haben zahlreiche Patienten, doch deren Zahlungsmöglichkeit lässt zu wünschen übrig. Anstatt das Honorar mit Geld zu bezahlen, bekommen Mustafa und Gülsem mal 20 Eier, mal ein Huhn, ab und an ein halbes Lamm oder sogar ein ganzes Schaf. Doch mit alldem kann keine Miete bezahlt werden, und nach einem Jahr sind die Ersparnisse aufgebraucht. Am Ende bleibt den beiden keine andere Wahl, als die Praxis zu schließen und zurück nach Istanbul zu gehen, wo die Eltern leben.

Vater Mustafa will seinen Ehrgeiz weiter befriedigen; er will Chirurg werden. Und wo gibt es eine gute Ausbildung? In Deutschland. Neben billigen Arbeitskräften werden auch Fachkräfte wie beispielsweise Ärzte gesucht. Mustafa bewirbt sich auf eine internationale Stellenausschreibung, und das städtische Krankenhaus Hagen ist an den Fähigkeiten von Vater Uras interessiert – und stellt ihn als Assistenten des Chefarztes ein.

Es ist das Jahr 1962, als sich Gülsem und Mustafa mit dem Zug auf den Weg von Istanbul nach Deutschland machten. Türbugs ältester Bruder ist gerade zwei Jahre, als er bei den Großeltern zurückgelassen wird. Keiner weiß, was die beiden in Deutschland erwartet, es ist eine Reise voller Ungewissheiten. Das ist auch der Grund, den Sohn vorerst nicht mitzunehmen.

In München angekommen, steigen sie um und fahren weiter nach Hagen. Es ist keine einfache Zeit. Ganz im Gegenteil, es ist sehr schwer für beide. Der deutschen Sprache nicht mächtig, schlägt sich Mustafa mit seinem Englisch von

Operation zu Operation durch. Er findet sich immer besser zurecht, und nach nur einem Jahr wird der dreijährige Sohn nach Hagen geholt. Die kleine Familie ist nun wieder komplett. Und bereits 1965 wird Mustafa zum Chefarzt ernannt. In Abendkursen, nach seinem Dienst in der Klinik, hat er Deutsch gelernt. Er ist erfolgreich. Der Erfolg spricht sich auch unter den Medizinern und Kliniken herum. Nach fünf Jahren in Hagen zieht die Familie nach Lüdenscheid. 1967 wird der zweite Sohn geboren. 1969 erblickt Türkbug das Licht der Welt.

Kurz darauf zieht die ganze Familie mit den drei Söhnen nach Frankenthal in der Pfalz. Während Vater Mustafa seiner medizinischen Karriere nachgeht, arbeitet Mutter Gülsem als Hebamme. Beide sind den ganzen Tag berufstätig. Kinderbetreuung? Ein schwieriges Unterfangen. Doch Abhilfe kommt aus der Türkei. Bis 1974 ist die Mutter von Gülsem in Deutschland und passt auf die drei Jungs auf.

Den Eltern liegt viel daran, dass Türkbug und seine Brüder möglichst ohne Sorgen in Deutschland aufwachsen. Nicht nur die deutsche Sprache ist wichtig, auch die Religion. Anders als bei vielen anderen türkischen Familien ist Religion nicht der Lebensmittelpunkt der Familie. Doch sie halten sich an die elementaren Regeln: kein Schweinefleisch, ab und an Moscheebesuche – und Nächstenliebe. Familie Uras ist eine liberale Familie. Es wird Alkohol getrunken, aber auch an den wichtigen Feiertagen gebetet. Die Mutter trägt kein Kopftuch, nur zum Gebet. Die Jungs gehen zwar in die Koranschule, doch das hat vor allem einen Grund: Neben dem Einblick in die Religion sollen sie auch ihr Türkisch verbessern. Denn weit und breit gibt es keine türkischen Freunde. Nur deutsche.

Im Jahr 1976 eröffnet Mustafa Uras seine erste eigene Praxis in Ludwigshafen. Als Allgemeinmediziner wird er schnell zum Hausarzt für viele Bewohner. Mutter und Vater sind ein gutes Team. Er behandelt die Patienten, sie leitet die Praxis. Doch leider soll es nur eine kurze Zeit werden. Denn ein unvorhergesehenes Ereignis reißt die Familie im Februar 1979 aus ihrem bisherigen Leben. Schmerzen in der Brust bringen Vater Mustafa zu einem Kollegen. »Alles harmlos!«, sagt dieser.

»Wirklich alles harmlos?« Nein. Nur einige Tage später verstirbt Mustafa Uras an einem Herzinfarkt bei einem Saunabesuch.

So schmerzhaft der Verlust ist, Mutter Gülsem führt die Praxis weiter. Denn aufgegeben haben sie nie, und das Leben muss schließlich irgendwie weitergehen. Die Erziehung der Kinder übernimmt nun die Mutter allein. Es ist keine Erziehung der »schweren Hand«. Stattdessen liegt ihr viel daran, dass die Jungs intellektuell aufwachsen. Daher gibt es auch kein Fernsehen. Keine »Sesamstraße«, kein »Ratz und Rübe«. Stattdessen werden Bücher gelesen und diskutiert. Der Familie geht es finanziell gut. Sie müssen nicht leiden.

Und glücklicherweise sind die Kinder nie mit Ausländerfeindlichkeit konfrontiert. Das liegt vielleicht auch daran, dass sie nicht typisch türkisch aussehen. Der Umstand, dass es in der unmittelbaren Nachbarschaft keine Türken gibt, stellt in puncto Integration für Türkbug und seine Brüder auch kein Problem dar.

Dafür gibt es in der Schule einige Probleme. Türkbug ist ein Rebell. Er erinnert sich: »Wenn mein Vater nicht so früh von uns gegangen wäre, dann wäre mein Leben vielleicht anders verlaufen!« Denn sein »beschissenes Verhalten« in der Schule ist dafür verantwortlich gewesen, dass Türkbug »vom Gymnasium flog«. Ihm bleibt nichts anderes übrig, als auf einer Realschule mit gymnasialer Oberstufe seine Hochschulreife zu erlangen.

Die emotionalen Schmerzen über den Verlust des Vaters verheilen nicht so schnell. Doch Türkbug verlässt sich nicht nur auf die Unterstützung der Mutter. Für ihn ist es wichtig, auf eigenen Füßen zu stehen. Während der Schulzeit jobbt er hier und da. Wo es den höchsten Stundenlohn gibt, da sucht er sich Arbeit.

Parallel schafft Türkbug das Abitur. Genau im Jahr der deutschen Wende – 1989. Wie geht es nun weiter? Was will Türkbug in der Zukunft machen? In die Fußstapfen des Vaters treten? Arzt werden, die Praxis weiterführen? Wichtig ist für ihn erst einmal – sich selbst zu finden. Türkbug hat einen alten VW-Campingbus. Er fährt im Sommer 1989 nach Berlin. Bleiben will er zuerst nur zwei Wochen. Doch schnell gewöhnt er sich an das »Zigeunerleben« und bleibt fast ein Jahr. Anfangs wohnt er in einer Wagenburg – in einem Bauwagen. Über Wasser hält er sich mit Kellnerjobs in verschiedenen Kneipen und Cafés. Er arbeitet auf dem Bau. Türkbug lebt in den Tag hinein. In der Kommune genießt er seine Freiheit.

An der Freien Universität besucht er Kurse über »medizinische Naturheilverfahren«. Doch als die Mauer fällt, verliert Türkbug so langsam die Lust an Berlin. Trotzdem bleibt er noch bis nach der Wiedervereinigung in der zukünftigen Hauptstadt. Vielleicht wäre er auch noch länger geblieben, aber die Mutter macht sich große Sorgen um ihren Jüngsten, sodass Türkbug schließlich 1991 nach Ludwigshafen zur Mutter zurückkehrt.

Er nimmt viele kleine Nebenjobs an; es verstreichen einige Jahre. Dann kommt, was kommen soll: Er bekommt über die Warteliste einen Studienplatz für Medizin in Gießen. Das ist im Sommersemester 1994. Nach nur einem Semester wechselt er nach Leipzig. Schnell findet er eine Bleibe und bezieht mit anderen Kommilitonen ein besetztes Haus.

Jedes zweite Wochenende fährt er mit seinem »Kübelwagen« nach Ludwigshafen. An den Wochenenden hilft er seinem ältesten Bruder im Büro, in der Woche ist er für einen Steuerberater tätig. Türkbug ist ein Minimalist. »Jede Prüfung schaffte ich nur mit Ach und Krach.« Das erste medizinische Staatsexamen absolviert er 1998. Bereits ein Jahr zuvor beginnt er eine Ausbildung zum Steuerfachangestellten. Drei Jahre später legt er die Prüfung zum Steuerfachwirt ab. »Ich hatte Medizin studiert, um das Andenken meines Vaters zu wahren.« Nach dem Abschluss der Prüfung geht Türkbug zurück nach Ludwigshafen und arbeitet im Büro seines Bruders, bevor er 2002 seine eigene Steuerkanzlei eröffnet. Es ist wie eine Symbiose. Sein Bruder hat ein Versicherungsbüro, Türkbug macht für die Mandanten die Buchhaltung und die Lohnabrechnung. »Normalerweise hätte ich eine Auszeit benötigt. Doch ich hatte keine Zeit. Ich habe auch nach Büroschluss weiter gelernt.«

Ein weiterer Schicksalsschlag ereilt die Familie Uras. Mutter Gülsem wird schwer krank – und sie muss rund um die Uhr betreut werden. Die Brüder sind für die alleinerziehende Mutter immer da. Doch Türkbug als Jüngster kümmert sich am intensivsten um sie. Er wird vom Kind zum Betreuer der Mutter. Es ist völlig klar für Türkbug, dass die Mutter zu Hause gepflegt wird. Nie steht es zur Debatte, sie in eine betreute Wohneinrichtung abzuschieben.

Türkbugs Geschäfte laufen erfolgreich. Seine Mandanten bestehen zu 70 Prozent aus Ausländern. Davon sind mehr als die Hälfte türkischstämmig. Anfangs hat er zwei Mitarbeiterinnen. Mittlerweile arbeiten zehn Angestellte in seiner Kanzlei. »Ich hatte irgendwie Glück, dass wir in einer kleinen Stadt aufwuchsen, wo jeder jeden kennt. Auch auf der Behörde hatte ich nie unter Repressalien zu leiden. Daher stellte sich für mich nie die Frage, die deutsche Staatsangehörigkeit zu beantragen. Gerade weil ich nie Probleme hatte, brauchte ich den deutschen Pass auch nicht.«

Dass sein Gastland nun seine Heimat geworden ist, steht auf einem anderen Blatt geschrieben. Bis heute sieht er keine Notwendigkeit, den deutschen Pass zu beantragen, obwohl er andererseits auch den Wunsch hat, ohne VISA-Beschränkungen zu verreisen. Trotzdem: Das ändert nichts daran, auch ohne deutschen Pass ein Vorbild für viele Migranten in Deutschland zu sein.

Gülsem Uras ist während der Arbeit zu diesem Buch leider verstorben. Allah rahmet eylesin.

ERFOLG HAT VIELE GESICHTER

In Deutschland wird immer dann laut nach Integrations-maßnahmen gerufen, wenn einzelne Stadtteile oder Schu-len mit hohem Migrantenanteil durch Negativschlagzeilen von sich reden machen. Integrationspolitik darf es aber nicht bei Maßnahmen in sozialen Brennpunkten bewenden lassen. Sie muss auch dort aktiv werden, wo die Migration der ver-gangenen über 50 Jahre nahezu unsichtbar geblieben ist: in öffentlichen Institutionen, bei Identifikationsfiguren in den Medien und bei Akademikern.

Wenn die Politik den Schwerpunkt Bildung ernst meint, muss sie dafür sorgen, dass Menschen mit Migrationshin-tergrund – egal, ob eingewandert, eingebürgert oder hier geboren – in der Bandbreite aller Berufsbilder und ihrem Bevölkerungsanteil gemäß vertreten sind oder zumindest die Chance dafür erhalten. Das bedeutet: dass sich die ver-schiedenen Gesichter der Migration im breiten Spektrum der gesellschaftlichen Lebensräume auch widerspiegeln.

In klassischen Einwanderungsländern wie den Vereinig-ten Staaten oder auch Kanada hat man schon lange erkannt, dass es Ungleichheiten gibt, die besonderer Formen des politischen Handelns bedürfen. Viele dieser verschiedenen Gesichter sind in wichtigen Positionen in allen denkbaren Branchen anzutreffen: vom farbigen Nachrichtenmodera-tor bis hin zum Oberarzt, von Regierungsmitgliedern über Bürgermeister bis hin zu Direktoren oder Schulleitern. Sie alle bilden ein authentisches Geflecht. Dass Menschen mit Migrationshintergrund in allen Branchen und auf allen Hierarchieebenen angemessen vertreten sein müssen, ist dort nicht nur eine Frage der Gerechtigkeit, sondern gehört zum Selbstverständnis in diesen Ländern. Häufig sind es Universitäten, Ministerien und global agierende Konzerne, die sich für eine Förderung von Menschen mit Minderheitenstatus einsetzen.

Ethnische und kulturelle Differenz ist ein wichtiger Aspekt bei der Förderung von Talenten, um den amerikanischen oder kanadischen Wissens- und Wirtschaftsstandort voranzutreiben. Dabei geht es aber auch um Sichtbarkeit und Repräsentation von Differenz als Leitbild einer ethnisch-pluralen Gesellschaft. Und das sollte nicht nur in den Gesellschaften Nordamerikas, die sich einzig aus Auswanderern zusammensetzt, gelten, sondern auch mitten im »alten Europa«.

Die Gestaltung künftigen und erfolgreichen Zusammenlebens wird auch hier bei uns nur gelingen, wenn man diejenigen die Konzepte dafür entwickeln lässt, die wissen, wovon sie sprechen. Das sind Menschen mit der Erfahrung, sich in eine neue Umgebung einzufinden oder zwischen zwei oder mehreren Kulturen hin- und herzupendeln. Statt irgendwelcher Stellvertreter müssen Migranten als Profis in eigener Sache unterstützt werden.

Ethnische Vielfalt ist ein Pfund, mit dem man innen- wie außenpolitisch wuchern kann. Die Migrationserfahrung befreit Einwanderer von regionalen Zugehörigkeiten, denn sie sehen sich als einen Teil einer neuen Gesellschaft. Mit anderen Worten: einer dynamischen Gesellschaft, die im Fluss ist und sich ständig weiterentwickelt. Damit verfügen Einwanderer über kulturelles Wissen, das weit über die Erfahrung des Landes, in dem sie leben, hinausreicht.

Sie werfen vergleichende Perspektiven auf internationale Verflechtungen, die man heute nicht mehr nationalstaatlich denken kann. Besonders angesichts von EU-Erweiterung und weltpolitischen Herausforderungen ist es sinnig, das kulturelle Kapital von Menschen mit Migrationshintergrund mehr als bisher einzubeziehen. Das gilt vor allem für Politik und Wirtschaft. Die Erfahrungen, die Menschen mit Migrationshintergrund mitbringen, bilden ein Reservoir an Wissen. Das sollte in den verschiedenen Institutionen mehr genutzt werden als in der Vergangenheit. Das gilt auch für praktische Arbeiten in der Seelsorge, in Hospizen, Krankenhäusern oder Altersheimen, sicher auch bei Banken, Versicherungen oder in den politischen Parteien.

Wer sonst könnte besser komplexe gesellschaftliche und kulturelle Zusammenhänge erkennen und Konzepte für das globale Zeitalter beisteuern? Und wer sonst ist authentischer bei der Arbeit als jemand, der eigene Erfahrungen einbringen kann? Um Deutschland nach vorne zu bringen, müssen alte Denkmuster aus der Welt geräumt werden, die Integrations- und Migrationsfragen reflexartig als Problem ablehnen. Das Phänomen Migrationshintergrund braucht bei Themen wie Berufsförderung nicht nur mehr Beachtung. Vielmehr sollten auch die positiven Aspekte in der Praxis konsequenter als bisher genutzt werden.

Viele Studien zeigen auf, dass in Deutschland Migrantenkinder bei der mathematischen Grundbildung und bei der Lesefähigkeit am Ende der Sekundarstufe gegenüber Einheimischen mehr als zwei Jahre hinterherhinken. Dagegen erzielen zum Beispiel in Kanada Migrantenkinder in etwa dieselben PISA-Werte wie die Kinder ohne Migrationshintergrund. Kann Deutschland von Kanada lernen?

Ja. In Kanada, das eine hochselektive Einwanderungspolitik betreibt, gibt es seit Langem klar strukturierte Sprachförderprogramme. Deutschland hat dagegen lange Zeit weniger koordiniert Migranten aufgenommen und keine systematischen Förderprogramme entwickelt. Dieses Problem wurde grundsätzlich erkannt, eine funktionierende Lösung steht noch aus.

Das ist aber nicht der einzige Punkt. Kanada versteht sich aus Überzeugung und mit Stolz als multikulturelle Gesellschaft – das ist dort eine Selbstverständlichkeit. Diese Politik wurzelt in dem sogenannten ethnischen Mosaik Kanadas, das neben den Ureinwohnern insbesondere aus den Gründernationen der Briten und Franzosen sowie aus den europäischen Minderheiten und den sogenannten neuen Einwanderern vor allem aus China besteht. Einheit in Verschiedenheit – »unity within diversity« – lautet dann auch das Grundprinzip der kanadischen Integrationspolitik. Kanadier zu sein bedeutet, Teil eines Mosaiks zu sein. Jede ethno-kulturelle Gruppe wird nicht wie in den USA in einen sogenannten Schmelztiegel gegossen, sondern behält wie die Steine eines Mosaiks ihre eigene Farbe und Form.

Diversity wird nicht nur von der Politik großgeschrieben, sondern auch in der Bevölkerung akzeptiert. Genauso vorbildlich ist das erfolgreiche Zusammenspiel zwischen Schulkultur und Integration in Kanada. *Diversity* wird in den Schulen programmatisch als positives Kapital der Gesellschaft vermittelt, als Becken kultureller Ressourcen, aus dem das Land schöpfen kann und das die Lebensqualität der Bewohner eher bereichert als einschränkt.

Die unterschiedliche Herkunft der Schüler ist bewusster Bestandteil der Lebensentwürfe. So werden zum Beispiel Antirassismus-Tage veranstaltet, bei denen die Geschichte der Herkunftsländer behandelt wird.

Es gibt einen weiteren Punkt, weshalb Kanada ein Vorbild für Deutschland sein kann. Die vorschulische Arbeit ist fest im Bildungssystem verankert: Zum Beispiel werden Kurse mit Beteiligung der Eltern angeboten, in denen die Schreib-, Lese- und Sprachfähigkeit gefördert werden. Nicht zuletzt PISA zeigt, wie fruchtbar das Zusammenspiel zwischen Bildung und Integration sein kann.

Dieses bunte Bild in der Gesellschaft zeigt sich auch bei vielen amerikanischen und kanadischen Sportmannschaften. Die Verbindung zwischen Sport und Integration birgt ein großes Potenzial. Denn Sport spricht alle Sprachen und kennt häufig keine Grenzen.

Sport bietet nicht nur die Möglichkeit zur Verständigung unter dem Dach von Normen und Regeln, die überall auf der Welt gelten. Die Abseitsregel gilt in Istanbul genauso wie in Hoffenheim. Darüber hinaus eröffnet Sport die Gelegenheit zu ethnischer und nationaler Selbstvergewisserung in Konkurrenzsituationen. Auf der einen Seite zeigt sich die Chance für interkulturelle Verständigung, aber andererseits lauert natürlich – wie bei jeder Form der Annäherung und Kommunikation – gleichermaßen die Gefahr von Missverständnissen. Seien es Schiedsrichter, die zum Spielball für genervte Kicker bei deutsch-türkischen Spielen werden, oder aufgebrachte, jubelnde oder enttäuschte Fans auf den Rängen. Der positive Effekt in puncto Integration kann im Affekt schnell verfliegen und einen destruktiven Charakter bekommen. Aber trotz aller angebrachter Skepsis sind die Bedingungen für gelingende Verständigung im Sport keineswegs schlechter, eher sogar besser als auf anderen gesellschaftlichen Kontaktfeldern, im Büro, auf der Straße, beim Einkaufen. Das gilt insbesondere für gemischt-ethnische Mannschaften. Hier sind die regelmäßigen Kontakte und die Arbeit für ein gemeinsames Ziel sowie eine zumindest durch die sportlichen Regeln vermittelte Statusgleichheit gegeben. Für diese gemischt-ethnischen Mannschaften lässt sich durchaus ein klarer Zusammenhang zwischen interkultureller Gemeinsamkeit im und durch den Sport unterstreichen. Hier lässt sich – salopp formuliert – auch mitten in Deutschland ein Stückchen Kanada erleben.

Beim Sport kommen sich Kinder über die gemeinsame körperliche Betätigung schnell näher – und entwickeln damit rasch ein Verständnis füreinander. Sport generiert Sinn, gibt Ziele vor und schenkt wunderbare Erinnerungen. Sport ist kurzum ein sehr gutes Mittel für Lebensschule, Erziehung, Integration, Völkerverbindung, Gesundheit und Lebenslust.

»JEDER LEBT IN SEINER NISCHE«
Ipek Ipekçioğlu

Ipek Ipekçioğlu ist 1972 in München geboren – sie ist in der internationalen Musikszene als DJ *Ipek bekannt. Daneben arbeitet die studierte Sozialpädagogin und Eventmanagerin auch als Referentin zum Themenkreis »Homosexualität und Migration«. Bekannt wurde sie durch die Partyreihe »Gayhane«, die erste Party für deutsch-türkische Lesben und Schwule. Mittlerweile legt sie überall auf der Welt auf.*

Eine hübsche Nebenstraße in Berlin-Neukölln – eine ruhige große Altbauwohnung, hier wohnt Ipek Ipekçioğlu.

WIE WÜRDEN SIE SICH IN WENIGEN SÄTZEN SELBST BESCHREIBEN?

Ipekçioğlu: Gute Frage. Auf den Punkt gebracht, bin ich eine Berliner Lesbe mit türkischem Migrationshintergrund, die in »Kreuzkölln« lebt. Ich bin feministisch, ich bin eine DJ – ich habe Sozialpädagogik studiert, Jura abgebrochen. Aber unterm Strich bin ich noch vieles, vieles mehr...(lacht)

Die schwarzen Haare fallen der schlanken Frau in die Stirn und bis auf die Schultern. In legerem Freizeitlook gekleidet, mit funkelnden Ohrringen und einem Lippen-Piercing macht sie einen lockeren Eindruck. Ihre Mutter zog nach dem Unfalltod des Vaters ihre Kinder allein groß; einen Teil der Kindheit verbrachte Ipek in der Türkei: im Internat und bei den Großeltern im türkischen Izmir.

Ipekçioğlu: Ich sage heute, dass ich ein Kofferkind bin. Das heißt: Ich bin wie ein Koffer durch die Gegend getragen worden, zwischen Deutschland und der Türkei. Als ich zehn Jahre alt war, lebte ich fortan in Berlin. Ich habe hier die Schule abgeschlossen, Sozialpädagogik studiert und 1997 das Studium mit der Diplomarbeit zum Thema »Lesbisch und Türkisch! Ein Widerspruch!? Selbstbild der lesbischen Immigrantinnen der 2. Generation aus der Türkei, die ihren Lebensmittelpunkt in der BRD haben« beendet.

Schon als Jugendliche weiß sie von ihrer Liebe zu anderen Mädchen. Als Volljährige sucht sie den direkten Austausch mit anderen deutsch-türkischen Lesben. Ihr Wunsch: mehr Transparenz in der deutschen Gesellschaft. Dann kommt 1994 die Anfrage des Kreuzberger Clubs SO 36 genau richtig: Ipek Ipekçioğlu soll als DJ auf einer Party für deutsch-türkische Lesben und Schwule auflegen. Ihren Lebensunterhalt finanziert sie aber nicht ausschließlich mit lesbisch-schwulen Szene-Partys, sondern auch durch DJ-Jobs in der ganzen Welt. Das Publikum ist hetero- wie homosexuell. Sie arbeitet in New York und Istanbul, aber auch in Rio de Janeiro und Peking.

Ipekçioğlu: Ich habe aber den Beruf »DJ« nicht in dem Sinne gelernt – es war vielmehr »Learning by Doing«. Richard Stein vom Kreuzberger Club SO 36 sprach mich an: »Ipek, du bist türkisch und lesbisch. Leg doch für die nächste Party auf.« Ich antwortete etwas zaghaft: »Wie bitte? Ich kann das nicht. Ich habe es noch nie gemacht.« Er sagte kurz und knapp: »Du machst das schon. Bring einfach deine Kassetten und deine gute Laune mit.« Das Motto der Party lautete: »Morgenland-Schleiertanz«. Ich packte meine türkischen und arabischen

Kassetten ein – denn damals gab es noch keine CDs – und zog meinen schwarzen Tschador an. Dann legte ich auf und stand zum ersten Mal in meinem Leben vor einem Mischpult und sollte Lesben und Schwule zum Tanzen bringen. Und sie haben getanzt. Ich war überglücklich, dass ich dies auf der schwul-lesbischen Oriental-Party machen durfte. Mit den Jahren bin ich professioneller geworden. Irgendwann hat sich das rumgesprochen, dass ich internationale Musik mache. Denn damals gab es eigentlich in der Subkultur nur englische Discomusik. Oriental- oder Latinmusik war nur wenig bekannt.

WIE GING ES WEITER?

Ipekçioğlu: Am Anfang wurde ich für viele Solidaritätsveranstaltungen gebucht. Ich erinnere mich jedoch auch daran, dass mein Musikstil nicht immer auf Gegenliebe stieß. Bei einem Gig wurde ich zum Beispiel ausgebuht, da ich »fremdländische« Musik machte. Dabei hatte ich erst drei orientalische Lieder gespielt. Danach legte ich an diesem Abend nur noch englische Musik auf.

Das Groteske war, dass die Walpurgisnacht-Demo den Schwerpunkt »Frauen und Lesben gegen Rassismus und Sexismus« hatte. An der Reaktion der Frauen begriff ich jedoch, wie wenig Platz für andere Kulturen tatsächlich in der Szene war. Da merkte ich, dass ich kein Teil dieser Szene bin. Dieses Ereignis empfand ich als respektlos, ignorant, aber auch als rassistisch. Von da an hatte ich das Image als »Ethno-DJane« und wurde für bestimmte Partys nicht mehr gebucht.

HABEN SIE WEITERE NEGATIVE ERFAHRUNGEN WÄHREND DES AUFLEGENS GEMACHT?

Ipekçioğlu: Ja. So forderte mich einmal eine Mann-zu-Frau-Transe auf, ob ich Musik aus matriarchalischen Ländern spielen könne, da insbesondere die arabischen und türkischen Länder besonders patriarchalisch seien und anders als in Deutschland in diesen Kulturen Gewalt gegen Frauen an der Tagesordnung stünde. Da sagte ich ihr, dass ich durchaus wüsste, was es bedeutet, eine türkische Frau zu sein, dass sie mir die Fragen beantworten möge, warum jedes dritte Kind in Deutschland sexuell missbraucht werde – und warum deutsche Frauenhäuser überbelegt seien. Da kam eine etwas unsachliche Antwort zurück: Sie zeigte mir ihren Mittelfinger und lief weg. (grinst)

KULTUR UND POLITIK WERDEN NOCH VIEL ZU OFT VERMISCHT.

Ipekçioğlu: Richtig. Patriarchat, Sexismus und Gewalt gegen Frauen werden häufig als arabische und türkische Phänomene gesehen. Gleiche Inhalte bei englischen Liedern werden erst gar nicht so kritisch beleuchtet. Mir ist aufgefallen, dass ich in solchen Momenten nicht nur einfach ein DJ, sondern ein Politikum bin. Das kostet mich auch viel Kraft und Energie.

UND WAS HABEN SIE DARAUS GELERNT?

Ipekçioğlu: Dass ich mit Zuckerbrot und Peitsche arbeiten muss. Das heißt: Ich werfe Köder aus, damit sie anbeißen – und später kann ich so viel Oriental spielen, wie ich will. Erst mit den bekannten Songs anfangen, dann kann man zum Unbekannten übergehen. Man muss das Publikum langsam eingewöhnen, um sie im Schongang mitzunehmen. Sicherlich gibt es da eine Verbindung zur Erziehungsarbeit. (lacht)

BEI JEDER ARBEIT STELLT SICH NACH EINER GEWISSEN ZEIT DIE GEWOHNHEIT EIN. SIND SIE HEUTE IMMER NOCH AUFGEREGT?

Ipekçioğlu: Das Auflegen ist für mich jedes Mal eine Herausforderung. Deshalb bin ich auch heute noch aufgeregt. Das Publikum ist nie wirklich Standard oder 08/15. Ich schaue, ob sich unter den Besuchern Griechen, Kurden, Sunniten oder Aleviten befinden. Als DJ muss ich immer auf der Höhe der Zeit sein. Auf der einen Seite muss ich dem Publikum Spaß und Freude bereiten – und auf der anderen Seite musikalisch mir selbst gegenüber loyal sein.

DAS IST HÄUFIG AUCH EIN SCHWIERIGER SPAGAT.

Ipekçioğlu: Genau. Viele Besucher verwechseln mich oft auch mit einer Art Jukebox. Dabei liebe ich es, mit Emotionen zu spielen. Ich will die Leute im Publikum auf eine musikalische Reise mitnehmen. Ich liebe es, mit dem Publikum zu tanzen. Es gibt mir viel Kraft – und ich gebe sie zurück. Ich will mich als einen Teil vom Ganzen fühlen.

APROPOS SICH ALS TEIL DES GANZEN FÜHLEN. IST DIES AUCH DER GRUND IHRES COMING-OUTS, ALS SIE 18 JAHRE ALT WAREN?

Ipekçioğlu: Sicher. Damals verbrachte ich ein Jahr in England. Die geografische Distanz zu Berlin und meiner Familie machte mir einiges einfacher. Ich riskierte nicht den Verlust der mir nahestehenden Menschen. Da mich in England niemand kannte, fiel es mir nicht so schwer, schwul-lesbische Clubs aufzusuchen. Als ich wieder nach Deutschland zurückkehrte, wusste ich, meine Heimat ist hier. Ich wollte viele Gleichgesinnte kennenlernen. Am liebsten Lesben mit türkischem Background.

WARUM?

Ipekçioğlu: Ich will meine deutsch-türkischen mit meinen lesbischen Seiten verbinden. Durch die von mir gegründete Gruppe »Lesben aus der Türkei« hatten wir alle die Chance, beides zu sein. Wir konnten die Regeln selbst bestimmen – und die für uns wichtigen Themen ansprechen. Die meisten in der Gruppe hatten einen ähnlichen Hintergrund; wir haben uns über Themen wie Rassismus, Migration, Lesbischsein und den Umgang mit der Familie gemeinsam auseinandergesetzt. Wir haben aber auch zusammen gefeiert.

WIR SCHREIBEN DAS JAHR 2009. WELCHE ERFAHRUNGEN MACHEN SIE HEUTE IM LIBERALEN BERLIN?

Ipekçioğlu: Wir haben auch heute noch Homophobie und Rassismus, trotz einiger positiver Entwicklungen. Ich wurde auch schon in der U-Bahn im östlichen Teil Berlins als »Scheiß-Türkin« beschimpft. Der alltägliche Rassismus existiert leider auch heute noch. Ich will nicht wissen, wie es in kleineren Städten ist. Zur lesbischen Identität lässt sich sagen, dass sich die meisten Frauen daran gewöhnt haben, ihre Gefühle zu unterdrücken oder nicht offen dazu zu stehen. »Lesbisch und türkisch« – bei dem Thema gibt es noch viele Berührungsängste.

LESBISCH MIT TÜRKISCHEM HINTERGRUND ZU SEIN UND NOCH DAZU OFFEN ZU LEBEN IST IN DEUTSCHLAND NICHT SELBSTVERSTÄNDLICH.

Ipekçioğlu: Ja, klar. Aber wenn ich in der Türkei leben würde, hätte ich meinem Türkischsein nicht absprechen müssen, weil ich für viele einfach »nicht normal« oder »krank« bin, aber immer noch eine Türkin. In Deutschland haben wir ein ganz anderes Bild: Lesbisch zu sein heißt, deutsch assimiliert zu sein – und gleichzeitig keine Türkin. Aber was bedeutet das?

Als ob die sexuelle und soziale Orientierung von der kulturellen oder religiösen Zugehörigkeit abhängig wären. Das hieße, nur die sogenannten extrem angepassten Türkinnen können lesbisch sein. Das ist natürlich ganz großer Quatsch.

IHRE PERSÖNLICHKEIT IST NATÜRLICH VIEL MEHR, ALS NUR TÜRKISCH UND LESBISCH ZU SEIN.

Ipekçioğlu: Früher war ich vielleicht nur türkisch und lesbisch. Ich hatte eine Zeit, da war ich ziemlich radikal. Ich wollte nichts mit Deutschen oder heterosexuellen Migrantinnen oder mit Männern zu tun haben. Heute habe ich zwei Pässe. Ich bin Antragsdeutsche, das bedeutet, ich bekam 1993 den deutschen Pass neben meinem türkischen. Ich wollte politische Rechte, verreisen und demonstrieren können, ohne abgeschoben werden zu können. Der türkische Pass gibt mir ein Gefühl der Sicherheit. Denn im Nationalsozialismus konnten nur diejenigen verreisen, die eben keinen deutschen Pass hatten. Wer sagt denn, dass das heute nicht wieder passiert. Ich war zeitgleich eine radikale Feministin. Dann gab es irgendwann einen Befreiungsschlag. Ich öffnete mich. Ich wollte Macht in der deutschen Gesellschaft. So habe ich studiert und bin meinen Weg gegangen. Aber eins will ich an dieser Stelle noch mal betonen: Ich fühlte mich nie als Ausländerin, ich wurde von der Dominanzgesellschaft sicher dazu gemacht.

Ich bin sozusagen auch nur ein Produkt dieser Gesellschaft, in der ich lebe. Deshalb ist auch mein Ziel: eine Perspektive jenseits von Identitätspolitik, von Bildern, die immer nur die anderen machen.

HABEN SIE HEUTE DAS GEFÜHL VON MACHT UND OHNMACHT?

Ipekçioğlu: Nicht mehr so wie in der Vergangenheit. Macht und Ohnmacht, Differenz und Vielfältigkeit, das sind meine

Themen früher gewesen, natürlich ein Stück weit auch heute. Doch widme ich mich auch vielen anderen Themen. Ich saß nie wirklich zwischen den Stühlen, sondern habe die Rosinen aus beiden Kulturen herausgepickt. Ich will etwas tun, um aus alten Mustern rauszukommen, Fragen zu stellen. Das deutsche System infrage zu stellen ist das eine. Das andere ist, in den einzelnen Communities präsent zu sein und eine gute Arbeit zu leisten. Leider wird die Migranten-Community als statisch gesehen, während die Deutschen als dynamisch gelten. Migranten sind mindestens genauso heterogen, wie die deutsche Gesellschaft natürlich auch ist.

HOMOSEXUALITÄT IST BEISPIELSWEISE IN DER TÜRKEI ZWAR NICHT GESETZLICH VERBOTEN. DOCH DAS THEMA IST GESELLSCHAFTLICH STARK TABUISIERT.

Ipekçioğlu: Richtig. Die wenigsten Bürger stehen offen zu schwul-lesbischen Prominenten. Hier muss sich etwas tun. Lesben und Schwule müssen im türkischen Alltag sichtbarer werden. In Istanbul findet die »Pride-Week« statt. Auch hier habe ich als DJ bereits aufgelegt. Ich mache auch hier gerne mit, da ich mich für eine offene und transparente Gesellschaft international stark mache.

UND KÖNNEN SIE SICH NOCH AN DIE REAKTION IHRER MUTTER ERINNERN, ALS SIE ERFUHR, DASS IHRE TOCHTER HOMOSEXUELL IST?

Ipekçioğlu: Vorweg will ich schicken, dass meine Mutter selbst sehr rebellisch ist. Das habe ich mit Sicherheit von ihr. An ihre Worte kann ich mich noch gut erinnern: »Wenn du mit einem Mann lebst – und dabei unglücklich bist –, habe ich nichts davon. Und falls du denkst, du schämst dich, dann tue es nicht. Und wenn du es tust, dann stehe dazu. Deshalb lebe dein Leben. Du bleibst meine Tochter.« Ihr Segen war sehr entscheidend. Ich lebe offen – meine Familie weiß

Bescheid. Ich weiß auch, dass ich sehr viel Glück habe: Denn verglichen mit vielen anderen, die entweder versteckt leben, verstoßen wurden oder ihren Familien zuliebe sozusagen heterosexuell geheiratet haben, lebe ich sehr glücklich mit meiner Partnerin.

BEIM THEMA GLÜCK BEISPIELSWEISE AUF DEM DEUT-
SCHEN ARBEITSMARKT SIEHT ES FÜR MIGRANTEN
NICHT IMMER SO ROSIG AUS ...

Ipekçioğlu: Das stimmt. Natürlich gibt es noch immer viele Migranten mit keiner oder unzureichender Ausbildung. Doch die andere Seite der Medaille sieht anders aus: Wir haben in Deutschland auch auf dem Arbeitsmarkt einen strukturellen Rassismus. Es gibt heute viele Fälle, wo ein türkischer Name bei konservativen Personalchefs irgendwelche Ängste auslöst. Da wird lieber der bekannte Name wie Klaus oder Peter bevorzugt. Auch Italienern oder Spaniern wird tendenziell der Vortritt gegeben. Und das bei gleicher oder sogar besserer Leistung von Migranten mit türkischer Herkunft.

DEUTSCHKENNTNISSE SIND DAS A UND O FÜR EINE
ERFOLGREICHE BASIS AUF DEM ARBEITSMARKT.

Ipekçioğlu: Nicht nur das. Je besser man Deutsch spricht, desto ernster wird man in der deutschen Gesellschaft genommen. Ich fand es schade, dass meine Grundschule mich damals in eine sogenannte Türkenklasse gesteckt hat. Ich hatte fast ausschließlich türkische Mitschüler. Ich bin halt in Berlin-Wedding zur Schule gegangen, dort gibt es einen hohen Ausländeranteil. Mir hätte es mehr gebracht, in einer normalen Klasse mit vielen Deutschen zusammen zu lernen. Ich habe lange gebraucht, bis ich meine Deutschkenntnisse verbessern konnte. Deutsch spielt eine sehr wichtige Rolle.

UND WIE HABEN SICH DEUTSCHE UND MIGRANTEN
IN DEN VERGANGENEN JAHRZEHNTEN NEBEN THEMEN
WIE DEUTSCHKENNTNISSE BEEINFLUSST? DAS GILT
VOR ALLEM IN DEN BEREICHEN WIE KUNST, LITERATUR
ODER FILM.

Ipekçioğlu: In Deutschland gibt es seit den vergangenen
Jahren sehr viel Bewegung. Im vergangenen Jahr hatte die
Frankfurter Buchmesse als Schwerpunkt die Türkei. Part-
nerland der Popkomm 2008 war übrigens auch die Türkei.
Das Thema Türkei boomt heute regelrecht. Für mich ist die
Türkei ein hochkultiviertes Land mit einer langen Geschichte. Doch weiß ich auch, dass Mehmet oder Ahmet in Berlin-
Neukölln die Türkei ganz anders definieren als ich. Für sie ist
es vielleicht ihre Männlichkeit. Und für mich ist die Türkei
das Land der Literatur, Kunst und Musik. Der erste lesbische
Film war bei mir türkisch, mein erster Kuss war mit einer
Türkin – und das erste lesbische Buch war auch türkisch. Ich
bin mit Filmen von Zeki Müren oder Bülent Ersoy aufgewachsen. Der eine war schwul und ist bereits gestorben, der
andere ist transsexuell. Natürlich sind die Menschen in Istanbul nicht mit den vielen Migranten zu vergleichen, die vor
Jahrzehnten nach Deutschland kamen. Der ausgewanderte
Deutsche hört in Rio auch weiterhin seine deutsche Musik.
Man muss auch den Einwanderern ein Stück weit ihre Kultur
lassen. Wir beeinflussen uns mehr und mehr. Das Interesse
wächst in Deutschland. Das ist ein dynamischer Prozess.

MEDIEN SPRECHEN ABER OFT NOCH VON PARALLELGE-
SELLSCHAFTEN.

Ipekçioğlu: Ich kann mit diesen Begriffen nichts anfangen.
Medien hinterfragen viel zu oft nicht. Ich habe mir meine
Nische gebildet wie jeder andere Mensch in Deutschland
auch. Ich suche mir meine Freunde selbst aus. Da ist natürlich
auch nicht jeder herzlich eingeladen. In diesem Kreis gibt es

eben keine Homophobie, keinen Rassismus und keine Frauenfeindlichkeit. Wenn Kalle zu seiner Eckkneipe geht, gehe ich hin und wieder auch zu lesbischen Lokalitäten. Und der deutsche Professor Dr. Dr. hängt genauso wenig mit Kalle in seiner Eckkneipe ab wie ich. Das ist von mir aus eine Parallelgesellschaft. Aber was genau dieses Wort bedeutet, weiß keiner. Jeder lebt in seiner Nische.

HABEN SIE ZU GUTER LETZT NOCH EINEN RATSCHLAG FÜR DIE KOMMENDEN GENERATIONEN?

Ipekçioğlu: Man sollte die wichtigen Basisinstrumente in dem Land beherrschen, in dem man lebt. Dazu zählt vor allem die Sprache. Ich rate auch jedem, dass niemand das Leben der anderen leben sollte. Das heißt: Niemand sollte einem vordefinierten Lebensschema nacheifern. Jeder sollte neben Schule, Ausbildung oder Studium seinen eigenen Weg gehen. Dann kann man frei sein. Mein Ausbildungsweg hing auch sehr stark mit dem Drang nach Freiheit zusammen. Denn ich wollte die gleichen Privilegien wie Gabi, Kalle oder Hans. Meine Arbeit lohnt sich. Das ist ein gutes Gefühl.

Nur 20 Kilometer entfernt von der Finanzmetropole Frankfurt wohnt er inmitten des Kurortes Königstein – atemberaubend und wunderschön mit einem außergewöhnlichen Blick auf die Skyline Frankfurts. Ein halbes Jahr muss Hasip Girgin warten, bis er sein neues Eigenheim betreten darf. »An dem Haus muss noch einiges gemacht werden, aber ich freue mich, endlich hier zu wohnen«, erzählt Hasip, der heute als Assistant Chief Designer im europäischen Mazda-Designzentrum in Oberursel bei Frankfurt arbeitet. Es ist noch gar nicht so lange her, da hätte er es sich nicht träumen lassen, dass er in einem Haus mit mehreren Terrassen und Etagen wohnen wird. Parkettboden, hohe Decken, Einbauküche – nur das Beste gut genug.

Aber beginnen wir mit der Kindheit von Hasip. War die annähernd so prunkvoll? Sicher nicht. Geboren wird er 1966 in Balikesir, einer türkischen Stadt zwischen Bursa und Izmir, in eher bescheidenen Verhältnissen. Als Zweijähriger geht es für Hasip mit seinen Eltern nach Izmir, wo viele Verwandte leben. Der Vater nimmt dort einen guten Job an – eine Leitungsfunktion in einer Schneiderei.

»Mein Vater hatte einen Pioniergeist – er wollte immer etwas Neues anfangen«, hebt Hasip hervor. So dauert es nicht lange – und der Vater kommt 1970 über das »Gastarbeiterticket« nach Deutschland. Er fängt bei der Firma Braunkohle an. Nur ein Jahr später kommt das Einzelkind Hasip mit seiner Mutter nach Heilbronn ins Schwabenländle.

Wie bei vielen Migranten werden die ersten Probleme schnell deutlich: keine Deutschkenntnisse, keine Kenntnisse der Kultur. Fremd in jeder Hinsicht. »Der Anfang war wirklich sehr schwierig für uns«, weiß Hasip. »Für meine Mutter war es zu Beginn sehr schockierend. Die neue Wohnung war leer – wie ein Spiegel unserer Seele«, erzählt er mit betroffener Stimme. »Doch die Zeit heilte auch diese Wunden, sodass wir uns mehr und mehr aufrappeln konnten.«

Hasip kommt bald in die Schule. Aber auch hier ist der Anfang schwierig. Er muss die erste Klasse direkt wiederholen. Der Grund: mangelnde Deutschkenntnisse. »Ich war in der Grundschule kein guter Schüler.« Das bleibt nicht ohne Konsequenzen: Hasip kommt auf die Hauptschule. Doch dann wendet sich das Blatt: Aus dem schlechten Schüler wird ein guter. »Ohne mein Wissen haben mich meinen damaligen Lehrer auf der Realschule angemeldet. Darüber habe ich mich sehr gefreut.« Hasips Lehrer erkennen das Talent – und fördern den jungen Mann.

In der zehnten Klasse kommt Hasip an einem Scheidepunkt an: Die Eltern wollen 1982 in die Türkei zurück. Aber was wird aus Hasip – gerade als die schulischen Leistungen sich langsam bessern? Türkei – die neue und zugleich alte Heimat? Der Vater will ins Immobiliengeschäft, genauer gesagt ins Hotelgewerbe, einsteigen – im türkischen Cesme. »Die Partner haben sich jedoch als unzuverlässig erwiesen. Und mein Vater nahm von seinen Türkei-Plänen Abstand.« Damit ist das Türkei-Thema für Hasips Familie wieder vom Tisch.

Als Nächstes stellt sich die Frage, was Hasip nach der Schule machen soll. »Ich habe bereits seit meiner Kindheit gezeichnet. Das lag mir schon immer. Ich habe eben zwei Lieben: Zeichnen und Autos.« Der Kreative geht einen ungewöhnlichen Weg, um beides zu verbinden. Hasip will erst einmal etwas mit Autos machen und absolviert eine Lehre als Kfz-Mechaniker in einem mittelständischen Unternehmen. »Für mich war die Ausbildung eine spannende Zeit – aber ich war unterfordert.« Die Tests besteht Hasip, ohne dafür zu lernen. 1988 beendet er die Ausbildung und arbeitet zunächst ein halbes Jahr als Geselle. »Meine Berufsschullehrer sahen mein Talent und empfahlen mir zu studieren.«

Hasip beherzigt den Wunsch seiner Lehrer. Er will das Fachabitur machen, um studieren zu können, und geht an ein Berufskolleg. Während dieser Zeit malt Hasip unablässig Bilder für seine Bewerbungsmappe an der Fachhochschule Pforzheim für den Studiengang Transportation-Design. Der Erfolg dieser Mappe ist die Voraussetzung für die zweite Aufnahmeprüfung an der Fachhochschule. Von 600 Bewerbern werden nur 60 Kandidaten zur Prüfung eingeladen. Am Ende schaffen es nur elf Prüflinge; davon sechs, die Transportation-Design studieren dürfen. Hasip gehört zu den Auserwählten. »Ich war überwältigt – und sehr glücklich. Nur gut, dass ich damals die ganzen Bewerberzahlen nicht kannte. Nur deshalb war ich wahrscheinlich locker in der Prüfung.«

Anfang der Neunzigerjahre beginnt für Hasip also eine neue Ära: Er ist Student an der Pforzheimer Fachhochschule. Und das Glück bleibt ihm treu. Hier findet er einen seiner Förderer: James Kelly. Der schottische Professor unterstützt Hasip, wo er nur kann. »Unsere erste Begegnung war allerdings eine Katastrophe«, erinnert sich Hasip. »Er verglich meine Bilder mit schlechten Kinderzeichnungen.« Jahre später erfährt Hasip, warum: »Er wollte auf diese Art und Weise mein Talent weiter ausbauen. Und gleichzeitig verhindern, dass ich mich nach dem Erreichten zurücklehne und nachlasse.« Hasip wird wachgerüttelt. Den jungen Mann packt der Ehrgeiz. Er zeichnet, wie es der Professor will, und widmet sich rund um die Uhr dem Studium. Er wird besser und besser. Hasip überschreitet die achtsemestrige Regelstudienzeit nicht – und schließt das Studium als Diplom-Designer ab.

Ein anderes Bild im Privaten: Hier läuft bei Hasip zu der Zeit nicht alles so rosig. Der Kreative stürzt sich während des Studiums in ein jugendliches Abenteuer und heiratet. »Heute rate ich allen ab, die zu früh heiraten wollen.« Nach nur zwei Jahren scheitert die Ehe. 1994 ist Hasip Diplom-Designer und gleichzeitig schon ein geschiedener Mann. »In dem Jahr geriet ich in ein Wechselbad der Gefühle«, erinnert er sich und wird wieder nachdenklich.

Was nun? Wie geht es jetzt weiter? Hasips Kontakte aus der Schlussphase seines Studiums helfen. Der Chef-Designer von Ford, Helmut Schrader, lädt Hasip zu einem Gespräch ein. Und prompt kommt das erste Jobangebot. Gleichzeitig will auch Mazda den jungen Mann im Designer-Team haben. Hasip nimmt sich Bedenkzeit. Er ruft Roland Sternmann an – damals Assistant Chief Designer bei Mazda – und fragt um Rat. Sie kennen sich seit dem Studium. »Roland, was soll ich machen? – Ich weiß, ihr wollt mich auch haben.« Sternmann antwortet ihm kurz und knapp: »Geh zuerst zu Ford, da lernst du auch viel. Wir bleiben in Verbindung – und später kannst du, wenn du willst, zu uns wechseln.«

Hasip hält sich an den Rat und fängt 1994 bei Ford in Köln an. Doch der Förderer und Gönner Helmut Schrader wechselt nach nur einem halben Jahr in die Vereinigten Staaten. Das hat direkte Auswirkungen auf Hasips Karriere: Die Wellenlänge mit dem neuen Chef stimmt nicht mit seiner überein; sein Vertrag wird nicht mehr verlängert. »Aber ich habe bei Ford trotzdem viel gelernt.« Der Designer erinnert sich an die Worte von Roland Sternmann und bewirbt sich bei Mazda. Mit Erfolg. Im September 1995 beginnt Hasip bei Mazda als Junior-Designer.

Zwei Jahre später bekommt er ein neues Angebot – und zwar einen Lehrauftrag von der Pforzheimer Fachhochschule. »James Kelly wurde schon zum Ende meines Studiums eine Art Kumpel. Der Kontakt riss nie wirklich ab. Durch ihn bin ich zum Lehrauftrag gekommen. Dafür bin ich ihm natürlich sehr dankbar. Schließlich habe ich auch das Lehren von ihm gelernt.«

Hasips Erfolg geht weiter. Er wird nach kurzer Zeit Senior-Designer bei Mazda. Und er ist viel unterwegs, pendelt zwischen Deutschland und der japanischen Zentrale in Hiroshima. »Für mich war es auch eine Ehre, Mazda in Designfragen zu vertreten.« Viele Design-Entwürfe werden von Mazda übernommen. Das Engagement trägt Früchte: 2001 wird Hasip zum Assistant Chief Designer befördert.

Und was tut sich bei Hasip privat? 2002 gibt es einen Wendepunkt. Der Designer lernt seine jetzige Frau Sevda, zu Deutsch: Liebe, in Izmir kennen. »Es ist auch eine große Liebe«, unterstreicht Hasip und lacht herzhaft. Die studierte Sprachwissenschaftlerin Sevda arbeitet bei der türkischen Vertretung von Opel in Izmir als Fremdsprachenkorrespondentin. Das Paar sieht sich häufig. Nach wenigen Monaten treffen sie eine wichtige Entscheidung: »Wir wollten heiraten – und das taten wir dann auch im November 2002.« Die Ehe verläuft glücklich. Sevda kommt nach Deutschland. Drei Jahre später bekommen sie ihr erstes Kind Uzay.

Sevda ist anfänglich einsam. »Ich kenne das Gefühl aus meiner Kindheit; ich habe ihr geholfen, wo ich nur konnte.« Hasip wird traurig, als er sich an einsame Momente in seiner Kindheit erinnert. Doch die Ehefrau lernt schnell Deutsch. Sie besucht Deutschkurse, um in ihrer neuen Heimat Fuß zu fassen. Es klappt. Freundschaften entstehen. Sevda lebt sich mehr und mehr ein. »Ich habe sie so gut wie möglich unterstützt – wir sind sehr glücklich.« Sevdas beste Freundinnen sind Deutsche. »Sie hat sich ruck, zuck integriert. Ihr Deutsch ist für die kurze Zeit, die sie hier lebt, hervorragend«, lobt sie ihr Mann.

Und was sind Hasips Ziele heute? »Ich will wieder mehr malen. Es ist wie eine Geliebte aus der Kindheit, die sich wieder zu Wort meldet. Eine Vernissage wäre schon toll.« Der vielseitige Künstler will möglichst bald mit seinen Bildern an die Öffentlichkeit.

Zu Hasips aktuellen Kreationen zählt neben der flotten Außenhaut des Mazda 3 die neue Mazda-Uhr. Das exklusive Stück, das von der Manufaktur Sinn produziert wird, ist ab August 2007 in limitierter Auflage – 300 Stück – im Fachhandel erhältlich. »Klar, es ist eine besondere Herausforderung, den geometrischen Körper so sinnlich wie möglich zu gestalten.« Dieses Rechteck mit den abgerundeten Kanten taucht auch immer wieder im Auto-Design auf, etwa bei den Rückleuchten, Türgriffen oder dem Lufteinlass des Mazda MX-5. Für Hasip ist es die erste Erfahrung bei der Gestaltung einer Uhr. Für den heute 42-Jährigen macht die Mischung von ebenen Flächen, Krümmungen, Material und Gewicht die Uhr so sinnlich. »Der neue Chronograf wurde komplett gestaltet von und für Mazda.«

In diesem Moment herrscht Stille. Kurze Zeit später fängt der Künstler wieder an zu sprechen: »Was als gelungenes Design gilt, entscheidet oft erst die Zeit. Ein Flop von heute kann durchaus der Trend von morgen sein. Hersteller machen daher oft Ideen-Anleihen bei Modellen längst vergangener Tage.« Jedoch eröffne der technologische Fortschritt immer wieder neue Optionen.

»Deshalb ist bei der Beurteilung technischer oder stilistischer Entwicklungen Vorsicht geraten.« Schließlich sei auch die Form der Autos Strömungen, Stimmungen, Gefühlen und dem Zeitgeist unterworfen und ändere sich fortwährend. Für Hasip steht fest: »Der Erfolg muss für sich selbst sprechen. Am Ende kommt es auf das gute Endprodukt an.«

Auch Hasips Bilder sprechen für sich. Fest steht: Der Mann hat Talent für das Kreative. Das lässt sich auch in seinem neuen Eigenheim nicht übersehen. Innovative Lampen, Tische, Schränke sind nur wenige Beispiele aus der fantasievollen Welt des Designers. Wahrscheinlich gäbe es noch viel zu sehen in dem großen Haus. Aber der ICE am Frankfurter Hauptbahnhof wartet nicht. Das heißt: Die Abreise aus dem schönen Kurort Königstein steht bevor. Doch wer weiß, vielleicht steht bald eine neue Anreise an. Zu Hasips Vernissage.

WELCHEN PLATZ HABEN PRACHTVOLLE MOSCHEEN IM WESTEN?

Nun wird sie doch gebaut: Nach Beschluss des Kölner Stadtrats wird die umstrittene Moschee in der Domstadt stehen. SPD, Grüne, FDP und Linkspartei votierten für den Moscheebau, der wegen seiner Ausmaße – die beiden Minarette haben eine Höhe von 55 Metern, die Kuppel ragt 34,4 Meter in die Höhe – für Kontroversen sorgte. Das von dem bekannten Kölner Architekten Paul Böhm entworfene muslimische Gotteshaus soll nach seiner Fertigstellung im Jahr 2010 bis zu 2000 Gläubigen Platz bieten.

Für den Bau stimmte auch der Kölner Oberbürgermeister Fritz Schramma (CDU). Der überwiegende Rest seiner Fraktion lehnte den Antrag jedoch ab, ebenso die Abgeordneten der rechtspopulistischen Bürgerbewegung »Pro Köln«.

Der Bauherr der neuen Moschee, die Türkisch-Islamische Union (DITIB), kündigte nach dem positiven Beschluss an, dass der Bau schnell beginnen soll. Die Wunschvorstellung ist eindeutig: Die Moschee soll ein Ort der Begegnung und der Kommunikation sein. Ihr Äußeres wird geprägt von einer transparenten Kuppel, die sich mit großen Glasflächen nach außen öffnet. Der Muezzin soll mit seinen Gebetsrufen nur im Innenhof der Moschee, nicht aber über Lautsprecher im ganzen Stadtviertel, dem Kölner Stadtteil Ehrenfeld, zu hören sein.

Auch Anwohner befürchteten eine Überfremdung des Viertels. Um den Einwänden zu begegnen, verringerte die

DITIB die Größe der im Baukomplex vorgesehenen Wohn- und Geschäftsflächen.

Die mehrjährige Diskussion zwischen Politikern, Publizisten, Kirchenleuten und dem türkischen Muslimverband DITIB war nicht immer leicht, letztendlich aber zielführend. So mussten die DITIB-Funktionäre als Bauherren akzeptieren, wie verbreitet die Skepsis gegenüber muslimischen Bauten ist. Und spätestens als der Holocaust-Überlebende und Schriftsteller Ralph Giordano den Bauplan mit heftigen Worten zum Symbol der Islamisierung stilisierte, kapierten auch die Letzten, dass solche Ängste nicht nur aus der rechtsradikalen Ecke kommen.

Aber auch die skeptische Mehrheit würdigt mehr und mehr den Umgang mit islamischen Gebetshäusern: Während 2006 noch jeder zweite Kölner gegen den Moscheebau war, plädierten 2007 zwei von drei Kölnern für eine Moschee, jedoch für eine etwas kleinere. Das Motto lautet: Wer an Menschenrechten inklusive Religionsfreiheit festhält, der muss auch den Bau einer Prachtmoschee akzeptieren.

Außerdem betonten Kirchenführer und Politiker wie auch der Kölner Oberbürgermeister Fritz Schramma, eine schöne Moschee diene der Integration. Müssten die Muslime nämlich weiterhin in Hinterhöfen und alten Fabrikhallen beten, würde dies bei Muslimen den Eindruck stärken, wegen ihres Glaubens zu Bürgern zweiter Klasse zu werden. So verließen die radikalsten Moscheebau-Kritiker in der Kölner CDU die Partei und traten der Protestbewegung »Pro Köln« bei.

Da die CDU-Ratsfraktion keine Mehrheit besitzt, ist ihr Votum folgenlos geblieben. Aber postwendend kritisierten türkische Medien die CDU-Argumentation als muslimfeindlich. Schließlich reibe sich auch niemand an polnischen Gottesdiensten ohne Übersetzung. Und Gotteshäuser nur im Kleinformat zu akzeptieren, das widerspreche der theoretisch so gepriesenen Religionsfreiheit.

In diesem Streit gibt es vor allem einen Gewinner: Die Protestpartei »Pro Köln« bekam einen solchen Auftrieb, dass sie ins Stadtparlament einzog. Experten räumen ihr sogar Chancen ein, 2010 in den Landtag einzuziehen mit ihrer Stimmungsmixtur aus Angst vor der Islam-Ausbreitung, Unbehagen gegenüber Zuwanderung und Abneigung gegen politische Korrektheit.

Auch wenn die Kölner weiterhin durchaus unterschiedlicher Auffassung über den geplanten Bau einer repräsentativen Moschee sein mögen, in einer Frage sind sie sich einig: Offen rechtsextreme Menschen mag man nicht in der Stadt haben. Christdemokraten demonstrierten gegen eine Anti-Islam-Konferenz zusammen mit Gewerkschaftlern, christlichen Kirchen und muslimischen Verbänden – insgesamt gingen Zehntausende auf die Straße. Taxifahrer verweigerten der braunen Gruppe den Transport, Hoteliers kündigten ihnen die Zimmer, Wirte machten ernst mit ihrer Ankündigung: »Kein Kölsch für Nazis«.

Die Polizei hat in bemerkenswerter Weise all ihre rechtsstaatlichen Spielräume ausgenutzt, um sich nicht von der rechten Bürgerbewegung instrumentalisieren zu lassen. Dass es auch einige Demonstranten gab, denen gewaltfreie Protestformen nicht ausreichten, kann den Erfolg der Allianz nicht wirklich schmälern.

Die Kölner Demonstration sagt sicher noch nichts aus über den nach wie vor auch in dieser Stadt bestehenden Alltagsrassismus. Bei aller feuchtfröhlichen Weltoffenheit bleibt die biedere Provinzialität, die den Aufstieg von »Pro Köln« ermöglicht hat. Der Kampf für ein solidarisches Zusammenleben ist natürlich lange noch nicht ausgestanden.

Fakt ist: Die Wahrzeichen des Islam verändern die westliche Gesellschaft. Doch keiner weiß, wie genau das in Deutschland aussieht. Die einen fordern Gelassenheit, andere warnen vor dem steigenden Einfluss muslimischer Gruppen. Auf keinen Fall kann sich ein europäisches Land dieser Debatte entziehen. In Deutschland zeigt die über fünfzigjährige Migrationsgeschichte, dass der Mehrheitsgesellschaft der muslimische Glaube fremd geblieben ist. Die

Diskussion pendelt seit Jahren zwischen der Toleranz und Akzeptanz bei Glaubensfragen und der Wahrung der westlichen, christlich geprägten Grundordnung. Dabei bekommen Moscheen natürlich einen Symbolcharakter. Aber wofür genau? Bei der Antwort gibt es viele Spielräume – schlussendlich ist es eine Auslegungsfrage. Das macht das Thema so schwer und ist Teil des Problems. Grundlage bei aller Diskussion sollte trotz allem unsere Verfassung bleiben. Das Grundgesetz ist die Basis und gilt für uns alle. Daran müssen wir uns alle halten – und das ist auch der Maßstab für unsere Gerichte. Für viele Muslime sind Moscheen Orte des Rückzugs und der Besinnung, für viele Kritiker Ausdruck von Macht. Gläubige Muslime verstehen ihre Gebetshäuser als Stätte des Austauschs und der Begegnung. Gegner kritisieren den größeren Einfluss des Islam im Westen. Nach Ansicht der Kritiker passen muslimische Wahrzeichen nicht ins abendländische Gefüge.

Der Kölner Moscheenstreit zeigt den gesellschaftlichen Wandel, mit dem die Bevölkerung noch lange nicht ihren Frieden geschlossen hat. Parallelen gibt es in Italien, Norwegen, der Schweiz und in Großbritannien, wo Menschen zu Hunderttausenden gegen noch vage geplante große Moscheen unterzeichneten. Und auch Bürgerinitiativen in Deutschland gehen gegen das Entstehen islamischer Gebetshäuser vor.

Das Streitmuster ist fast immer identisch: Erst werden Eingriffe ins urbane Gefüge verhandelt; hier geht es um Standorte und die Höhe von Kuppeln und Minaretten – um 25, 40 oder 55 Meter. Irgendwann landet man beim großen Ganzen: bei Hasspredigern, Terroranschlägen, beim Dschihad – und dem Vorwurf, Europa dulde mit jedem Minarett die Macht aus Mekka. Aber: Jede Stadt ist auch anders. Viele Orte wie beispielsweise das schwäbische Friedrichshafen befinden sich einfach noch in der Steinzeit der Integration. Menschen leben immer noch nebeneinander her – und wissen zu wenig voneinander. Die Türken leben teilweise noch das Leben, das sie aus Anatolien mitgenommen haben. Und umgekehrt nehmen beispielsweise viele Deutsche sie noch als Ausländer wahr – und nicht als Teil der deutschen Gesellschaft. Als ob die Zeit stehengeblieben wäre und wir das Jahr 1955 schrieben, also den Beginn der Migration im Nachkriegsdeutschland. Zusammengewachsen ist manchmal noch so gut wie nichts. Die Kommunikation zwischen Christen und Muslimen ist vielerorts noch sehr ausbaufähig. Sicher lassen sich diese Phänomene auch in Berlin, Hamburg oder Köln beobachten. Doch das Bild ist dort eben bunter, dynamischer und facettenreicher.

Rund 16 Millionen Muslime leben in der Europäischen Union, mehr als drei Millionen davon in Deutschland. Sie teilen den Glauben, doch nicht immer die geografischen Wurzeln, Sprachen und Traditionen. Über 70 Prozent der deutschen Muslime sind türkischer Herkunft. Die türkischen Muslime kann man nicht auf der einen Seite kritisieren, sich in Hinterzimmern zu verkriechen – und sich damit der Eingliederung in die Gesellschaft zu verweigern –, und ihnen im nächsten Atemzug vorwerfen, dass sie dort, wo sie seit mehreren Generationen leben, echte Moscheen errichten wollen. Schließlich stellen sie sich dabei auch der Öffentlichkeit.

Verständlicherweise ist eine undurchschaubare Minderheitenkultur für die Mehrheitsgesellschaft nicht gerade wünschenswert. Denn sie birgt möglicherweise viel größere Probleme als eine, die mit ihrer Transparenz zur Kommunikation und zum Miteinander einlädt. Gleichzeitig drängen sich viele Fragen auf: Welche finanziellen und ideologischen Einflüsse, welches Weltbild, welche Interessen stecken hinter den Auftraggebern von Moscheebauten? Und in welchem Verhältnis stehen diese Vorhaben zur demokratischen Kultur des Westens?

Klar ist, dass der Bau neuer Moscheen in den nächsten Jahrzehnten nicht abreißen wird. Klar ist auch, dass es in den nächsten Jahren viele heftige Kontroversen geben wird.

Zwar muss man in einer Demokratie streiten dürfen. Aber die Konflikte sollten nicht in Gewalt umschlagen. Am Ende geht es um Bilder – Weltbilder, Feindbilder und freilich um Symbole. Schwierig ist es, diese Bilder zu entzerren, sie richtig zu interpretieren. Falsch wäre es jedoch, es gar nicht erst zu versuchen.

In Duisburg ist beispielsweise 2008 eine der größten Moscheen Deutschlands eröffnet worden. Ein Positiv-Beispiel, da Proteste während der dreieinhalbjährigen Bauzeit ausblieben. Über 1000 Menschen finden in dem neuen Gotteshaus in Duisburg-Marxloh Platz. Mit der 23 Meter hohen Kuppel und dem 34 Meter hohen Minarett überzeugt der Bau. Doch einen Muezzin-Ruf vom Minarett wird es nicht geben. Die Moschee soll das Miteinander der Menschen unterschiedlicher Herkunft und Religion fördern.

Dieses Beispiel zeigt, wie schön es wäre, wenn sich der Gedanke durchsetzen könnte, dass Moscheen vor allem den Wunsch symbolisieren, im Heimatland Deutschland angekommen zu sein. Doch darf die Offenheit nicht bei irgendwelchen Details beim Bau von Moscheen stehen bleiben. Denn für eine erfolgreiche Integration tragen alle in der Gesellschaft die Verantwortung. Und auch das können Moscheen symbolisieren.

Hatice Akyün wurde 1969 in Akpınar Köyü in Zentralanatolien geboren. 1972 kam sie mit ihrer Familie nach Deutschland. *Heute lebt sie in Berlin und Hamburg; sie arbeitet als freie Journalistin und Schriftstellerin.*

ALS IHRE ELTERN MIT KOFFERN IN DEUTSCHLAND ANKAMEN, WIE SAH DAS LAND AUS, IN DEM SIE – DAMALS NOCH NICHT WISSEND – DIE KOMMENDEN JAHRZEHNTE IHRES LEBENS VERBRINGEN SOLLTEN?

Akyün: Meine Eltern kamen voller Hoffnung nach Deutschland. Es ist die Geschichte eines einfachen Ehepaars aus Akpınar Köyü. Mein Vater verließ sein Dorf, um seiner Familie ein besseres Leben zu ermöglichen. Er ging in ein fremdes Land, dessen Namen er nicht einmal aussprechen konnte. Er suchte nach Arbeit, von der es in seinem Land zu wenig gab. Seine Reise führte ihn nach Duisburg in ein Bergwerk, und später holte er seine Ehefrau und seine zwei Kinder nach. Und eines Tages, als das Paar seinen Ruhestand an der türkischen Ägäis genoss, stellten meine Eltern fest, dass Deutschland ihre Heimat geworden war.

Mein Vater merkte es daran, dass er in der Türkei seinen Mercedes und die doppelt verglasten Fenster seines Duisburger Hauses vermisste, und meine Mutter sehnte sich immer öfter nach ihrem ruhigen Leben in Deutschland. Aber das würden meine Eltern niemals zugeben. Im Grunde ist ihr sogenanntes Heimatland im Laufe der Jahre zum Urlaubsland geworden. Die Tatsache, dass mein Vater lange schon in Rente ist und dass er und seine Ehefrau in Deutschland mehrfache Großeltern sind, ändert nichts daran, dass er seit fast 40 Jahren ankündigt, im nächsten Jahr werde er für immer in die Türkei zurückkehren. Wenn ich ihn darauf aufmerksam mache, dass er das schon erzählt, seit ich denken kann, wird er böse und zischt: »Deine Mutter und ich wissen, wo wir beerdigt werden wollen, unsere Heimat tragen wir hier«, und klopft sich auf sein Herz.

ENDE DER SECHZIGERJAHRE GING ES DANN LOS. IHR VATER WAGTE DEN SCHRITT NACH DEUTSCHLAND...

Akyün: Genau. Im Juni 1969 setzte sich mein Vater, nachdem er nach einer langen Busfahrt in Istanbul angekommen war, in den Zug. Drei Tage dauerte die Reise nach Deutschland, immer weiter entfernte er sich von seiner Ehefrau und seinen beiden Töchtern. Die Ankunft in München hat er noch lebhaft in Erinnerung: Er und die anderen Männer wurden sehr herzlich von den Deutschen empfangen. Sie gaben ihnen am Bahnhof etwas zu trinken und zu essen. Er erinnert sich auch gerne daran, dass die Deutschen im Bus aufgestanden seien, um den »Ausländern« den Sitz zu überlassen. Heute, sagt er, treten sie uns in den Hintern. Und damit meint er nicht nur die deutschen Jugendlichen, sondern auch die türkischstämmigen Jugendlichen.

Von München aus wurde mein Vater mit anderen Männern, die wie er aus der Türkei gekommen waren, weiter nach Duisburg geschickt. Am Bahnhof erwartete sie der Chef eines Männerwohnheims und brachte sie zu ihrer Unterkunft. Zu viert teilten sich die Männer ein Zimmer. Als ich ein Kind war, zeigte mir mein Vater einmal das Gebäude. Bewohnt war es zu dem Zeitpunkt nicht mehr. Aber ich war entsetzt darüber, unter welchen Bedingungen mein Vater einige Jahre dort lebte. Er tat mir leid, und ich habe mir damals schon geschworen, dass ich alles tun werde, damit meine Eltern nie wieder in Armut leben müssen.

In Duisburg wurde mein Vater innerhalb weniger Wochen zum Bergmann ausgebildet. Das war eine große Umstellung für ihn. In der Türkei hatte er als Landwirt gearbeitet, und schon als Kind war er als Dorfhirte mit den Herdentieren hinaus auf die Weiden gezogen. Jeden Tag sah er den weiten Himmel, die vorüberziehenden Wolken, die oftmals gleißende Sonne. In Duisburg musste er diese helle und weite Welt vergessen. Bei der ersten Fahrt hinab in den Schacht, in eine Tiefe von 1200 Metern, bekam mein Vater Todesangst. An die Dunkelheit konnte er sich nie gewöhnen.

Dunkel sah es lange Zeit auch in puncto Integrationskonzepte aus ...

Akyün: Richtig. Die Integration, aber vor allem der Erfolg der Migrantenkinder wurde viel zu lange dem Zufall überlassen. Es gab zu meiner Schulzeit keine Unterstützung seitens der Gesellschaft beziehungsweise der Politik. Und meine Eltern, einfache Arbeiter, waren nicht in der Lage, sich um unsere schulischen Belange zu kümmern.

Ich hatte Glück, dass ich Lehrer hatte, die motiviert waren und erkannt haben, dass ich nicht dumm bin, sondern mir nur die Unterstützung fehlte. Mütter von deutschen Freundinnen halfen mir bei den Hausaufgaben. Ohne diese Hilfe hätte ich kein Abitur machen können, hätte ich heute keinen beruflichen Erfolg. Aber es ist fatal, Migrantenbiografien wie meine dem Zufall zu überlassen. Das kann sich eine Gesellschaft wie Deutschland jetzt und in Zukunft nicht leisten. Deshalb muss mehr seitens der Politik geschehen, auch, weil ich glaube, dass viele Eltern, die in der Parallelgesellschaft leben, ihren Kindern kein gutes Vorbild sein können.

Haben wir es mit unverbesserlichen Vätern zu tun, die immer noch der Ansicht sind, dass ihre Töchter keine Schulbildung brauchen, weil sie irgendwann heiraten, dann muss der Staat eingreifen und die Erziehung übernehmen. Jedes Migrantenkind muss die Chance bekommen, sich von den Eltern abzunabeln. Denn sonst wiederholen sich die Fehler immer wieder, und verkrustete Traditionen werden von Generation zu Generation weitergegeben. Und fehlt es an Bildung, werden die heutigen Kinder und späteren Erwachsenen diese Traditionen nicht hinterfragen.

HINTERFRAGEN IST EIN GUTES STICHWORT.
WIE HINTERFRAGEN SIE SOGENANNTE PARALLEL-
GESELLSCHAFTEN?

Akyün: Eine Parallelgesellschaft kann meiner Meinung nach nicht positiv sein, denn es fehlt der Austausch mit der Mehrheitsgesellschaft. Es muss in die Köpfe der Migranten, dass man sich nicht in die Parallelgesellschaft zurückziehen muss, um seine Identität zu bewahren. Niemand verlangt, dass sie ihre Herkunft, ihre Sprache oder ihre Traditionen ablegen.

Es geht einzig und allein darum, dass sie und ihre Kinder die deutsche Sprache erlernen, damit sie auf dem Arbeitsmarkt eine Chance haben. Sie müssen begreifen, dass es ein Reichtum ist, weil sie die Chance haben, mit zwei Sprachen und zwei Kulturen gleichzeitig aufzuwachsen, und dass sie eine Menge vermissen werden, wenn sie sich nur für die eine Welt entscheiden.

VIELE MIGRANTEN PENDELN AUF DER GEFÜHLSEBENE
ZWISCHEN DEN KULTUREN. SIE AUCH?

Akyün: Zum Glück muss man sich nicht entscheiden, obwohl ich immer wieder von deutschen Freunden gefragt werde, wie viel Prozent ich denn nun deutsch und wie viel von mir türkisch sei. Ich habe keine Antwort darauf, denn manchmal fühle ich mich zwischen den Lammrippchen auf dem Grill meines Vaters und den köstlichen Böreks meiner Mutter doch sehr deutsch und sehne mich nach meinem deutschen Leben mit Vollkornbrot und einer guten Tasse Filterkaffee. Aber nicht selten fühle ich mich sehr türkisch, wenn ich mal wieder mit meinen deutschen Freunden in einem Restaurant sitze und am Ende des Abends die Rechnung centgenau getrennt wird. Und weil mir Getrenntzahlen so unangenehm ist, übernehme ich meistens sogar die Rechnung. Sich manchmal deutsch zu fühlen bedeutet nicht, seine Identität aufzugeben. Und wenn ich sage, dass ich die deutsche Sprache liebe, heißt es nicht, dass ich die türkische nicht mag.

Ich wundere mich immer wieder, wenn ich türkische Mütter in meinem Alter treffe, die die gleichen Fehler wie unsere Eltern machen, und dass sie nicht alles daran setzen, dass ihre Kinder Deutsch lernen. Viele machen aus Unwissenheit Fehler, andere aber auch aus Böswilligkeit, weil sie Angst haben, dass ihre Kinder zu deutsch werden könnten. Obwohl ich nicht weiß, was daran eigentlich so schlimm sein soll.

Es geht schon lange nicht mehr um deutsch oder türkisch sein. Es geht auch nicht um den Islam oder das Christentum und auch nicht darum, welche Kultur denn nun die bessere ist. Es geht einzig und allein darum, dass Kinder aus Migrantenfamilien ohne Deutschkenntnisse keine Chance auf dem Ausbildungsmarkt haben. Es geht darum, dass sie ohne die deutsche Sprache keine Perspektive haben, und darum, dass sie ohne die deutsche Sprache zu einer verlorenen Generation zählen.

DIE REALITÄT DER DEUTSCH-TÜRKISCHEN IDENTITÄT UND DIE WAHRNEHMUNG DER DEUTSCHEN KLAFFEN HÄUFIG AUSEINANDER. WIE GEHEN SIE DAMIT UM?

Akyün: Was mir auffällt, ist, dass ich mich erst seit einigen Jahren mit meiner deutsch-türkischen Identität auseinandersetze. Die Jahre in der Schule oder auch an der Uni waren absolut identitätsfrei. Ich war einfach Hatice. Fertig. Heute habe ich das Gefühl, dass ich mich öfter rechtfertigen muss für das, was ich bin oder tue, als meine deutschen Freundinnen. Der Migrationshintergrund klebt schon sehr stark an einer Frau, die aus einer traditionell-türkischen Familie stammt.

Es liegt auch daran, dass die Wahrnehmung der Deutschen falsch ist, weil negative Beispiele deutsch-türkischer Familien in der Öffentlichkeit präsenter sind. Ich muss ständig gegen Vorurteile und Stigmatisierungen kämpfen, immer wieder betonen, dass ich keine Ausnahme bin, kein Einzelfall, sondern dass es viele türkischstämmige Frauen in Deutschland gibt, die ein ähnliches Leben wie ich leben. Differenzierungen scheinen längst aufgegeben. Aber es gibt Tausende türkischer Familien, deren Integration funktioniert hat und die längst als Deutsche in diesem Land leben. Genau das wollte ich übrigens am Beispiel meiner Familie, die repräsentativ ist für viele sogenannte Gastarbeiterfamilien, deutlich machen. Ich verstehe mein Buch *(Ali zum Dessert)* als Liebeserklärung an die Türken und die Deutschen – denn mein Leben ist sowohl türkisch als auch deutsch.

Anderen Ursprungs zu sein war schon immer faszinierend für die Mehrheitsgesellschaft. Aber das ist meiner Meinung nach normal. Jemand, der zwei Kulturen in sich vereint, zwei Sprachen spricht, exotisch aussieht und womöglich einen Lebenslauf mit Ecken und Kanten hat, kann immer mehr erzählen. Schauen Sie sich mein Leben an: Als Deutsche mit türkischer Herkunft bin ich in der Lage, all die Sitten und Unsitten meiner türkischen und deutschen Landsleute zu beobachten und sie mit scharfer Zunge zu kommentieren.

In meinem Buch geht es ja genau um diese Alltagssituationen. Mal nehme ich die verschämten Liebeserklärungen deutscher Männer aufs Korn oder aber die Grillorgien türkischer Familien im Berliner Tiergarten. So kann ich mal die deutsche, mal die türkische Beobachterin sein, und es entsteht ein fröhlich-spöttischer Bilderbogen. Jeder wird bei diesen Geschichten gerne zuhören.

IN DEN VERGANGENEN JAHRZEHNTEN SIND SICH DIE KULTUREN SCHLIESSLICH AUCH IN LITERATUR, MUSIK, KUNST UND VIELEN ANDEREN BEREICHEN NÄHER GEKOMMEN.

Akyün: Ja klar. Wenn ich daran denke, dass wir vor 25 Jahren noch türkische Kassetten von Sezen Aksu oder Ferdi Tayfur aus dem Sommerurlaub mitbringen mussten und diese Musik heute sogar im Media Markt bekommen, dann glaube ich schon, dass es Vermischungen gibt. Klar, nicht so stark wie der Einfluss amerikanischer oder italienischer Musik, aber: Seitdem Sertab Erener den Eurovision Song Contest gewonnen hat, sind auch Deutsche auf die rhythmische türkische Popmusik positiv aufmerksam geworden. Und viele Deutsche kommen aus dem Urlaub und singen die Lieder von Tarkan oder Mustafa Sandal, weil sie sie in den türkischen Clubs gehört haben.

Natürlich hat die türkische Küche nicht den Ruf, den zum Beispiel die italienische hat. Ich finde, dass die Italiener in Deutschland mit der Dolce Vita die Deutschen integriert haben – Pasta, Pizza, Espresso. Davon sind die Türken noch weit entfernt, aber jeder Deutsche, der einmal richtig türkisch gegessen hat und der weiß, dass ein Döner Kebap, wie er in Berlin, Köln oder Hamburg in türkischen Imbissen verkauft wird, nicht türkisch ist, der sorgt dafür, dass es mehr positive Vermischungen gibt.

Es gibt auch eine Vermischung der deutschen mit der türkischen Sprache. Aber ich finde dies nicht positiv, außer wenn man beide Sprachen perfekt beherrscht und diese Sprachform als eine Art Dialekt verwendet. Mit meinen Geschwistern zum Beispiel spreche ich einen Mix aus beiden Sprachen. Wir können in Sekundenschnelle nicht nur von der einen Sprache in die andere wechseln, sondern mengen deutsche Wörter unter unsere muttersprachlichen Sätze, die wir der Grammatik und dem Satzbau im Türkischen anpassen, und erfinden so unsere eigene Sprache.

»Ich muss noch ›aksam yemegi‹ kochen«, sagt meine Schwester vor dem Abendessen, oder ich frage: »›Arabanın Schlüssellini geben yapsana‹?«. Kannst du mir bitte den Autoschlüssel geben? Solche Sprachkreationen lehnt wiederum meine Mutter strikt ab. Sie besteht darauf, dass in ihrem Haus nur Türkisch gesprochen wird. Wenn ich versuche, ihr zu erklären, dass es für meine Zunge nicht einfach sei, ganz auf Deutsch zu verzichten, faucht sie mich an: »Die Zunge hat keinen Knochen. Sie beherrscht die Muttersprache immer.«

Welche Rolle spielen bei Ihnen religiöse Themen?

Akyün: Mir wird eine Kompetenz in Bezug auf den Islam beziehungsweise zu türkischen Themen zugesprochen, die sich deutsche Journalisten jahrelang durch Studium und Weiterbildung hart erarbeiteten. Ich dagegen habe diese Eignung nach Ansicht vieler Kollegen und Freunde quasi mit der muslimisch-anatolischen Muttermilch aufgesogen. Dabei muss ich gestehen, dass ich, was den Islam und den Koran angeht, nicht gerade eine Fachfrau bin. Eine Einladung von Bundesinnenminister Dr. Wolfgang Schäuble zu einer Islam-Konferenz müsste ich wegen gravierender Wissenslücken ablehnen.

Ich bin nicht sonderlich koranfest, und ich kenne nur den Straßenislam, jenen Islam, der sich vom Christentum meiner Freundinnen nicht sehr unterscheidet. Gingen sie gelegentlich sonntags in die Kirche und sagten das Vaterunser auf, besuchte ich die Moschee und lernte meine Suren. Das war's dann auch schon. Zu den islamischen Feiertagen fahre ich zu meinen Eltern, und meinen deutschen Freunden schicke ich jedes Jahr zu Weihnachten Karten. Mir würde etwas fehlen, wenn ich das eine oder andere nicht tun dürfte – auch wenn ich die jeweiligen religiösen Hintergründe in aller Tiefe kaum kenne.

HÄNGT IHR BERUFLICHER ERFOLG VOR ALLEM VOM ERWERB DER DEUTSCHEN SPRACHE AB?

Akyün: Meine Deutschkenntnisse sind der Schlüssel zu meinem beruflichen Erfolg, aber auch der Grund dafür, dass ich mich in Deutschland zu Hause fühle. Die deutsche Sprache ist der einzige Weg zu einem erfolgreichen Berufsleben, und sie ist der Schlüssel dafür, dass wir alle in diesem Land glücklich zusammen leben können.

Ich bin überzeugt davon, dass eine gesellschaftliche Veränderung nur dann erfolgt, wenn Kinder, egal welchen sozialen Hintergrund sie haben, bereits im Vorschulalter an die Hand genommen werden, damit sie eine reelle Chance bekommen. Kindergärten sollten kostenlos sein, und es sollte eine Kindergartenpflicht geben, besonders für ausländische Kinder, damit bereits im frühkindlichen Alter der Grundstein gelegt wird – und das ist die deutsche Sprache.

Mit Anfang zwanzig war ich als Au-Pair in den USA. Mein Englisch war schlecht. Das Schlimmste für mich war, dass ich mich nicht unterhalten konnte. Ich habe mich sehr dumm gefühlt. Eine Sprache zu können, egal wo du bist, ist ein Wohlfühlfaktor, es gibt dir Lebensqualität. Du kannst dich verständigen, dich unterhalten und verteidigen. Ohne Sprache wird man nicht ernst genommen, nicht respektiert.

Sprache bedeutet, miteinander zu reden, Vorurteile abzubauen, und sie bedeutet, dass wir uns gegenseitig unsere Ängste nehmen können. Aber dazu muss man eine *gemeinsame* Sprache sprechen. Sosehr ich die türkische Sprache, ihren Klang und ihre blumigen Beschreibungen liebe, so sehr liebe ich auch die deutsche Sprache mit ihrer Präzision und ihren grammatikalischen Ausnahmeregeln. Wir leben nun mal in Deutschland. Und deshalb ist unsere gemeinsame Sprache die deutsche.

MEDIEN UND MIGRANTEN.
WAS FÄLLT IHNEN DAZU EIN?

Akyün: Mein erstes Buch, *Einmal Hans mit scharfer Soße*, wurde 2005 veröffentlicht. Zu einer Zeit also, als die öffentliche Wahrnehmung der Türken durch Berichte über Zwangsverheiratungen und Ehrenmorde sehr negativ war. Mein Buch habe ich auch als »Gegenbeispiel« verstanden. Die einseitige Berichterstattung über Migranten und ganz besonders über türkischstämmige Frauen hat mich sehr wütend gemacht. Ich hatte das Gefühl, dass ich das Bild der Deutsch-Türkin mit einem Buch vervollständigen musste.

Ja, es gibt zwangsverheiratete türkische Frauen. Ja, es gibt unterdrückte türkische Frauen. Aber es gibt auch mich und viele andere, die ein ähnliches Leben wie ich führen. Im Moment hat sich das Bild zum Glück ein wenig entspannt. Auch durch die ARD-Serie »Türkisch für Anfänger« oder Porträts über erfolgreiche Deutsch-Türken in verschiedenen Medien.

Nach über 200 Lesungen, Podiumsdiskussionen und Interviews in Deutschland und anderen europäischen Ländern hoffe ich sehr, dass ich das einseitig geprägte Bild der türkischen Frau in Deutschland ein wenig korrigieren konnte. Es wäre schon ein großer Erfolg, wenn nur zehn Prozent der Zuhörer nach Hause gehen, über ihre Vorurteile nachdenken und die türkische Frau ein wenig differenzierter betrachten würden.

Unterschiede zwischen Deutschen und Türken werden mitunter öffentlichkeitswirksam und schonungslos diskutiert, zum Beispiel das Tragen des Kopftuchs, die Zwangsehe oder die gesellschaftliche Dominanz der Männer. Diese Diskussionen müssen in Zukunft konstruktiv und vorurteilsfrei geführt werden. Manche Diskussionen richten aus meiner Sicht viel Schaden an, es werden noch mehr Vorurteile aufgebaut, und das Zusammenleben von Deutschen und Türken wird dadurch erschwert.

Zu meinen Lesungen kommen viele türkische Frauen, die sagen: »Danke, dass du das mal so aufgeschrieben und keine Leidensliteratur verfasst hast.« Was mich bei den Deutschen am meisten überrascht hat, ist, dass Dinge, die für mich das Selbstverständlichste überhaupt sind, für viele Leute so neu sind. Zum Beispiel, dass Zwangsheirat nicht türkisch ist.

UND LÄUFT DIE INTEGRATION IN DEN USA ODER IN GROSSBRITANNIEN BESSER ALS IN DEUTSCHLAND?

Akyün: Um ehrlich zu sein, schaue ich nicht sehr stark in die USA oder nach Großbritannien, denn meine Heimat ist Deutschland. Ich habe einige Jahre in New York gelebt, und die Migranten dort haben eine ganz andere Geschichte. Die Menschen, die vor vielen Jahren in die USA einwanderten, sind gekommen, um zu bleiben. Unsere Eltern sind gekommen, um Geld zu verdienen und dann so schnell wie möglich wieder in ihre Heimat zu gehen. Das werfe ich ihnen heute vor. Denn so haben sie versäumt, sich zu integrieren, weil sie ja immer den Blick in die Heimat hatten.

So haben sie auch versäumt, ihre Kinder auf ein Leben in Deutschland vorzubereiten, denn sie wollten ja immer zurück. So konnte keine Beziehung zwischen ihnen und den Deutschen entstehen. Und heute, nach fast 40 Jahren, sind sie immer noch in Deutschland und haben es nicht geschafft, mit Sack und Pack das Land zu verlassen. Deshalb dürfen wir, die nächste Generation, nicht die gleichen Fehler wie unsere Eltern machen. Wir sollten hier leben und unsere Kinder so erziehen, als würden wir dieses Land niemals verlassen.

UNTERSCHEIDEN SICH IHRE PRIVATEN GEGENÜBER DEN BERUFLICHEN ERFAHRUNGEN GRAVIEREND?

Akyün: Von Montag bis Freitag, von 9 bis 18 Uhr, manchmal auch länger, bin ich Journalistin, Teilnehmerin diverser Diskussionsrunden und Expertin für Integrationsfragen. In meiner Freizeit treibe ich Sport, gehe mit meiner Tochter auf den Spielplatz, kaufe Schuhe – und bin Expertin für Integrationsfragen.

Vor einiger Zeit fragte mich jemand auf einer Geburtstagsparty: »Was sagen Sie eigentlich zu der Assimilierungsrede Ihres Präsidenten?« Ich überlegte fieberhaft, ob ich eine wichtige Rede des Bundespräsidenten verpasst hatte. »Ach ja, Köhler«, sagte ich schließlich und gab mich wissend. »Das war sehr interessant.«

Mein Gegenüber blickte mich verständnislos an und sagte: »Nein, ich meine natürlich die Rede von Erdoğan, dem türkischen Ministerpräsidenten.«

»Ach, den meinten Sie. Das ist nicht mein Präsident. Den habe ich gar nicht gewählt«, antwortete ich und machte mich davon.

In diesem Moment fühlte ich mich wie ein langjähriger Freund, der sich bei jeder Gelegenheit die Krankenakte seines Gesprächspartners anhören muss, sobald er erwähnt, dass er Arzt ist. Augenblicklich wird ihm von einem Ziehen in der Leistengegend berichtet, und nicht selten greift sein Gegenüber zu seiner Hand und ruft: »Schauen Sie mal, fühlen Sie hier den Knubbel?«

Derartige Ausreden nützen bei mir nichts, denn mein Expertentum steht mir ja förmlich ins Gesicht geschrieben. So wie der Freund, der in seiner Freizeit keine Röntgenbilder mehr sehen will, wünsche ich mir, dass ich morgens um drei auf einer Party keine Lösungsansätze mehr für Integrationsprobleme aus dem Ärmel schütteln muss. Um diese Uhrzeit möchte ich einfach nur Mensch sein. Ich würde mich am liebsten darauf einigen, dass ich eine Einwanderungsgeschichte habe. Zwar habe ich drei Jahre in der Türkei gelebt, bevor ich nach Deutschland kam, aber angesichts der folgenden 33 Jahre sollte es reichen, Teil dieses Landes zu sein. Auch mit dem Begriff Deutsche türkischer Herkunft könnte ich leben. Aber am einfachsten wäre die Bezeichnung Deutsche.

Auf Ämtern werde ich dafür bestaunt, wie gut doch mein Deutsch sei. Ich empfinde das aber nicht als negativ, denn es zeigt, dass die Dame oder der Herr im Amt tagtäglich mit Migranten zu tun haben, die die deutsche Sprache nicht gut beherrschen. Und auf ihren Ausruf: »Sie sprechen aber gut deutsch«, antworte ich, »Sie aber auch«. So halte ich ihnen mit Humor den Spiegel hin – und wir lachen gemeinsam über die Situation. Ich bin mir sicher, dass der nächste Migrant, der gut Deutsch spricht, nicht von ihnen wie ein Außerirdischer bestaunt wird. Und das ist schon eine Menge wert …

ABER VIELE MIGRANTEN BERICHTEN VON DIVERSEN SCHWIERIGKEITEN AUF IHREM LEBENSWEG.

Akyün: Von großen Schwierigkeiten kann ich nicht berichten, da mir mein Background geholfen hat, mich beruflich zu etablieren. Meine Schwierigkeiten waren jene, die auch deutsche Frauen haben, die sich für den Beruf der Journalistin entscheiden. Nämlich, dass dieser Bereich immer noch sehr stark von Männern dominiert wird.

Frauen werden immer gerne für soziale Themen eingeteilt. Und ich mit meiner Herkunft für soziale türkische Themen. Aber ich habe das als Chance verstanden. Als ich Journalistin werden wollte, war mein Vater sehr enttäuscht. Vorher hatte ich eine Ausbildung zur Justizangestellten gemacht. Dieser Beruf im öffentlichen Dienst erschien ihm viel ehrenvoller. Dass ich Journalistin wurde und Karriere machen konnte, habe ich einzig und allein meinem türkischen Background zu verdanken. Ich war damals mit einem Sportjournalisten zusammen und ging in der Lokalredaktion der WAZ Duisburg ein und aus. Irgendwann meinte der Lokalchef, ich solle die Gerichtsberichte schreiben, bei denen es um Türken ging. So hatte ich einen klaren Vorteil gegenüber den deutschen Mitarbeitern, die ja kein Wort Türkisch verstanden haben.

Später bin ich als Society-Reporterin zur *Max* nach Berlin gegangen. Da spielte es keine Rolle mehr, dass ich in einer traditionellen türkischen Familie aufgewachsen bin.

Irgendwann habe ich mich dagegen gewehrt, immer nur die »Türkenthemen« zu machen. Inzwischen sind sie aber doch wieder Schwerpunkt meiner Arbeit, zumal ich mir hier ein großes Wissen angeeignet habe. Außerdem glaube ich, dass ich durch meine Arbeit beide Welten zusammenführen kann. Ich kann vieles erklären, ohne es immer gutheißen zu müssen.

Und was meinen Sie, bremst oder beschleunigt der Migrationshintergrund die Karriere?

Akyün: Ja, Migranten haben es schwerer. Aber das ist normal, denn sie müssen sich wegen ihrer Andersartigkeit erst einmal beweisen. Aber ich finde, dass das eher ein Vorteil ist, denn Andersartigkeit bringt auch Vorteile.

Ich kenne keinen Personalchef, der nur gerade Lebensläufe bevorzugt. Ein ungerader Lebensweg, ein Lebenslauf mit Ecken und Kanten wie meiner, weckt eher die Neugier der Chefs, das ist für mich immer ein Vorteil gewesen. Ganz wichtig ist es für die Psyche, sich nicht als diskriminiertes Opfer zu sehen, wenn es beruflich nicht läuft. Ich habe aus Rückschlägen immer Kraft gewonnen, noch mehr zu kämpfen. Allerdings reicht es nicht nur zu kämpfen, man muss auch die Voraussetzungen erfüllen, die ein Job verlangt. Nur auf dem Migrantenticket zu fahren reicht nicht aus.

WENN DIE REDE VON DER »VERLORENEN GENERA-
TION« IST, DANN LEIDER AUCH HÄUFIGER IN BEZUG
AUF DIE KINDER DER SOGENANNTEN GASTARBEITER.
WELCHEN TIPP WÜRDEN SIE IHNEN GEBEN, UM IN
DEUTSCHLAND FUSS ZU FASSEN?

Akyün: Ich würde ihnen raten, ihre Herkunftssprache und
die deutsche Sprache perfekt zu erlernen. Denn damit haben
sie auf dem Arbeitsmarkt eine doppelte Chance. Nur Bildung ermöglicht den Aufstieg; das habe ich am eigenen Leib
erfahren. Deutschland ist meiner Meinung nach das Land,
das mitunter die besten Bildungschancen bietet, ohne dabei
reich sein zu müssen. Hier kann jeder Abitur machen, ohne
Geld dafür zahlen zu müssen. Das muss den Eltern und den
Jugendlichen klar werden.

In keinem anderen Land werden Kinder aus sozial schwa-
chen Familien so gefördert wie in Deutschland. Mein Vater
war ein einfacher Arbeiter, niemals hätte er mir in seinem
Heimatland Türkei eine gute Schulbildung ermöglichen
können. In Deutschland war es dank Bafög möglich.

Ich möchte den Migranten raten, ihre Integration auch in
die eigene Hand zu nehmen und sich nicht in die Opferrolle
zu begeben, wenn es mal nicht gut läuft, aus welchen Gründen auch immer. Denn jeder ausländerfeindliche Spruch,
jede Zurückweisung eines Arbeitgebers aufgrund der Herkunft ist es nicht wert, keinen Beruf zu erlernen und sich
entmutigen zu lassen. Im Leben wird man immer Rück-
schläge erleiden, egal ob mit Migrationshintergrund oder
ohne. Deshalb ist es noch wichtiger weiterzumachen, denn
es gibt keine Alternative.

GLAUBEN SIE HEUTE AUCH NOCH, DASS SIE SICH AUF
DEM RICHTIGEN PFAD VORWÄRTSBEWEGEN?

Akyün: Ja, absolut. Ich habe bisher ein wunderbares Leben gelebt und lebe es immer noch. Meine Familie stammt aus dem

kleinen anatolischen Dorf Akpınar Köyü, in der Nähe von Kütahya. Sie lebte bis 1969 von der Landwirtschaft und mein Leben war vorgezeichnet.

Wenn mein Vater nicht als »Gastarbeiter« nach Deutschland gekommen wäre, um seiner Familie ein besseres Leben zu ermöglichen, lebte ich mit größter Wahrscheinlichkeit heute immer noch in diesem Dorf. Ich sehe die Generation meines Vaters als Pioniere an, die weit mehr geleistet haben, als die nachfolgenden Generationen. Wir hatten und haben jederzeit die Wahl, aber sie mussten in die Einsamkeit gehen und Geld verdienen, sonst wären sie arm geblieben. Ich bin seit 1972 in Deutschland, und mein Leben ist seither ein Geschenk.

DIE KUNST DER BILDER
Ali Kepenek

Ali Kepenek ist ein kräfti-
ger Mann, den man auf den
ersten Blick ein wenig als
Paradiesvogel bezeichnen
würde. Ohrring, an der rechten und linken Hand viele sil-
berne Armreifen und Ketten, große und schwere Ringe an
den Fingern. Meist mit einem Baseball-Cap und Jeans anzutreffen. So wie heute auch. Seine muskulösen Arme sind mit
Tatoos bedeckt, auf die er sehr stolz ist, wie er sagt. Mach's
anders als die anderen – das ist sein Erfolgsrezept. Der Fotograf lehnt Posieren und künstliches Gehabe bei den Models
ab. Gefühl ist stärker, möglichst mit Sexappeal gepaart.

Der 40-jährige Künstler ist im türkischen Sivas geboren
und in Köln aufgewachsen, lebt und arbeitet in London und
Berlin. Er verbindet in seinen Arbeiten Ästhetik und Emotion.
Dabei stehen häufig Themen wie Liebe, Verlust, Einsamkeit
und Selbstinszenierung im Vordergrund. In Kepeneks Foto-
grafien sind Tätowierungen Ausdruck eines Lebensgefühls.
Kepenek hat zudem auch als Türsteher einer Berliner Nobel-
disko und anderer heißer Hauptstadtclubs gearbeitet. Heute
stehen Cameron Diaz, Dennis Hopper oder Franka Potente
vor seiner Kamera. Ganz bewusst unterläuft er die Glamour-
fotografie, die er in Perfektion beherrscht, in seinen rauen
und unsentimentalen Aufnahmen, die das Gewöhnliche der
Tätowierung betonen. Mittlerweile zählt Kepenek zu den

erfolgreichsten Modefotografen der Welt. Er hat für bekannte Marken wie Adidas, Wormland, Levi's, Nike, Andrew Mac Kenzie und und und gearbeitet. Als »Gastarbeiterkind« hat sich Kepenek viel erarbeitet. »Wenn ich Glück hatte, dann weil ich auch viel dafür getan habe«, erzählt der selbstbewusste Künstler.

Kepeneks Eltern kamen 1966 aus einem kleinen Dorf bei Sivas nach Deutschland. Erst zu Verwandten des Vaters nach Stuttgart. Dort hat es ihnen aber nicht gefallen, sodass die Kepeneks weiter nach Köln zogen. Hier lebten die Verwandten der Mutter. Ali Kepenek war noch nicht auf der Welt, als sein Vater nach Deutschland ging, wohl aber seine ältere Schwester Dilber, die 1960 in Gürün das Licht der Welt erblickte. Als dann Ali Kepenek 1968 und ein weiteres Jahr später sein Bruder Ibo geboren wurden, lebten die drei Kinder vier Jahre bei den Großeltern in Istanbul.

Noch heute verbindet Kepenek verschiedene Gerüche mit der Türkei: »Wenn ich an bärtigen Männern vorbeigehe, die aus der Moschee kommen und nach Rosenwasser riechen, dann ist das Türkei«, erzählt der Fotograf und lacht. In Istanbul wohnten die Großeltern unweit der Efes-Bierbrauerei. »Ach ja«, erinnert er sich, »der Geruch von Hopfen ist für mich auch Türkei.«

Zurück in Deutschland: Kepeneks Vater fand schnell einen Job. Im Kabelwerk F & G arbeitete er. Die Mutter fand eine Stelle als Küchenhilfe in der Mensa der Uni Köln. Aber warum wollten nun die Eltern unbedingt nach Deutschland kommen? »Sie wollten der Armut in der Türkei entgehen«, antwortet Kepenek kurz und knapp. Doch das Leben für Kepeneks Eltern war nicht einfach, und ein Leben ohne die Kinder machte es auch nicht einfacher.

»Die ersten Jahre so ohne Vater und Mutter aufzuwachsen hat die Geschwister unglaublich zusammengeschweißt«, hebt der Künstler hervor. Dilber sei nicht nur Schwester, sondern auch Mutter und beste Freundin gewesen. Als den Eltern dann die finanziellen Möglichkeiten offenstanden, wurden die Kinder 1972 nach Deutschland geholt. In Köln-Mülheim, einem sehr türkisch geprägten Stadtteil, schotteten sie sich bewusst von den türkischen Nachbarn ab. Bei Kepeneks war es nicht so, dass Horden von türkischen Familien jedes Wochenende zu Besuch kamen. Ganz im Gegenteil: Sie lebten in ihrem Mikrokosmos.

Der Vater hat sehr darauf geachtet, seinen Kindern in der Schule zur Seite zu stehen. Ali Kepenek hatte eigentlich vier weitere Geschwister. Doch sie sind noch als Babys gestorben. »Unsere Eltern haben sich fortan umso mehr um uns gekümmert. Sie ermöglichten uns Kindern alles. Dafür bin heute noch dankbar.«

Die Unterstützung hatte auch für Kepeneks Vater etwas Positives: Denn bei der Hilfe mit den Hausaufgaben verbesserte auch er seine Deutschkenntnisse. Die Arbeit im Kabelwerk war sehr hart. Oft kam sein Vater müde nach Hause. Ähnlich war es bei seiner Mutter. Wenn die Kinder in ihre Gesichter schauten, erzählt Kepenek, sahen sie oft Melancholie. »Wahrscheinlich lag es daran, dass sie immer ungerecht behandelt wurden«, so Kepenek. »Meine Mutter kam oft weinend nach Hause, denn auch in der Küche der Uni-Mensa gab es Neider.« Besonders die Tatsache, dass seine Mutter Analphabetin war, wurde von ihren Kollegen ausgenutzt. Mittlerweile haben die Kinder der Mutter das Lesen und Schreiben beigebracht. Doch die Verarbeitung seiner Trauer über die erfahrenen Ungerechtigkeiten gegenüber der Mutter geht weiter: »Als kleinen Ausgleich für meine Eltern will ich jetzt auch anderen Menschen helfen.«

Was strengte die Eltern genau an? Kepenek antwortet gleich: »Mein Vater erlebte eine physische Anstrengung. Meine Mutter eine psychische.« Dennoch war es den Eltern wichtig, viel Zeit mit den Kindern zu verbringen. Sein Vater hatte oft Schichtdienst und konnte die Kinder dann zur Schule bringen. »Als Kind war ich wild«, beschreibt er sich selbst. Die Quittung kam prompt: »Ab und zu gab es auch mal eine Ohrfeige«, sagt er lachend. »Ich war halt ein Rebell in der Familie. Ich habe für mich, aber auch für Ibo den Weg geebnet.« Ali Kepenek tut sich schwer, von seiner Kindheit zu erzählen. Als ob er die ersten 18 Jahre seines Lebens irgendwie lieber ausblenden möchte. »Eigentlich beginnt mein Leben später. Es war nicht immer einfach.«

Wenn er von seiner Schwester erzählt, sieht man Stolz in seinen Augen. Dilber war zwölf Jahre alt, als sie mit den Brüdern nach Deutschland kam. In nur einem Jahr hat sie Deutsch gelernt, danach ihr Fachabitur gemacht und später dann eine Ausbildung zur Bankkauffrau. Jetzt arbeitet Dilber als Kundenberaterin bei einer Kölner Sparkasse.

Ali Kepenek und Ibo haben sich schneller an das Leben in Deutschland gewöhnt. Beide sind in Köln-Mülheim aufs Gymnasium gegangen. Kepeneks Kunstlehrer erkennt sein Talent und fördert ihn früh – bereits in der 5. Klasse. Er ist für den Unterricht zu begabt, sodass sein Lehrer ihm letztendlich Sonderaufgaben gibt. Durchschnitt langweilt den noch jungen Ali Kepenek. »Ich bin sicher auch ehrgeiziger im Vergleich zu vielen meiner Mitschüler gewesen«, weiß er noch.

Aber was wäre aus Ali Kepenek in Sivas geworden? Ziegenhirte? Oder ein Rebell, wie er es auch heute noch ist? Wahrscheinlich wäre er nach Istanbul zu den Großeltern gegangen oder irgendwann nach England, wo er heute lebt und sich nicht als »Ausländer« fühlt.

In diesem Moment herrscht Stille. Er grübelt und denkt noch mal über seine Schulzeit nach: »Zu unseren Schulausflügen bin ich nie gegangen. Nicht weil ich nicht durfte, nein, es lag an den finanziellen Möglichkeiten meiner Eltern. Aber ich habe nichtsdestotrotz mit meinen Eltern viel lieber Zeit verbracht. Ich wollte vor allem meinen Eltern zeigen, dass ich es trotz der manchmal schwierigen Situation schaffen kann.«

Ali Kepenek war 18 Jahre alt, als er sein Abitur bestand. Er wusste genau, dass er etwas Künstlerisches machen würde. So fertigt er Mappen für verschiedene Kunsthochschulen an. Essen, Düsseldorf, Kassel. Einige wollen ihn auch aufnehmen, doch der junge Kepenek will nicht im Rheinland oder Ruhrgebiet studieren, nein, Ali Kepenek will woandershin: Sein Ziel ist Berlin. 1987 ist er in die geteilte Stadt gekommen. Er bereitet seine Mappe für die Hochschule der Künste vor. Architektur will er studieren. Doch so einfach ist das Erstellen seiner Bewerbungsunterlagen nicht. Für verschiedene Bilder muss der junge Mann sich eine Kamera ausleihen. Schließlich kommt es, wie es kommen muss: Ali Kepenek wird ausgewählt und bekommt eine Einladung für die Aufnahmeprüfung. Doch bereits am ersten Tag der Prüfung langweilt er sich. »Mama, ich glaub, das wird mir keinen Spaß machen. Ich hör auf!« Das war der Anruf an die Mutter, entsinnt sich Kepenek.

Als Laborassistent bei einem Fotografen lernt er sein Handwerk. Über Wasser hält er sich in dieser Zeit mit Jobs als Barkeeper und Türsteher in verschiedenen Clubs. 1988 wird Ali Kepenek in den bekannten Lette-Verein aufgenommen. »Ich dachte, endlich schließe ich meine Ausbildung zum Fotografen ab«, erzählt er. Doch die Geschichte ändert sich auch für ihn mit der Wende am 9. November 1989. Die Berliner Mauer fällt, und gleichzeitig schmeißt er seine Ausbildung im Lette-Verein hin. Ali Kepenek gründet mit Freunden die Modelagentur Typeface, und tatsächlich entdecken sie zahlreiche Models. Nebenbei fotografiert er auch für das Art Forum, aber es ist die Modefotografie, mit der er berühmt wird.

Und woraus schöpft der kraftvolle Mann seine Inspirationen und kreative Energie? »Die Städte, in denen ich lebe, geben mir viele Impulse«, berichtet er. Berlin und London. Auch seine Freunde inspirieren ihn. Zwei seiner »Musen«, wie er sagt, leben in Berlin, eine weitere in London.

Obwohl Ali Kepenek mit den Schönen und Reichen auf der ganzen Welt unterwegs ist, bleibt er ein bodenständiger Typ. »Egal, ob ich reiche oder arme Freunde hab, ich änder' mich nicht!«, unterstreicht er. »Meine Eltern haben mir beigebracht, Respekt zu haben. Aber ganz besonderen Respekt habe ich vor allem gegenüber meinen Eltern. Andere zeigen ihren Respekt vor ihren Eltern, indem sie studieren und ihren Abschluss machen. Ich will mich wiederum für Schwache einsetzen.«

Ali Kepenek hat, als er zwölf Jahre alt war, aufgehört, Türkisch zu sprechen. Heute bereut er es, dass sein Türkisch so schlecht ist. Besonders in London falle es ihm auf, sagt er. »Meine intellektuellen türkischen Freunde aus Istanbul lachen über mich und sagen, dass ich wie ein ›Köylü‹, ein Bauer, Türkisch sprechen würde.« Dennoch würden sie ihn immer wieder ermuntern, die Sprache seiner Eltern mit ihnen zu sprechen.

Ali Kepenek ist ein sehr sozialer Mensch: Sein Traum ist es, eine Stiftung ins Leben zu rufen, um türkischstämmige Kinder zu fördern, die begabt sind und nicht das Glück hatten wie er. »Ich werde alles daransetzen, dass mein Traum bald Wirklichkeit wird«, sagt er. Denn Bildung sei das Wichtigste im Leben.

Für den Künstler gibt es keine Rast. Er gehört nicht zu den Menschen, die sich auf ihren Lorbeeren ausruhen, wenn sie etwas geleistet haben. Er will immer weitermachen. »*Ölüm biter iş bitmez* – Das Leben hat einmal ein Ende, die Arbeit nie!« Ein türkisches Sprichwort, das für Ali Kepenek zählt.

Doch wann ist Ali Kepenek einmal glücklich? »Ich bin nur kurzzeitig über verschiedene Projekte glücklich. Das liegt daran, dass ich ein zu großer Perfektionist bin«, erzählt er ganz nüchtern. Aber auch die vermeintlich selbstverständlichen Dinge des Lebens machen Kepenek glücklich. Dazu zähle vor allem: lange schlafen. »Aber wer lange arbeitet, der darf auch lange im Bett bleiben.« Das Wichtigste am Tag sei das Frühstück. »Ohne Frühstück gehe ich nie aus dem Haus!«

Und was macht Ali Kepenek unglücklich? Da verändert sich sein Gesichtsausdruck. Jetzt fällt ihm auch ein Beispiel ein: »Als Ausländer hast du es immer schwer, erfolgreich zu sein. Ich habe leider auch mit diversen Diskriminierungen

Erfahrungen gemacht.« Er war einmal mit einem Freund in einem Geschäft. An der Kasse habe die Verkäuferin nicht gemerkt, »dass wir gemeinsam da waren«. »Mein Freund hat einige Sachen gekauft, die weit über 100 Euro gekostet haben. Als ich an der Reihe war, wollte sie meinen Ausweis sehen, obwohl ich nur Sachen für 50 Euro hatte. Natürlich hätte ich ihr meinen Ausweis geben können, doch hier ging es ums Prinzip. Wir haben den Geschäftsführer kommen lassen, doch eine Entschuldigung habe ich nicht bekommen. Wir haben alles, was wir kaufen wollten, wieder zurückgegeben.«

Sein Vater hat ihm immer gesagt, dass der Beruf der Schlüssel in die Mitte der Gesellschaft sei. Auch wenn es nicht immer der einfache Weg für den jungen Künstler gewesen ist, gibt der Beruf Ali Kepenek Kraft, Selbstbewusstsein und »meine Unabhängigkeit, die ich wie Luft zum Atmen brauche. Meine Eltern haben mich für mein Berufsleben gut gewappnet. Das zahlt sich heute auch aus.«

VERPASSTE TALENTE – MIGRATION ALS BREMSE ZUM AUFSTIEG?

Warum haben wir bis dato keinen Bürgermeister mit türkischen Wurzeln? Wieso werden vorhandene Talente mit Prädikatsexamen zu wenig gefördert? Wie wäre ein Ministerpräsident mit dem Vornamen Murat? Das wäre ein Signal, dass Bildung sich lohnt, dass die Gesellschaft durchlässig sein kann – und vor allem, dass Träume nicht nur manchmal wahr werden, sondern einen berechtigten Platz in dieser Gesellschaft haben. Schlagwörter wie soziale Gerechtigkeit, Solidarität und Bürgernähe hätten ein neues Gesicht. Das wäre doch ein guter Start in eine gemeinsame Zukunft.

In jüngster Zeit lässt sich jedoch ein anderes Phänomen beobachten: Es sind die Rückkehrwellen von hochqualifizierten türkischen Akademikern beispielsweise nach Istanbul, Ankara oder Izmir. Sie haben Deutschland den Rücken gekehrt, da sie sich in der Türkei bessere Karrierechancen versprechen. Oder weil sie in Hamburg, Köln oder Berlin nie heimisch wurden, sich nicht anerkannt fühlten. Sie könnten künftig mehr Nachahmer finden, als sich Deutschland leisten kann.

Zwar haben die Grünen heute einen Vorsitzenden mit türkischen Wurzeln. Doch der Deutsch-Türke bleibt eine Ausnahmeerscheinung im deutschen Parteiensystem. Warum hat es so lange gedauert, bis ein Deutsch-Türke an die Spitze einer Bundespartei kommt, obwohl es mittlerweile viele Talente in der deutschen Politik gibt? Wahrscheinlich sind fehlende Netzwerke in den Ortsvereinen und generell in den verschiedenen Gremien der politischen Institutionen ein wichtiger Grund dafür.

Was den Aufstieg Cem Özdemirs so spannend macht, ist die Tatsache, dass er es ohne große institutionelle Förderung geschafft hat. Seine Partei hat nicht jene Bildungseinrichtungen, mit denen in der Vergangenheit beispielsweise die Sozialdemokraten den Aufstieg ihrer teils ungeschulten Leute in die Berufspolitik ermöglichten. Der Grünen-Politiker gehört zur sogenannten zweiten Generation der türkischen Einwanderer. Er bezeichnet sich selbst als »schwäbischen Anatolen«. Der Grünen-Politiker ging auch einen normalen deutschen Ausbildungsweg: Mittlere Reife, Ausbildung zum Erzieher, Fachhochschulstudium zum Sozialpädagogen. Er musste hart für seinen Aufstieg kämpfen. Seine Karriere basiert weniger auf Netzwerken, die seit mehreren Jahrzehnten bestehen, auch wenn Cem Özdemir sicher auch seine Förderer hat, wie den ehemaligen Außenminister Joschka Fischer.

Wenn man sich seine Karriere ansieht, stellt man sich die Frage, warum es Jahrzehnte nach der Einwanderung der sogenannten Gastarbeiter immer noch so wenige »Özdemirs« gibt. Sicher, seit etlichen Jahren liest man häufiger von deutsch-türkischen Biografien, die sich mit Özdemirs Aufstieg vergleichen lassen. Sie haben sich von den oft widrigen Umständen nicht aufhalten lassen.

Wenn Teilhabe bedeutet, dass Migranten auch politisch integriert sein sollen, dann haben wir leider immer noch mangelhafte Zustände in der politischen Landschaft. Denn der Alltag in den Parteien und Gremien spiegelt das Engagement deutscher Politiker mit türkischer Herkunft nicht wider: Nur ein kleiner Teil der Deutsch-Türken verfügt über ein Mandat.

Ob und wie schnell sich daran etwas ändern wird, bleibt – trotz erster Beispiele à la Özdemir – abzuwarten. Deutsch-türkische Politiker stehen heute leider noch häufig in der

Defensive. Eine wachsende Zahl von Migranten lehnt es deshalb ab, den beruflichen Alltag in Deutschland zu leben; ihre Identität, so sagen sie, könnten sie nur wiederfinden, wenn sie sich beruflich und persönlich in der Türkei verwirklichen. Sie wollen einen Schlussstrich ziehen – und einen Neuanfang wagen nach dem Motto »Es kann ja nur besser werden.« Sie sagen auch: »Ich möchte nicht mehr den Alltagsrassismus an der Kasse im Supermarkt erleben. ›Was wollen du?‹« Ob der Erfolg in der Türkei im Einzelfall auch eintritt, ist eine andere Frage.

Eine Politik, die weniger um eine adäquate Reaktion auf gesellschaftliche Veränderungen als vielmehr um Wählerstimmen besorgt ist und dabei die Bedürfnisse von Minderheiten übergeht, verprellt Talente – und vergibt eine große Chance. Zähigkeit, Disziplin und Fleiß werden in vielen erfolgreichen Viten der Deutsch-Türken erkennbar.

Bildung führt nicht automatisch zu gelungener Integration, sie erhöht lediglich deren Wahrscheinlichkeit. Heute kritisieren viele Auswanderer die unglaubwürdige Integrationspolitik. Sie fühlen sich zu wenig gefördert im Arbeitsleben und möchten nicht nur über ihre Defizite definiert werden. Sie leiden unter dem negativen Image – und möchten Konsequenzen aus den Ausgrenzungserfahrungen ziehen, die sie oft gemacht haben. Im Kontext des Fachkräftemangels ist diese Entwicklung eher bedenklich.

Bereits 2020 sollen laut dem Institut für Arbeitsmarkt- und Berufsforschung (IAB) 200 000 Naturwissenschaftler, Techniker, Ingenieure und andere Fachkräfte fehlen. Doch Deutschland wird diesen Bedarf nicht aus dem Ausland kompensieren können. Deutschland hat genügend Talente im Land, aber es versteht nicht, sie zu fördern. Natürlich sind nicht nur deutsch-türkische Akademiker gemeint, die es zu pflegen gilt, sondern ebenso andere Hochqualifizierte mit ausländischer Herkunft.

Doch dieser Trend führt sogar noch viel weiter: Es sind *gerade* die Migranten, die Deutschland in Zukunft braucht.

Sie zeigen immer wieder, dass es möglich ist, etwas zu erreichen, wenn man es will und hart dafür arbeitet. Aber eine
gute Ausbildung ist natürlich keine Erfolgsgarantie. Eine
Erfahrung, die viele Migranten eher zusätzlich bremsend als
förderlich empfinden. Dafür gibt es genügend Beispiele: In Deutschland geboren, Abitur, anschließend Studium mit diversen Praktika. Im
Zweifel noch einen Aufbaustudiengang. Oder eine Promo-
tion. Doch dann haben viele Akademiker genug und kaufen
sich ein Ticket in die Türkei, in das Land, das die meisten bislang nur von Besuchen der Verwandtschaft kennen. Sie wissen, es wird schwierig, aber sie hoffen, dort mehr aus ihrem
Leben zu machen. Der heutige Arbeitsmarkt in Deutschland hat sich auch geändert. Das heißt: Die Verhältnisse im
Berufsalltag haben sich verhärtet. Es herrschen häufig Angst
und eine gnadenlose Konkurrenz in Zeiten der Arbeitslosigkeit.

Zwar bekennen sich viele große deutsche Unternehmen
nach amerikanischem Vorbild zu einer Einstellungspolitik,
die ethnische Vielfalt fördert. Aber nicht wenige deutsche
Arbeitgeber assoziieren bei einer konkreten Personalent-
scheidung multikulti in der Abteilung tendenziell als pro-
blematisch und nicht als bereichernd. Das heißt: Nach wie
vor fühlen sich die meisten Personalchefs bei der Einstellung von Hochqualifizierten einem deutschen Kandidaten
näher. Das gilt aber nicht nur für Akademiker, sondern auch
für viele Ausbildungsberufe wie Maler und Einzelhandels-
kaufleute.

Eine Studie der Organisation für wirtschaftliche Zusammenarbeit (OECD) ergab, dass Migranten allein wegen ihres
fremdländisch klingenden Namens drei- bis viermal so viele
Bewerbungen schreiben wie Deutsche, um zu einem Vorstellungsgespräch zu gelangen. Und das, obwohl die Zahl
der Akademiker mit Migrationshintergrund in Deutschland
wächst, seien es Juristen, Ärzte, Journalisten, PR-Berater
oder auch Berufspolitiker.

Dem gegenüber steht die erwähnte andere Entwicklung: Von Jahr zu Jahr steigt die Zahl der Rückkehrer in die Türkei. Das Land der Vorfahren wird als aufstrebende Nation mit großem Potenzial und florierender Wirtschaft gesehen. Gleichzeitig steigt dort recht schnell die Zahl deutscher Unternehmen, die wiederum Deutsch-Türken wegen ihrer Zweisprachigkeit mit Kusshand nehmen. Außerdem können diese sich bestens in beiden Kulturen bewegen. Die Kinder der zweiten und dritten Einwanderergeneration gehen, da sie in der Türkei mehr Optionen als in Deutschland sehen. Sie können dort eine steile und rasante Karriere machen.

Ein Blick in die Geschichte zeigt, dass Einwanderung in andere Länder die Chance zum Aufstieg bedeuten kann – und damit eine tatsächliche Verbesserung der Lebensumstände. Was wiederum der ganzen Gesellschaft nützen kann. Und das gilt auch heute und auch für Deutschland. Auch im Land der Dichter und Denker sollten Arbeitgeber Rückkehrwilligen früher zu verstehen geben, dass man sie braucht, dass man sie will und dass sie hierbleiben sollen.

In Deutschland ist Wissen die wichtigste Ressource. Umso entscheidender ist es, die gebildeten, jungen, erfolgreichen Deutsch-Türken für sich zu gewinnen. Denn auch Deutschland kann nicht hinnehmen, dass Talente – und damit jede Menge Ressourcen – verschwendet werden. Deutschland sollte den rollenden Zug noch rechtzeitig aufhalten, um wieder ein Land der Chancen zu werden. Es wäre noch nicht zu spät.

GETEILTES LEID IST HALBES LEID
Nurten und Kerim Pamuk

Sabri Pamuk ist der älteste Sohn und der Vater von
Kerim und Nurten Pamuk.
Eigentlich will er die Leh-
rerakademie besuchen und als Lehrer arbeiten. Stattdessen
muss er auf den Haselnussfeldern seines Vaters schuften.
Großvater Pamuk ist in seinem Dorf ein geachteter Mann,
aber zu Hause ein Choleriker, der seine Liebe und Fürsor-
ge nur seinen Enkeln zeigen kann. Mit dem Tod seiner Frau
1969 verliert er den einzigen Ruhepol in seinem Leben und
findet keinen Frieden mehr.

Sabri Pamuk hat zwei Kinder, keinen Beruf und sieht für
sich keine Zukunft mehr im Dorf. Wie viele andere sieht er
im Ausland die Chance, sich eine Existenz aufzubauen. Da
sich viele Gleichgesinnte für Australien einschreiben, tut
er es auch, ohne zu wissen, wo Australien genau liegt. Die
australischen Behörden haben strenge Auswahlkriterien.
Es werden beispielsweise keine Paare mit Kleinkindern als
Gastarbeiter aufgenommen. Ebenso wenig dürfen Frauen
schwanger sein. Unabhängig von allen Einreisebestimmun-
gen und egal, welche Pläne Sabri mit seiner Frau Zekiye auch
schmiedet, Großvater ist sowieso dagegen.

Eines Tages kommt der ältere in Deutschland lebende
Bruder Zekiyes während seines Urlaubs zu Besuch. Er macht
dem Großvater klar, was es bedeuten würde, seine Kinder

ans andere Ende der Welt zu schicken, und beteuert, dass es die beiden in Deutschland wesentlich besser hätten. Ein Heimatbesuch würde auch nicht zu einer halben Weltreise ausarten. Schließlich gibt Großvater Pamuk nach und sagt: »Macht, was ihr wollt.«

Sabri und Zekiye wollen so schnell wie möglich nach Deutschland, aber es ist schwieriger als gedacht. Gebraucht werden vorwiegend Frauen, und so bleibt ihnen nur eine Möglichkeit: Im Mai 1972 macht sich erst Zekiye auf den Weg, gemeinsam mit einer Cousine. Sie werden von ihren Ehemännern nach Istanbul begleitet. Das Geld für die Fahrt müssen sie sich bei einem Onkel leihen. In Istanbul warten bereits Vertreter deutscher Firmen und suchen sich »geeignete« Arbeiterinnen für ihre Bedürfnisse aus.

Mutter Pamuk und ihre Cousine bekommen eine Stelle bei dem Unternehmen Kühne & Nagel. Die Verträge werden noch direkt in Istanbul unterschrieben. Einen Tag später fliegen die beiden schon nach München, und von dort aus geht es mit dem Zug weiter nach Hamburg. Sie werden in einem Wohnheim einquartiert und haben nur einen Tag, um sich auszuruhen, denn am nächsten Tag wartet bereits das Fließband auf sie. Akkordarbeit.

Die Kinder – Nurten ist vier Jahre alt und Kerim zwei – sind im Dorf bei Großvater Pamuk geblieben. Beide können sich an die Abreise der Mutter nicht erinnern.

Nachdem ein Jahr verstrichen ist, dürfen die Ehemänner ihren Frauen im Sommer 1973 nach Deutschland folgen. Der Großvater wird kurzerhand zum Vaterersatz und die junge Tante Mutterersatz, sie ist nur sieben Jahre älter als Nurten.

Ein Jahr später kehren die Eltern das erste Mal als »Gastarbeiter« in ihr Heimatdorf zurück. Alle sind aufgeregt, auch Kerim und Nurten, doch die Ernüchterung folgt auf dem Fuß: Die vier Wochen Jahresurlaub sind viel zu kurz, um mit den Eltern wieder warm zu werden, zumal sie die meiste Zeit mit Verwandtenbesuchen verbringen. Weder haben

Nurten und Kerim etwas von den Eltern noch die Eltern von den beiden. Zur Abreise geht die Tante mit Nurten und Kerim an den Fluss, damit sie die Abschiedszeremonie nicht mitbekommen. Dieses Prozedere wiederholt sich nun jedes Jahr. Kerim und Nurten haben »Urlaubseltern«.

Das Leben mit Großvater und Tante ist für die beiden Kinder komfortabel. Obwohl Großvater Pamuk seine Enkel auf Händen trägt, nutzen die beiden das nie aus. »Ich war nie so«, sagt Nurten. Als ein Onkel das Radio des Großvaters auseinander- und wieder zusammenbauen will, funktioniert es plötzlich nicht mehr. Jeder weiß, dass der Ärger mit dem Großvater verheerend wäre, wenn er es erfährt. Darum nimmt Nurten die Schuld auf sich. Auch sonst vertrauen Tanten und Onkel ihrer fünfjährigen Nichte viel an, weil sie für ihr Alter sehr reif ist.

Beide Kinder vermissen die Eltern eher selten. »Ich kann mich an einen Tag erinnern«, erzählt Nurten. »Ich war zehn oder elf und beobachtete, wie eine Mutter ihre Tochter zur Schule brachte. Ich hätte mir auch sehr gewünscht, dass mich meine Eltern zur Schule begleiten.« Beide Kinder haben erst im Dorf und später in der nahen Kreisstadt trotzdem ein schönes Leben. Wegen seiner blonden Haare wird Kerim oft als »Alman« (Deutscher) gehänselt, aber das macht ihm nichts aus. Kerim erinnert sich auch an den Religionsunterricht: »Wir sind mal einen Sommer lang in die Moschee zum Religionsunterricht gegangen. Wir hatten Imame, die uns beibrachten, wie man betet und welche Suren aus dem Koran man dazu rezitieren muss, aber da waren keine verschleierten Mädchen, die habe ich das erste Mal in Deutschland gesehen!«

Die Eltern kommen wieder zum Heimatbesuch an die Schwarzmeerküste. Sie nehmen die beiden zu verschiedenen Verwandtenbesuchen mit, und wieder bringt die Tante die beiden Kinder zum Fluss, damit der Abschied nicht schwerfällt. »Nach der Abreise war es damals für mich schon schwer. Die ersten Tage waren immer hart, aber Kerim und ich gewöhnten uns schnell wieder an unser Leben ohne Eltern«, erzählt Nurten.

Im Sommer 1978 kommt ein Cousin von Zekiye zu Besuch und bringt erstmals seine eigenen zwei Kinder sowie Nurten und Kerim mit dem Flugzeug nach Hamburg. Den beiden gefällt es in Hamburg überhaupt nicht, sie wollen zurück zu ihrem Großvater und sind froh, als sie ein paar Wochen später wieder zurückfliegen.

Nurten besucht nun in der Kreisstadt Çarşamba die Mittelschule, während Kerim in die vierte Klasse geht. Das ist Ende der Siebzigerjahre. Zur selben Zeit verschlimmert sich in der Türkei die politische Lage. Straßenschlachten zwischen Linken, Nationalisten und Fundamentalisten enden blutig, Menschen sterben. Nicht nur in den Metropolen Istanbul, Ankara oder Izmir kommt es zu Ausschreitungen, in der ganzen Türkei sterben junge Männer und Frauen wegen ihrer politischen Gesinnung.

Sabri und Zekiye haben Angst um ihre Kinder, sie wollen sie endlich zu sich nach Hamburg holen. Im Sommer 1979 ist es schließlich so weit. »Diesmal sollte sich alles ändern«, hebt Nurten hervor.

In Hamburg versuchen Nurten und Kerim, sich irgendwie die Zeit zu vertreiben. Eigentlich wollen beide wieder zurück in die Heimat. Nurten und ihre Freundin schreiben sich regelmäßig. Als wieder ein Brief aus der Türkei kommt und ihre Freundin fragt: »Die Schule fängt bald an, wann kommst Du?«, stellt Nurten ihren Vater zur Rede.

»Wann fliegen wir wieder zurück?«, will sie wissen.

»Bald!«, antwortet Sabri.

Nurten will so schnell wie möglich zurück, denn sie hat es ihrem Großvater versprochen. Schließlich ist sie seine Lieblingsenkelin.

Vater Pamuk ruft jeden Tag von der Arbeit zu Hause an, um sich nach den Kindern zu erkundigen. Auch an diesem Tag ist es so. Nurten hat das Gespräch im Kopf: »Nurten? Ist alles in Ordnung zu Hause?«

»Ja.«

»Nurten, ihr werdet nicht mehr nach Çarşamba zurückgehen. Ihr bleibt jetzt hier in Hamburg.«

Für Nurten und Kerim bricht eine Welt zusammen. »Ich hatte meinen Großvater verraten!«, sagt Nurten. Erschwerend kommt hinzu, dass sie sich mit ihrem Bruder nicht mehr gut versteht – die Situation hat das Verhältnis der beiden verschlechtert.

Nach einer Weile zeigt Nurten gegenüber der Entscheidung ihrer Eltern Verständnis: Für ewig könnten sie eh nicht mehr beim Großvater und der Tante bleiben. Die Tante hat sich verlobt und will bald heiraten und zu ihrem zukünftigen Mann nach Frankreich ziehen. Allein hätten sie nicht mehr beim Großvater bleiben können.

Nun bleiben Kerim und Nurten also in Hamburg. Und die Zeit zu Hause in der Wohnung ist kurz darauf auch vorbei. Sie müssen in die Schule. »Eigentlich wollte uns unser Vater anmelden, aber er bekam bei der Arbeit an dem Tag nicht frei«, blickt Kerim zurück. »Ein Cousin unserer Mutter brachte uns zur Schule.« Vor allem Nurten hat einen schweren Start, ohne die Sprache zu sprechen – und ohne sich mitteilen zu können. Sie antwortet: »Ich fühlte mich ohnmächtig. Ich war in der Türkei eine sehr gute Schülerin. Dann kam ich in ein total fremdes Land, kannte niemanden und sprach kein Wort Deutsch. Ich fühlte mich seelisch amputiert, ich war der Situation ausgeliefert. Eine regelrechte Ausweglosigkeit. Hinzu kam, dass uns unsere Eltern genauso fremd waren.«

Für Kerim, der in die 3. Klasse kommt, ist es ähnlich. Auch er spricht mit seinen neun Jahren noch kein Wort Deutsch. Es gibt nur eine Möglichkeit: Beide müssen so schnell wie möglich Deutsch lernen. »Du hattest keine Chance. Die Devise war: Friss oder stirb!«

Kerim bekommt in der Grundschule Förderunterricht. Er macht gute Fortschritte. Obwohl er im Unterricht vieles nicht versteht, merkt er gleichzeitig, dass die Insel der türkischen Sprache für ihn immer kleiner wird. Lediglich im

Elternhaus spricht er noch seine Muttersprache. Ein weiterer Vorteil ist, dass die Eltern Pamuk nicht wie viele andere in Hamburg in sogenannte »Türken-Viertel« gezogen sind, sondern bereits in Winterhude, einem bürgerlichen Viertel, wohnten, als Nurten und Kerim nach Hamburg kamen. Neben seiner Arbeit in einer Maschinenfabrik übernimmt der Vater eine Stelle als Hausmeister für einen Wohnkomplex, was für zusätzliches Einkommen, aber auch für Kontakt mit Deutschen sorgt.

Für Nurten ist die Situation schwieriger: Sie kann sich nicht erklären. Sie versteht alles im Mathematik-Unterricht, doch fehlt ihr die Kommunikation mit den Lehrern. Ständig fragt sie sich: »Was soll ich nur hier? Ich will zurück!« Nicht nur Nurten ist verzweifelt, auch ihre Lehrer sind es. Wie schwer die Situation für Nurten weiterhin ist, zeigt folgende Anekdote: »Morgens kam ich in die Schule, ging in meine Klasse, und am Nachmittag, wenn alle wieder nach Hause gingen, nahm auch ich meine Tasche und ging nach Hause. Am nächsten Tag kam mein Lehrer mit einer türkischen Schülerin zu mir und ließ übersetzen, dass ich ohne Erlaubnis nicht das Schulgelände verlassen durfte. Außerdem hätte ich den Sportunterricht, der in einem anderen Gebäude stattfand, nicht schwänzen dürfen. Ich hatte wegen meines schlechten Deutschs damals einfach nicht verstanden, dass der Unterricht noch gar nicht zu Ende war, sondern nur woanders weiterging.«

Wir sind im Jahr 1980: Eines Morgens kommt der Schulleiter in Begleitung einer türkischen Schülerin zu Nurten und erklärte ihr, dass in einem anderen Stadtteil an einer Schule eine bilinguale Klasse eingerichtet wird. Er erklärt ihr, dass ihre Eltern sie dort anmelden sollen, damit die sprachlichen Schwierigkeiten, die sie hat, gelöst werden. Zu dieser Zeit sind viele solcher Klassen eingerichtet worden, um die Flut der türkischen Schüler aufzufangen, die wegen der kritischen Situation in der Türkei nun verstärkt nachgeholt wurden.

Für Nurten ist es ebenfalls die bessere Lösung. Eine Woche später wird sie dort angemeldet und kommt in eine Klasse von etwa 20 Schülern. Sie ist zunächst das einzige Mädchen. Im Vergleich zur vorherigen Schule fühlt sie sich hier etwas wohler, denn sie kann sich mit den anderen auf Türkisch unterhalten. Das erste Mal hat sie das Gefühl, sich außerhalb der Wohnung mitteilen zu können. An zwei Lehrer erinnert sie sich besonders. Der eine ist der türkische Lehrer Hüseyin Yörük. Und der andere: »Herrn Löwe werde ich nie vergessen, denn obwohl wir uns nur schwer verständigen konnten, wusste ich immer, was er von mir wollte.« Langsam fasst sie Fuß.

Kerim und Nurten sind nun zwei Jahre in Deutschland. Es ist Ferienzeit, und die ganze Familie macht sich auf den Weg in die Türkei. Die Gefühle in dieser Zeit in den Griff zu kriegen ist nicht immer einfach für beide. Doch genau so schnell, wie die Ferien beginnen, sind sie auch wieder zu Ende, und der deutsche Schulalltag bestimmt wieder das Leben der beiden.

Ziel der Klasse von Nurten ist es, dass die Schüler in deutsche Klassen wechseln, sobald sich ihre Sprachkenntnisse verbessert haben. »Das Niveau dort war mäßig. Es musste was passieren.« Eines Tages entdeckt Nurten in der U-Bahn eine Anzeige für einen Deutsch-Intensivkurs. Nurten will jetzt endlich, zur großen Freude ihres Vaters, richtig Deutsch lernen. »Mein Vater wollte mich immer unterstützen und hat die 200 Mark monatliche Kursgebühr gerne bezahlt.« Sechs Monate lang geht Nurten jeden Tag nach der Schule zum Deutschkurs.

Danach versteht Nurten schon eine Menge mehr und kann sich auch unterhalten. »Schließlich fragte mich Herr Löwe, ob ich mich bereit fühle, in eine deutsche Klasse zu wechseln. Ich antwortete mit Nein. Er fragte mich einige Wochen lang, und jedes Mal sagte ich wieder Nein. Ich hatte Angst, wieder in einer neuen Klasse zu sitzen und nichts zu verstehen.«

Eines Tages kommt eine Lehrerin in die Klasse und ruft nach Nurten und ihrem Mitschüler Turgay. Beide gehen mit der Lehrerin quer durch das Schulgelände. Sie stehen vor einer Tür, und die Lehrerin sagt: »So, das ist eure neue Klasse!« Nurten fühlt sich überrumpelt. Aber anders hätte es wahrscheinlich auch nicht funktioniert. »Ich war einfach zu bockig! Aber in der türkischen Klasse war ich häufig unterfordert.«

Bei Kerim läuft es besser als bei seiner Schwester. Auch er bekommt einen Klassenlehrer, der sein Potenzial erkennt. »Wir mussten alle einen Intelligenztest machen. Für mich lief der Test natürlich katastrophal. Aber meinem neuen Klassenlehrer, Herrn Moritz, war bewusst, dass ich erst zwei Jahre in Deutschland war. Nach der Auswertung empfahl der Lehrer, der den Test auswertete, mich auf die Sonderschule zu schicken oder höchstens auf die Hauptschule, mehr gab mein Intelligenztest nach seiner Meinung nicht her. Herr Moritz nahm mich dennoch in seine Realschulklasse mit.«

Kerims und Nurtens Eltern gehen nicht zu den Elternabenden. »Sie haben sich nicht getraut.« Stattdessen kommt Herr Moritz zu den Pamuks nach Hause, um den Eltern zu berichten.

Auch Nurten hat eine Klassenlehrerin, die sich sehr intensiv um sie kümmert: Barbara Gewers. »Sie wurde für mich zu einer großen Freundin. Sie hat regelmäßig bei uns zu Hause angerufen, um sich nach mir zu erkundigen. Einmal gelang es mir sogar, meine Eltern zum Elternabend zu schicken.«

Die Eltern Pamuk haben bei ihren Arbeitsstellen keine Schwierigkeiten. Sie kommen gut zurecht und werden nicht wegen ihrer Herkunft angefeindet. »Unsere Eltern haben sich auch immer korrekt verhalten«, erzählt Kerim.

Über ihren Vater sagt Nurten: »Er hat zu mir immer gesagt, dass wir studieren sollen.« Die Worte des Vaters hat Nurten noch genau im Kopf: »Ich kann euch fachlich nicht helfen, aber selbst wenn ich mein letztes Hemd verkaufen muss, ich werde euch immer finanziell unterstützen.« Das erzählt Nurten mit Tränen in den Augen.

Damals sind die Kinder für die Eltern fremd gewesen und umgekehrt. Es gab kein gemeinsames Fundament. »Unsere Eltern kannten ihre eigene Welt kaum und unsere noch weniger«, sagt Kerim. »Sie wollten uns beschützen. Und um ihre Hilflosigkeit auszugleichen, nahmen sie uns an die kurze Leine.« Kerim und Nurten dürfen zwar trotzdem vieles, was andere Kinder auch machen, aber das Verhältnis zu ihren Eltern bleibt angespannt.

Eines Tages steht eine Klassenfahrt nach Travemünde für Nurten an. »Damals wollte ich nicht fahren, weil ich Angst hatte vor meiner Hilflosigkeit. Meine Eltern wussten nichts davon, denn ich wollte ja nicht mit. Frau Gewers versprach mir, dass ich in ihrem Zimmer schlafen dürfe und dass sie mich auch gleich nach Hause fahren würde, sobald es mir nicht gefallen würde«, sagt sie und lacht laut. Es kommt dann aber alles anders. Das Versprechen der Lehrerin macht Nurten Mut. Sie hat eine schöne Zeit auf der Klassenfahrt. Zwar hat sie in der Klasse noch niemanden, den sie als Freundin bezeichnen würde, doch es gibt schon die eine oder andere, mit der sie sich länger unterhält.

Die Zeit in der Hauptschule ist für Nurten schnell zu Ende. Sie ist eine sehr gute Schülerin, sodass Frau Gewers ihr nahelegt, auf die weiterführende Realschule zu gehen. Aber es gibt ein Problem. Da Nurten als erste Fremdsprache Deutsch hat, gibt es im Unterrichtsplan keine Zeit für das Fach Englisch. Nurten hat Angst und will nicht auf die Realschule. Mithilfe der Lehrerin meldet sich Nurten an der Berufsfachschule für Gesundheit an.

Nurten ist mittlerweile 16 Jahre alt. In den Ferien, kurz vor dem Start, macht sie noch schnell einen Crashkurs in Englisch, damit sie überhaupt eine Benotung in Englisch bekommen kann. Trotzdem hat sie vor dem Fach Englisch Angst. Ihr damaliger Englischlehrer Herr Altvater erkennt aber ihren Ehrgeiz und den Wissensdurst und fördert sie. Auch sonst macht ihr die Schule großen Spaß. Sie ist sehr am Unterricht interessiert und findet schnell Freunde.

Nurten fühlt sich endlich wohler. Auch das Verhältnis zur Mutter wird mit den Jahren besser, auch wenn es natürlich ab und zu kleine Krisen gibt. 1985 heißt es für Nurten, die Berufsfachschule hinter sich zu lassen. Und sie hat Großes vor: Sie will das Abitur machen. Doch es schleichen sich auch Bedenken in ihre Überlegungen ein, denn sie weiß, dass selbst deutsche Schüler auf dem Gymnasium Schwierigkeiten haben. Hinzu kommt, dass Nurtens Vater nichts von ihren Abiturplänen hält. Sie stellt sich die Frage, ob sie sich direkt in die Arbeitswelt werfen und ihre Pläne vom Abitur aufgeben soll. Nurten findet eine gute Lösung für ihre Situation: Falls sie keinen Ausbildungsplatz bekommt, wird sie das Fachabitur machen. Sie meldet sich deshalb in der gleichen Schule für die Fachoberschule an und bewirbt sich gleichzeitig für einen Ausbildungsplatz als Krankenschwester.

Nachdem sie vier Ausbildungsplätze angeboten bekommt, entscheidet Nurten sich für das Krankenhaus St. Georg – und stellt das Abitur hintenan. Nach drei Jahren schließt sie die Ausbildung erfolgreich ab und wird übernommen. Erst ist sie in der allgemeinen Chirurgie tätig, später in der Herzchirurgie. Nurten stellt fest, dass sie in ihrem Umfeld immer die erste Deutsch-Türkin ist, die etwas erreicht. Sie ist die erste Deutsch-Türkin in ihrer Schulklasse, die erste auf der Berufsfachschule, die erste bei der Ausbildung. Das spornt sie zusätzlich an. Sie kümmerte sich immer nur um Schule und Beruf. »Für einen Freund war da kein Platz«, sagt sie und lacht dabei.

Nach der Ausbildung wohnt Nurten noch zu Hause. Sie verdient gut und unterstützt ihre Eltern, obwohl diese niemals darauf bestehen. Ein ganzes Jahr lang konzentriert sich Nurten zunächst nur auf ihren Job. Sie ist eine Krankenschwester, die von allen geschätzt und gemocht wird. Ihr wird aber schnell bewusst, dass die Ausbildung nicht alles gewesen sein kann. Sie hat sich in den Kopf gesetzt, unbedingt das Abitur zu machen. Sie will es wenigstens versuchen, denn nun hat sie ja mit ihrem Beruf ein Standbein. Wenn es Probleme mit der Schule geben sollte, würde sie einfach in der Klinik als Krankenschwester weiterarbeiten.

Im Februar 1990 meldet sich Nurten am Abendgymnasium an. Drei Jahre will sie noch einmal die Schulbank drücken und reduziert dafür ihre Stelle um die Hälfte. Ihr erster Schultag im Abendgymnasium war sehr aufregend, erinnert sie sich. »Es war schön, andere berufstätige Menschen zu treffen, die das gleiche Ziel hatten wie ich. Ich möchte diese Zeit nie missen. Sie war voll mit Leben und wichtigen Erfahrungen. Ich habe wunderbare Menschen kennengelernt.« Leute, zu denen sie immer noch Kontakt hat.

Ihre Leistungskurse sucht sie geschickt aus. Biologie, weil sie das Fach sehr interessiert. Und Englisch. »Wann hätte ich so günstig und so gut eine Sprache lernen können wie damals in der Abendschule?« Allein hätte sie das alles aber kaum geschafft: »Meine Kollegen in der Klinik haben mich sehr unterstützt.« Die Dienstpläne werden so koordiniert, dass Nurten nie den Unterricht verpassen muss. Im Mai 1992 meistert sie schließlich auch das Abitur am Abendgymnasium.

Fast zur selben Zeit beginnt Kerim mit seinem Informatikstudium in Hamburg. Für ihn gibt es aber nur einen Grund, das zu studieren. »Damals war klar, dass man nur in der Computerbranche reich werden würde.« Doch nach vier Semestern findet Kerim »das ganze Studium zum Grauen«, wie er sagt, sodass er »erfolgreich abbricht«.

Er schreibt sich daraufhin für Deutsch und Geschichte ein. Auf Lehramt. Aber damit wird er auch nicht ganz glücklich. Das Verhalten der Kommilitonen irritiert ihn. »Da waren zum Beispiel viele Perlenketten tragende Berufstöchter aus den Vorstädten, die Lehrer werden wollten, weil Mami und Papi auch Lehrer waren.«

Wenig später schreibt sich Kerim für Germanistik und Turkologie auf Magister ein. Schon vor seinem Studium, aber auch während des Studiums arbeitet Kerim regelmäßig. »Ich hab so ziemlich jeden Job gemacht, den man sich vorstellen kann. Im Stadion beim HSV oder St. Pauli habe ich Cola verkauft, im Supermarkt Kisten geschleppt, Akten bei der Berufsgenossenschaft sortiert. Aber ich war auch fast fünf Jahre in der Altenpflege.«

Für Nurten jedenfalls steht nach dem Abitur fest: Sie will Medizin studieren. Fast alle in der Klinik warnen sie davor: »Denk an die Ärzteschwemme!« Nurten ist das egal, sie will es trotzdem probieren. Sie macht den Medizinertest und bewirbt sich – weil sie aber unbedingt im norddeutschen Raum bleiben will, dauert es lange, bis es klappt. Im Oktober 1994 bekommt sie schließlich einen Studienplatz in Lübeck.

Die ganze Familie ist damals mit nach Lübeck gefahren, um sich das Zimmer im Studentenwohnheim anzuschauen. Nurten ist mittlerweile 27 Jahre alt. Für sie ist es von vornherein klar, dass sie nicht im Heim bleiben wird, sondern in eine eigene Mietwohnung umziehen wird. Durch Bafög ist die Miete für die Wohnung gesichert, und beim Lebensunterhalt helfen ihre Eltern, sodass sie im Semester nicht nebenher arbeiten muss.

Ihr Bruder hingegen ist anders gestrickt, er verfolgt seinen Weg weiterhin viel weniger strukturiert. Kerim studiert, er belegt schließlich Seminare über Kurzfilme und Drehbücher und tritt nebenbei auf einer Kleinkunstbühne auf. »Das Parodieren und Imitieren lag mir wohl im Blut. Mein Großvater war ein großartiger Parodist und mein Vater ist es auch. Ich konnte viele Dinge gut und böse auf den Punkt bringen.«

Nurten lernt während des Studiums, vieles leichter zu nehmen. »Ich entwickelte mich von der harten zu der gelassenen Arbeiterin. Natürlich war ich noch ehrgeizig, aber ich merkte, dass ich eine Minimalistin wurde.«

Sie ist trotzdem eine gute und disziplinierte Studentin. Sie schließt das Medizinstudium fast in der Regelstudienzeit ab. Im Mai 2001 ist es so weit: Das Examen ist geschafft. Sie möchte Gynäkologin werden. Mit Glück und einer Portion Zufall bekommt sie eine Anstellung in einer Klinik in Itzehoe. Als Nurten ihren ersten Arbeitstag als Ärztin hat, ist sie 33 Jahre alt.

Kerim ist mittlerweile ein erfolgreicher Schriftsteller, Drehbuchautor und natürlich Comedian. Auf die Frage, wer ihn am meisten geprägt hat, kommt die Antwort wie aus der Pistole geschossen: »Mein Realschullehrer und viele andere Autoren.«

Sowohl Kerim als auch Nurten sind stolz auf ihre Eltern. »Sie konnten ihre Zuneigung selten in Worte fassen, aber auch sie sind sehr stolz auf uns. Sie haben ihren Kindern die Freiheiten ermöglicht, die sie selbst nie hatten. Die Mentalität, die türkischen Eltern gerne nachgesagt wird – nach dem Motto: Ich habe gelitten, also sollst du auch leiden –, gab es niemals bei ihnen.«

Nurten kann sich an eine Situation mit dem Vater erinnern. »Ich hatte eine wichtige Physik-Klausur. Mein Vater rief mich an und sagte: ›Egal, ob du die Klausur bestehst oder nicht, du wirst immer unsere Tochter bleiben.‹ Das hat mir sehr viel bedeutet.« Ihre Eltern haben sie nie unter Druck gesetzt. Eins hat Kerim vor allem von seinen Eltern gelernt: »Wenn du ein warmes Bett hast, genug zu essen und gesund bist, kannst du dich glücklich schätzen. Alles Weitere im Leben ist eine Zugabe. Und ich schätze mich glücklich, ich habe das alles.« Als Familie sind die Pamuks mit den Jahren zusammengewachsen.

Wenn Nurten sich heute in eine Zeitmaschine setzen könnte, würde sie gerne zurück in die Vergangenheit fliegen und eine größere Wohnung für die Eltern organisieren. »Ich hätte auch gerne mehr für meine Seele gemacht, zum Beispiel Saz spielen gelernt. Es wäre wahrscheinlich alles einfacher gewesen, wenn ich mir selber häufig nicht im Weg gestanden wäre. Und wenn ich nicht immer zu vernünftig gewesen wäre, sondern mehr Kind. Gerne hätte ich auch mal Dummheiten gemacht.« Sie selbst sieht sich und ihren Werdegang nicht als vorbildlich. Aber einen Ratschlag hätte sie trotzdem: »Wichtig ist nur, zäh zu sein und niemals zu schnell aufzugeben.«

»ICH MUSSTE MICH
IMMER WIEDER BEWEISEN«
Sebat Ayverdi

*Sebat Ayverdi, geboren am
1. November 1969 in Istan-
bul. Der gelernte Diplom-Ing.
Chemiker arbeitet heute bei
Europas größtem Softwarehersteller* SAP *in der strategischen
Managementberatung.*

WELCHE ERINNERUNGEN HABEN SIE AN DIE ZEIT,
ALS IHRE ELTERN NACH DEUTSCHLAND KAMEN?

Ayverdi: Meine Mutter Tülin ist gelernte Gerichtsschreibe-
rin und mein Vater Sedat Elektriker. Sie sind 1972 als »Gastarbeiter« in Deutschland gelandet. Das türkische Arbeitsamt
vermittelte ihnen Jobs als Zimmermädchen und Elektriker
in Bayern. Ein Jahr später zogen sie nach Hessen. Dort nahm
meine Mutter eine Stelle in einem Zahnlabor an, mein Vater
war als Elektroinstallateur tätig.

Ich bin als Vierjähriger nachgekommen. Gleich in den
Kindergarten und danach ganz normal weiter in die Schule.
Die Sprache zu lernen fiel mir leicht. Ich kann mich heute
noch an Bilder aus dem Kindergarten mit meinen Freunden
erinnern. Zu einigen habe ich bis heute Kontakt. Mit sieben
Jahren ging der klassische Weg in der Schule los. Weder mein
Vater noch meine Mutter konnten gut genug Deutsch spre-
chen. Sie waren nicht in der Lage, sich mit meinen Lehrern

auseinanderzusetzen. Deshalb war ich bei Eltern-Lehrer-Gesprächen mit dabei. Auch bei anderen Übersetzungsarbeiten half ich meinen Eltern, so gut ich konnte. Inzwischen haben sie einige Sprachkurse hinter sich, die eine bessere Integration ermöglichten.

1975 haben die Ärzte bei meinem Vater Multiple Sklerose diagnostiziert. Die Krankheit verschlimmerte sich, sodass er bald im Rollstuhl saß. Er konnte seinen Beruf nicht mehr ausüben und musste auf vieles verzichten. Das Leben mit der Krankheit machte ihn unzufrieden und launisch. Er begann, sehr viel Alkohol zu trinken. Uns – seiner Familie – gegenüber zeigte er sich gleichgültig, und mit seinen angeblichen Freunden ging er Abend für Abend feiern. Ich erkannte meinen Vater nicht wieder. Alles hing an meiner Mutter: Sie musste genügend Geld verdienen, damit wir leben konnten, den Haushalt führen, meinen Vater motivieren und dabei vor allem immer den Schein der idyllischen türkischen Kleinfamilie wahren.

1980 wurde dann mein Bruder Serhat geboren. Ich war damals zehn Jahre alt. Drei Jahre später verließen wir meinen Vater, und kurze Zeit später ließen sich meine Eltern scheiden.

HÄUFIG BEKOMMT DANN DAS THEMA GELD
EINE GANZ NEUE BRISANZ.

Ayverdi: Richtig. Es war eine schwierige Zeit. Das Geld war knapp. Meine Mutter hatte neben ihrer Hauptbeschäftigung noch Nebenjobs. Für uns Kinder blieb wenig Zeit. Ich kümmerte mich um meinen Bruder, brachte ihn morgens vor der Schule in den Kindergarten und holte ihn mittags dort wieder ab. Abends, wenn meine Mutter nach Hause kam, sind wir mit ihr zu ihrem Nebenjob gegangen. Sie putzte die Büroräume in einem Unternehmen in Neu-Isenburg. Ich half immer die Mülleimer ausleeren oder staubsaugen.

Mit 13 Jahren verdiente ich mein erstes Geld mit dem Austragen von Zeitungen, und ich fuhr für eine Apotheke Arzneimittel mit dem Fahrrad aus. Insgesamt blieb da nicht viel Zeit für Freunde, Freizeit oder für ein Hobby.

Ich habe Deutschland im Kindesalter als freundlich empfunden, da wir immer sehr viel Hilfe bekommen haben. Ich erinnere mich sehr gut an eine ältere Frau, die ein Stockwerk über uns wohnte. Wir nannten sie immer Oma Schmidt, weil wir ja keine Oma hatten in Deutschland. Einmal musste meine Mutter für eine Woche ins Krankenhaus, da kümmerte sich Oma Schmidt um meinen Bruder und mich. In Deutschland herrschte damals kaum Arbeitslosigkeit. Meine Mutter hätte noch mehr Nebenjobs annehmen können, aber wie jeder hatte sie auch nur 24 Stunden am Tag zur Verfügung.

Meine Mutter sagt heute noch: »Wir kamen in ein Land, in dem es keine Tomaten, wenig und geringe Vielfalt an Gemüse, keine Kräuter, kaum Obst und nur Kartoffeln gab.« Vieles war anders als zu Hause in der Türkei. Auch das Wetter. Wenn man heute als Ausländer nach Deutschland kommt, hat man es leichter als früher. Man hat die Möglichkeit, die gewohnten Lebensmittel und den Hausrat zu kaufen. Man empfängt türkisches Fernsehen und Radio. Und der Staat bietet Hilfe bei der Integration. Ob dieser Weg der richtige ist, kann ich nicht beurteilen. Ich weiß nicht, ob ich heute der wäre, der ich bin, wenn ich damals nicht ins kalte Wasser geworfen worden wäre.

WELCHE GEFÜHLE KOMMEN BEI IHNEN HOCH,
WENN SIE ZURÜCKDENKEN?

Ayverdi: Wenn meine Mutter über die Zeit spricht, in der sie auf Apfelsinenkisten saßen und aus Pappbechern Wein getrunken haben, hört man heraus, dass es, nun ja, eine einfache, aber auch eine sehr schöne Zeit war.

Ich selbst wuchs in Deutschland in einer Zeit auf, in der man als Ausländer noch zu einer kleinen Minderheit gehörte.

In den Schulklassen war ich sozusagen der Quotentürke. Es war nicht immer einfach, auch damals herrschten natürlich Vorurteile, die aber anders waren als die Vorurteile heute. Leider muss man sich ja auch eingestehen, dass viele Vorurteile, die heute kursieren, häufig der Wahrheit entsprechen.

Unsere Familie pflegte Freundschaften mit Deutschen, Polen, Spaniern und so weiter. Jeder fand bei uns zu Hause einen Platz am gedeckten Tisch, da wurde nicht zwischen Nationalität oder Herkunft unterschieden.

Die Situation in Deutschland änderte sich über die Jahre. Immer mehr Türken trafen ein – und es bildeten sich Freundschaften unter Gleichgesinnten. Meine Mutter ist der sogenannte Helfertyp. Sie half damals den frisch angekommenen Landsmännern. Sie gab Tipps, wie man in Deutschland ein gutes Leben führen konnte. Dennoch legte meine Mutter viel Wert darauf, dass wir die Kontakte zu unseren »alten« Freunden weiter pflegten. Wir feierten Geburtstage in einer bunten Mischung von Nationalitäten. Wenn ich darüber nachdenke, muss ich sagen, dass meine besten Freunde Deutsche waren. Die Eltern meiner Freunde hatten einen viel höheren Lebensstandard als wir, und damals wusste ich schon, dass ich alles tun würde, um später erfolgreich zu sein, und mir alle Dinge gönnen würde, für die damals kein Geld da war.

DOCH DER PREIS FÜR DEN ERFOLG
IST HÄUFIG HOCH ...

Ayverdi: ... damit treffen Sie den Nagel auf den Kopf. Ich musste mich bereits in meiner Kindheit um die existenziellen Dinge des Lebens kümmern. Ich opferte meine Freizeit und konnte viele Dinge, die andere Jugendliche gemacht haben, nicht tun. Beispielsweise musste ich neben der Paukerei auf meinen Bruder Acht geben. Ich hatte im Nachhinein das Gefühl, meine Kindheit übersprungen zu haben. Das ist aus heutiger Sicht ein hoher Preis.

Ayverdi: Wie schon gesagt, in meiner Zeit als Kind und als Jugendlicher war ich noch der Quotentürke. Heute bin ich, wenn man es so sieht, einer von Tausenden. Ich kann nicht sagen, dass ich es je einfach hatte auf meinem Weg, weder in der Schule noch später im Studium. Ich musste immer wieder beweisen, dass ich nicht wie die breite Masse war. Dass ich mehr wollte als eine Arbeiterstelle in der Fabrik oder einen Dönerladen um die Ecke.

Am meisten ärgerte es mich immer, wenn man mir aufgrund meiner Herkunft Dinge nicht zutraute oder sie erst gar nicht in Betracht zog. Zum Beispiel: »Was, Sie sind Türke und haben ein abgeschlossenes Studium?« oder »Deine Frau ist eine Deutsche?« Mit den Jahren habe ich mir eine Elefantenhaut zugelegt. Die Fragen oder Feststellungen verletzen mich nicht mehr so sehr, denn die werden von Personen gestellt, die eine eingeschränkte Weltanschauung oder das sogenannte Schubladendenken haben. Diese Menschen sind aus meiner Sicht echt zu bedauern, denn in der heutigen Zeit gibt es nicht nur A oder B. Man muss offen sein für Unbekanntes.

HEUTE WIRD HÄUFIG IN DEN MEDIEN VON PARALLEL-
GESELLSCHAFTEN GESPROCHEN. KANN MAN DIESEM
BEGRIFF ETWAS POSITIVES ABGEWINNEN?

Ayverdi: Ich gebe mir viel Mühe, andere Kulturen zu verstehen und mich in deren Lebensentwürfe hineinzuversetzen. Dadurch bekommt man erst das Verständnis dafür, was wichtig ist. Man braucht dafür Toleranz und Respekt. Einen gewissen Zusammenhalt halte ich für richtig und notwendig. Aber wenn man sich so manche Großstädte in Deutschland anschaut und sieht, dass sich in bestimmten Vierteln ein kleines Istanbul gebildet hat, muss ich sagen, dass man dort den Aspekt der Integration nicht verstanden hat. Die Türken bilden in solchen Stadtvierteln schon längst nicht mehr die Minderheit, und die »Ur-Bewohner« werden aus ihrem Umfeld verdrängt, weil man denkt, dass man das Leben aus der Heimat einfach in ein neues Land verlagern kann, ohne sich selbst oder seine Einstellung zu ändern.

Das Problem existiert nicht nur in Deutschland. Schauen wir uns doch mal die Chinatowns an. Chinatowns gibt es in fast jeder größeren Stadt in den Vereinigten Staaten oder in Australien. Die Migranten müssen nicht einmal die Sprache des anderen Landes sprechen. Alles ist wie daheim, nur dass man mit einer fremden Währung zahlt. Jeder Nichtlandsmann ist in dieser Umgebung ein Fremder.

Aber man ist zunächst Gast in einem neuen Land und sollte sich die Mühe machen, das Leben in diesem Land zu verstehen und zu respektieren. Ich kann dem Entstehen solcher Parallelgesellschaften nichts Positives abgewinnen und finde es sehr schade, dass Möglichkeiten hier ungenutzt bleiben und sich dadurch leider Vorurteile bestätigen.

WIE PRÄGEN TÜRKISCHE KUNST, MUSIK, ESSEN, TRINKEN DAS LEBEN DER TÜRKEN, ABER AUCH DAS DER DEUTSCHEN?

Ayverdi: Die türkische Kunst, Literatur und Musik sind bei mir auf der Strecke geblieben. Aber eine große Rolle spielt bei uns zu Hause immer das gesellige Essen, Trinken und Beisammensein. Türken können dies über Stunden hinweg zelebrieren. Bei deutschen Familien kommt dieser Faktor eher zu kurz. Man isst mal schnell etwas vor dem Fernseher oder im Auto auf dem Weg zur Arbeit. Jeder isst, wann er will – und wo er will. Dies war bei uns immer geregelt. Wenn meine Mutter abends nach Hause kam, aß man ohne Hektik und Stress zu Abend und erzählte, was man so erlebt hat. Das Familienleben und der Zusammenhalt der Generationen sind in türkischen Familien ausgeprägter als bei deutschen.

Die wohl interessanteste Frage, die man einem Türken stellen kann, ist folgende: »Isst du Schwein?« Antwortet er mit Nein, wird er gleich als strenggläubiger Muslim abgestempelt. Antwortet er hingegen mit Ja, kann das für manche schon bedeuten, dass er integriert ist. Also, Ja steht für Schwein gehabt. Aber bedeutet ein Nein denn tatsächlich das Gegenteil: Desintegration?

DEUTSCHKENNTNISSE SIND DIE BASIS FÜR DEN ERFOLG NICHT NUR IN PUNCTO INTEGRATION, SONDERN GENERELL IN VIELEN LEBENSBEREICHEN ...

Ayverdi: Genau. Meine Deutschkenntnisse spielen eine sehr wichtige Rolle. Zu einer vollen Integration gehört auch die Sprache – ein reines, akzentfreies Hochdeutsch. Meine Deutschkenntnisse haben im Kindergarten begonnen. Dann die Schule, der Kinderhort, meine Freunde. Im Studium kam mir das nur zugute. Die Leute, die ein schlechtes Deutsch sprachen, sei es nun, weil sie keine Muttersprachler waren oder einfach nur einen Dialekt hatten, hatten dort ein schweres Leben und mussten sich von den Professoren, die eine oder andere Demütigung gefallen lassen.

WAS, GLAUBEN SIE, LÄUFT IN DEN ANDEREN LÄNDERN WIE IN DEN USA ODER GROSSBRITANNIEN BEI DER INTEGRATIONSFRAGE BESSER ALS IN DEUTSCHLAND?

Ayverdi: Nun, die Länder lassen sich nicht unbedingt miteinander vergleichen. Sie haben verschiedene Historien und die Integrationsfrage ganz andere Ursprünge. Nehmen wir einmal die USA: Dieses Land ist seit jeher ein Einwanderungsland. Immigriert sind hauptsächlich die Portugiesen, Spanier, Engländer, Niederländer und so weiter. Die amerikanischen Ureinwohner wurden verdrängt und leben heute als Minderheit in ihrem eigenen Land. Ähnliches gilt für Australien oder Kanada.

Die USA haben Jahrhunderte gebraucht, bis sie die Integrationsfrage einigermaßen im Griff hatten. Erst 1964 gab es in den USA ein Rassengesetz, den sogenannten Civil Rights Act. Das hat schon etwas gedauert, doch heute haben sie den ersten amerikanischen Präsidenten mit afrikanischen Wurzeln.

In Deutschland wird sicherlich die Integrationsfrage in 30 Jahren nicht mehr so brisant sein wie heute, denn man kann am USA-Beispiel sehen, dass über die Zeit aus einem Migranten auch ein Präsident werden kann.

WELCHE ERFAHRUNGEN HABEN SIE IN IHREM BERUF BEZIEHUNGSWEISE ALS PRIVATMENSCH GEMACHT?

Ayverdi: Ich arbeite in einem internationalen Unternehmen. Hier werden keine Unterscheidungen gemacht. Die Corporate-Sprache ist Englisch. Ob meine Muttersprache nun Türkisch oder Chinesisch ist, interessiert hier nicht. Man wird aufgrund seiner Leistung respektiert und toleriert und nicht aufgrund seiner Herkunft. Im privaten Bereich ist es mir wichtig, dass ich als Mensch mit meinen guten und schlechten Seiten akzeptiert und nicht auf eine Vorstellung meiner Person als Türke reduziert werde.

WELCHE SCHWIERIGKEITEN HABEN SIE IN DER VERGANGENHEIT GEHABT, UND WIE HABEN SIE SIE GELÖST?

Ayverdi: Beziehungen mit Deutschen zu führen war immer schon eine Kunst. Zum Beispiel durfte ich nicht mit meiner Freundin in die Wohnung ihrer Eltern. Das wurde nicht akzeptiert. Die Eltern hatten Vorurteile – und das Türkenbild war für sie klar definiert.

Das hat auch etwas mit den Medien zu tun. Denn dort wird vieles über einen Kamm geschert. Sehr oft werden Migranten mit Islamisten in Verbindung gebracht. Dass es in allen Religionen Extremisten gibt, wird häufig unterschlagen. Die meisten gläubigen Muslime sind weder kriminell, noch haben sie irgendetwas mit Terroristen zu tun. Medien wollen Sensationen kreieren. Was sie alles damit zerstören, ist ihnen meist nicht bewusst. Das ist bedauerlich. Dieses Schubladendenken habe ich nie so richtig verstanden – und ignoriere es daher auch. Ich habe schon immer das gemacht, was ich für richtig hielt, und mich nicht negativ beeindrucken lassen.

Über die Zeit bin ich immer schlagfertiger geworden und habe ein Gespür dafür entwickelt, wo ich mich als Mensch verbal einbringen konnte – oder auch nicht. Anfangs, kann ich mich noch gut erinnern, hatte ich größere Schwierigkeiten an Flughäfen. Ich meine nicht nur bei der Passkontrolle, sondern auch danach. Polizeibeamte sprachen mich mit einer gebrochenen Sprache an. So was wie: »Hey du, kommen! Wo Passport? Papiere?« Ich sah mich um, ob jemand anderes gemeint war. Fühlte mich nicht angesprochen und ging weiter. Es kam zu einer Konfrontation. Bis ich den Herren klarmachen konnte, dass sie etwas für ihren Wortschatz tun müssten und nicht jeder Mensch den Imperativ mag. Nachdem sie meine Personalien geprüft hatten, bat ich sie, mir ihre Daten zu geben, da es mein gutes Recht sei, zu erfahren, mit wem ich das Vergnügen hatte. Solche Konfrontationen habe ich ständig. Vielleicht weil ich klein bin, schwarze Haare und eine dunkle Hautfarbe habe. Jedenfalls beschränke ich mich dabei meistens einfach nur darauf, meinem Gegenüber klarzumachen, dass nicht ich der Ungebildete bin.

Konfrontationen lassen sich auch häufig schon im Vorfeld vermeiden. Zum Beispiel frage ich oft, wenn ich zum ersten Mal in einer Arztpraxis bin, ob mich die Dame an der Rezeption auch versteht. Meistens wird dies mit einem Lachen kommentiert, und ich gehe so dieser ganzen Vorurteilsgeschichte aus dem Weg.

Wichtig ist, immer sachlich zu bleiben. Aufgestaute Emotionen helfen einem da nicht weiter, das bringt einem nur graue Haare und vielleicht eine Gastritis. Wenn man Dinge mit einer respektvollen und überzeugenden sowie gleichzeitig zurückhaltenden Art klärt, freut sich die Gesundheit.

GLAUBEN SIE, MIGRANTEN HABEN ES SCHWERER ALS DEUTSCHE, UM IM JOB DIE KARRIERELEITER ERFOLGREICH HINAUFZUSTEIGEN?

Ayverdi: Ich denke, dass in jedem Land ein Fremder immer etwas mehr leisten muss als ein Inländer. Meine Erfahrungen bestätigen das. Es begann bereits in der Grundschule und zieht sich bis heute stellenweise noch durch. Man muss doppelt und dreifach beweisen, dass man in der Lage ist, die Herausforderungen zu meistern.

Ein Beispiel: Als Kind kam ich in die Förderstufe – trotz meiner sehr guten Leistungen. Deutsche Schüler mit wesentlich schlechteren Noten wurden automatisch für das Gymnasium vorgeschlagen. Zu mir sagte man: »Lieber ein guter Realschüler als ein schlechter Gymnasiast.« Inzwischen habe ich an der Technischen Universität in Darmstadt Chemie studiert und bin überzeugt, dass es der richtige Weg war.

Die Leistungen einer Person werden häufig maßlos unterschätzt. Inzwischen habe ich eine spezielle Meinung zu Lehrern. Denn alle Kommilitonen, die es nicht bis zum Diplom geschafft haben, sind Lehrer geworden (lacht). Für Migranten wurden in der Vergangenheit zu wenige Förderprogramme angeboten. Doch das ändert sich heute, Gott sei Dank, ein wenig.

WENN SIE HEUTE EIN KIND HÄTTEN, WORAUF WÜRDEN SIE ACHTEN?

Ayverdi: Ich würde alles anders machen – natürlich viel besser. Jeder Leser dieses Buches, der selbst Kinder hat, wird an dieser Stelle wahrscheinlich denken, das kann nur einer sagen, der selbst keine Kinder hat. Und so ist es. Ich habe keine Kinder, aber natürlich habe ich viele perfektionistische Vorstellungen und Gedanken (lacht). Ich werde es, sei es ein Mädchen oder ein Junge, in keine Rolle zwängen, die sie/ er nicht möchte. Meine Frau und ich, wir waren uns immer einig, sollten wir mal Kinder haben, wird es keine Diskussionen geben, welcher Religion es angehört. Wir werden das Kind mit bestem Wissen und Gewissen erziehen, unsere Werte weitergeben, und es wird lernen, zwischen Gut und Böse zu unterscheiden. Gute Manieren und eine gesunde Wertschätzung sind uns sehr wichtig. Und natürlich werden wir versuchen, ihm beizubringen, dass einem im Leben nicht immer alles in den Schoß fällt. Das heißt, dass man, wenn man etwas erreichen will, auch Leistung bringen muss. Und sollte sich das Kind später einmal für eine Religion entscheiden – oder auch nicht –, dann werden wir diese Entscheidung akzeptieren.

WELCHEN TIPP WÜRDEN SIE DEN NACHKOMMENDEN GENERATIONEN GEBEN?

Ayverdi: Migranten kamen nach Deutschland, um in erster Linie Geld zu verdienen. Aber was wurde aus dem Geld? Das wurde investiert in ein Haus oder in eine Wohnung zu Hause in der Türkei, sodass man die sechs Wochen Urlaub, die man so hat, mal richtig genießen und später im Alter dort seinen letzten Lebensabschnitt verbringen kann. Und in der Zwischenzeit macht man einen Kompromiss. Man spart jeden Cent für etwas, das man unter Umständen vielleicht nie erlebt, verzichtet auf viele Dinge und bleibt damit auf der Strecke. Oder noch eine andere Variante: Man spart das Geld nicht für sich, sondern unterstützt damit seine Familie in der Türkei, die eine völlig falsche Vorstellung hat, wie viel Mühe und Arbeit dahintersteckt. Aber man darf diesen Personen nicht die Schuld geben, denn sie glauben das, was sie sehen. Und manch einer fühlt sich gönnerhaft, wenn er sein schwer verdientes Geld einmal im Jahr in die Türkei bringt, um der Familie zu zeigen, wie gut es ihm doch geht und was aus ihm geworden ist in Deutschland. Da kann schon mal das Bild entstehen, dass man sich hier in Deutschland einen Goldesel im Keller hält oder man sich das Geld aus dem Ärmel schüttelt. Ich halte davon nichts.

Man sollte immer ehrlich mit den anderen und vor allem mit sich selbst sein. Es hilft nichts, wenn ich in der Türkei die Spendierhosen anhabe und hier in Deutschland nichts zu beißen. Jeder ist seines Glückes Schmied. Also hier mein Rat: Nicht immer nur zu Oma und Opa in die Heimat reisen, sondern auch mal andere Ziele aussuchen. Das bildet, und man sammelt neue Erfahrungen und Sichtweisen. Natürlich soll das nicht heißen, dass man keinen Kontakt mehr zu seiner Familie pflegen soll. Das muss man unbedingt, denn Blut ist dicker als Wasser. Aber man kann ja einen Kompromiss finden, mit dem alle leben können. Leider habe ich dies versäumt. Ich hatte wenig Kontakt zu meiner Familie in der Türkei. Zuerst hatten wir nicht genügend Geld für die Flüge, und später, als die Möglichkeit bestanden hätte, war ich entweder in der Schule, im Studium oder im Job so stark eingebunden, dass ich es vernachlässigt habe. Ich habe mir gesagt, später fliege ich mal runter und besuche alle. Mittlerweile sind meine Großeltern verstorben. Ich hatte sie jahrelang nicht mehr gesehen, und dann war es zu spät. Damit muss ich jetzt leben.

Was ich sagen will und an dieser Stelle nur mitgeben kann, ist, dass man zum einen das neue Land als seine Heimat akzeptieren und sich mit dem hiesigen Leben auseinandersetzen, aber dennoch seine Wurzeln nie vergessen sollte. In meiner Jugend und auch als junger Mann hatte ich häufig das Gefühl, dass ich zwischen den Kulturen hänge. Was ich an der einen schätzte, verachtete ich an der anderen und umgekehrt. Mit der Zeit wurde mir klar, dass sich das nie ändern wird und fraglich ist, ob sich das überhaupt ändern muss. Ich denke, nicht. Deutschland ist zu meiner Heimat geworden.

Ich identifiziere mich damit mehr als mit meiner ursprünglichen Heimat, aber dennoch bin ich stolz auf meine türkische Abstammung und würde diese niemals verleugnen.

WAS WÜRDEN SIE HEUTE ANDERS MACHEN,
WENN SIE AUF IHR LEBEN ZURÜCKBLICKEN?

Ayverdi: Nicht viel. Vielleicht würde ich heute einen anderen Studiengang wählen. Ich habe Chemie studiert und arbeite in der IT-Branche. Ich denke, heute würde ich mich eher auf ein Informatik- oder Wirtschaftsinformatik-Studium konzentrieren. Ein Auslandsaufenthalt stand auch immer ganz oben auf meiner Liste, aber irgendwie haben sich die Dinge anders ergeben. Im Großen und Ganzen gibt es hier nicht sehr viel zu sagen, vielleicht hätte ich besser die eine oder andere Frau in meinem Leben nie kennengelernt, aber wie man so schön sagt, nichts geschieht ohne Grund. Und Enttäuschungen und Verletzungen gehören zum Leben. Jedenfalls bin ich heute sehr glücklich verheiratet, habe einen guten Job. Ich lebe heute im Frieden mit mir und den anderen.

Bundesministerium des Innern   S. 7
Katja Gartung   S. 42, 68, 83, 94, 110, 118, 144, 167, 179,
    208, 222
Murat Ham   S. 29
Ali Kepenek   S. 195
Gül Keskinler   S. 134
Muhabbet-Management   S. 59
Daniel Pasche   S. 156

Ein bewegendes Schicksal, eine
faszinierende Reise, zwei Menschen,
die sich näher kommen

Bruni Prasske
»IMMER NOCH TRÄUME ICH
VON DEUTSCHLAND«
Reise in ein Leben zwischen
Deutschland und Vietnam
352 Seiten
ISBN 978-3-431-03784-5

Bruni Prasske, Bestseller-Autorin und Traveller, sucht eigentlich nur einen ortskundigen Stadtführer in Saigon. Aber wie es so ist im Leben: die einfachen Wünsche werden niemals erfüllt. Sie trifft Dien, den Rollstuhlfahrer mit dem Jackie-Chan-Charme, dem umwerfenden Lächeln – und den perfekten Deutschkenntnissen! Sein Schicksal als vietnamesisches Kriegskind, das in Hamburg aufwuchs, und dann zurückmusste in eine Heimat, die keine mehr war, lässt sie nicht mehr los. Die beiden reisen gemeinsam durch Vietnam, mit Moped, Rollstuhl und dem Fahrrad. Es ist ein abenteuerlicher Trip, und die beiden ungleichen Weggefährten kommen sich näher ...

Ehrenwirth

Die weibliche Antwort auf »Lob der Disziplin« und »Warum unsere Kinder Tyrannen werden«

Regine Schwarzhoff
KINDER BRAUCHEN
STARKE ELTERN
Das Mutmach-Buch für eine
selbstbewußte Erziehung
288 Seiten
Gebunden mit Schutzumschlag
ISBN 978-3-7857-2366-1

Sind Sie immer der beste Freund Ihres Kindes, oder sagen Sie auch nein? Erfüllen Sie jeden Wunsch Ihres Sohnes sofort, oder stellen Sie manchmal Bedingungen? Fällt Ihnen zu jeder Frage Ihrer Tochter sofort eine Antwort ein, oder sind Sie manchmal ratlos? Und erleben Sie die Lehrer Ihrer Kinder als gute Erziehungspartner?

Bei der Erziehung ihrer Kinder stehen Eltern ständig vor neuen Herausforderungen. Das war eigentlich schon immer so – doch immer mehr sind verunsichert, wie man es »richtig« macht. Und ihre Kinder erst recht. Regine Schwarzhoff zeigt, dass Erziehung nur gelingen kann, wenn Eltern das vorleben, was sie von ihren Kindern verlangen. Sie weiß: Kinder brauchen starke Eltern.

Gustav Lübbe Verlag

Geht nicht, gibt's nicht – Talent ist lernbar

Daniel Coyle
DIE TALENT-LÜGE
Warum wir (fast) alles
erreichen können
265 Seiten
Klappenbroschur
ISBN 978-3-431-03785-2

Talent ist gottgegeben. Oder fest in den Genen verankert. Daran lässt sich nichts ändern.

»Falsch!«, sagt Daniel Coyle. Er hat entdeckt, warum aus einer einzigen Tennisschule in Moskau so viel mehr Weltklassespieler kommen als von irgendwo sonst auf der Welt. Oder warum 90 Prozent der Schüler einer Gesangsschule in Dallas einen Plattenvertrag ergattern – eine Quote, von der andere nur träumen. Was machen diese Schulen besser? Ob im Sport oder in der Kunst, in der Musik oder Mathematik, überall hat Daniel Coyle dieselben Grundbausteine gefunden, mit denen wir unsere Talente erfolgreich fördern und unser Potenzial besser ausschöpfen können. Und jetzt sind Sie dran!

Ehrenwirth

Alle sechs Sekunden eine Ansteckung
Fünf Millionen Neuinfektionen im Jahr
Jeden Tag 8.000 Aids-Tote

Bartholomäus Grill/
Stefan Hippler
GOTT, AIDS, AFRIKA
Das tödliche Schweigen der
katholischen Kirche
Vorwort von Henning Mankell
Sachbuch
208 Seiten
ISBN 978-3-404-60615-3

Und trotzdem bleibt die katholische Kirche bei ihrer Haltung: Kondome sind Teufelszeug, die Krankheit ist eine Strafe Gottes. Dabei könnte sie als größte globale Organisation wie keine andere gegen die HIV/Aids-Pandemie kämpfen – wenn sie nur wollte.

Die Autoren appellieren für eine Wende in der katholischen Aids-Politik, die nur vom Papst ausgehen kann, und sie berichten aus der ersten Reihe vom Kampf gegen die Katastrophe.

Bastei Lübbe Taschenbuch

»Während sich Topmanager Millionengagen genehmigen, wären viele Bürger froh, wenn sie von ihren Löhnen leben könnten.«

DER SPIEGEL

Marita Vollborn /
Vlad D. Georgescu
BRENNPUNKT
DEUTSCHLAND
Warum unser Land
vor einer Zeit
der Revolten steht
Sachbuch
368 Seiten
ISBN 978-3-404-60611-5

Die Finanzkrise hat Wirtschaft und Staat an den Rand des Kollaps gebracht. Fehlentscheidungen und Eigennutz in Politik und Banken beschleunigen die Erosion.

BRENNPUNKT DEUTSCHLAND ist eine schonungslose Analyse über den Zustand Deutschlands. Der sporadische Rückgang der Arbeitslosigkeit war ein Trugbild. Noch immer sind Millionen auf Almosen des Staats angewiesen, arbeiten zu Niedrigstlöhnen oder leben in Armut. Die Mitte unserer Gesellschaf bricht auseinander. Wie lange wird die unzufriedene Masse schweigen?

»Dieses Buch zeigt wie kein anderes die Probleme unseres Landes auf«

buch-aktuell.com

Bastei Lübbe Taschenbuch